新时代营销学系列新形态教材
中国高等院校市场学研究会推荐教材

营销实训
情景嵌入式学习

孔 锐　张海霞　谭立勤　◎编　著
胡 春　高孝伟　孔庆民

清华大学出版社
北京

本书封面贴有清华大学出版社防伪标签，无标签者不得销售。
版权所有，侵权必究。举报：010-62782989，beiqinquan@tup.tsinghua.edu.cn

图书在版编目（CIP）数据

营销实训：情景嵌入式学习 / 孔锐等编著. --北京：清华大学出版社，2025.1.
(新时代营销学系列新形态教材).
ISBN 978-7-302-67993-6
Ⅰ．F713.50
中国国家版本馆 CIP 数据核字第 2025EE3393 号

责任编辑：吴　雷
封面设计：汉风唐韵
责任校对：宋玉莲
责任印制：沈　露

出版发行：清华大学出版社
　　网　　址：https://www.tup.com.cn，https://www.wqxuetang.com
　　地　　址：北京清华大学学研大厦A座　　邮　编：100084
　　社 总 机：010-83470000　　邮　购：010-62786544
　　投稿与读者服务：010-62776969，c-service@tup.tsinghua.edu.cn
　　质 量 反 馈：010-62772015，zhiliang@tup.tsinghua.edu.cn
　　课 件 下 载：https://www.tup.com.cn，010-83470332
印 装 者：大厂回族自治县彩虹印刷有限公司
经　　销：全国新华书店
开　　本：185mm×260mm　　印　张：17　　字　数：399 千字
版　　次：2025 年 1 月第 1 版　　印　次：2025 年 1 月第 1 次印刷
定　　价：59.00 元

产品编号：099627-01

丛书编委会

主　　任：符国群（北京大学）
副 主 任：景奉杰（华东理工大学）
　　　　　龚艳萍（中南大学）
　　　　　刘志彬（清华大学出版社）
委　　员（按姓氏笔画排序）：

马宝龙（北京理工大学）	王　毅（中央财经大学）
王永贵（浙江工商大学）	王建明（浙江财经大学）
王海忠（中山大学）	牛全保（河南财经政法大学）
孔　锐［中国地质大学（北京）］	白长虹（南开大学）
吕　亮（北京邮电大学）	朱翊敏（中山大学）
孙国辉（中央财经大学）	李　季（中央财经大学）
李东进（南开大学）	李先国（中国人民大学）
连　漪（桂林理工大学）	肖　艳（宿迁学院）
肖淑红（北京体育大学）	何佳讯（华东师范大学）
汪　涛（武汉大学）	沈俏蔚（北京大学）
张　闯（大连理工大学）	金晓彤（吉林大学）
官翠玲（湖北中医药大学）	胡左浩（清华大学）
柯　丹（武汉大学）	侯丽敏（华东理工大学）
费显政（中南财经政法大学）	费鸿萍（华东理工大学）
姚　凯（中央财经大学）	贺和平（深圳大学）
袁胜军（桂林电子科技大学）	聂元昆（云南财经大学）
郭　锐［中国地质大学（武汉）］	黄　静（武汉大学）
彭泗清（北京大学）	蒋青云（复旦大学）
舒成利（西安交通大学）	曾伏娥（武汉大学）
滕乐法（江南大学）	戴　鑫（华中科技大学）

丛书编辑部

主　　任：景奉杰（中国高等院校市场学研究会）
副 主 任：刘志彬（清华大学出版社）
成　　员（按姓氏笔画排序）：
　　　　　张希贤（中国高等院校市场学研究会）
　　　　　吴　雷（清华大学出版社）
　　　　　郑　敏（中国高等院校市场学研究会）

丛 书 序

　　早在 20 世纪 30 年代，市场营销作为一门课程被引进我国，但受制于当时商品经济不发达，以及后来我国长期处于"短缺经济"状态，作为市场经济产物的市场营销并没有在中国"开枝散叶"。改革开放以后，伴随着我国社会主义市场经济的发展，经济学和管理学逐渐成为"显学"，作为管理学科重要组成部分的市场营销，不仅作为一门课程，还作为一个专业被众多大学开设。据不完全统计，目前我国有 700 余所高校开设了市场营销本科专业，每年招收的本科学生数以万计。不仅如此，作为商科知识的重要部分，几乎所有经济与管理类专业的学生都需要了解和学习市场营销知识，因此，社会对市场营销相关的教材和书籍有着巨大的需求。

　　有需求，就会有供给。早期的市场营销教材几乎是原封不动地对美国同类教材的翻译和"引进"，以至菲利普·科特勒的教材长时期成为我国学生接触、了解市场营销的启蒙读物。时至今日，我国绝大部分营销专业相关教材，都是以西方尤其是美国教材为基础加以改编或删减，真正立足于本土营销实践和具有中国理论特色的教材可谓凤毛麟角。这固然与中国营销学术总体上仍处于追赶阶段有关，也与我国一段时间营销学术界过于追求发表学术论文，对编写教材不甚重视有莫大关系。可喜的是，最近几年伴随国家对高校考核政策的调整，教材编写工作日益受到重视，一些优秀学者开始把更多的精力投入到教材建设中。

　　鉴于目前营销专业教材良莠不齐，众多高校教师在选用教材时面临难以抉择的窘境，中国高等院校市场学研究会（以下简称"学会"）决定组织全国营销领域知名学者编写一套具有本土特色、适应市场营销本科专业教学的高水平教材，以此推动营销学科建设和营销人才培养。本套教材力图博采众长，汇聚营销领域的最新研究成果及中国企业最新营销实践，以体现当前我国营销学术界在教材编写上的最高水准。为此，学会成立了专门的领导机构和编委会，负责每本教材主编、副主编遴选，同时要求主要撰稿者具有重要的学术影响和长期的一线教学经验。为确保教材内容的深度、广度和系统性，编委会还组织专家对教材编写大纲做了深入、细致的讨论与审核，并给出建设性修改意见。可以说，本套教材的编撰、出版，凝聚了我国市场营销学术界的集体智慧。

　　目前规划出版的教材共计 33 本，不仅涵盖营销专业核心课程教材，而且包括很多特色教材如《网络营销》《大数据营销》《营销工程》等，行业性教材如《旅游市场营销》《农产品市场营销》《医药市场营销学》《体育市场营销学》《珠宝营销管理》等。由于各高校在专业选修课甚至一些专业核心课程的开设上存在差异，本套教材为不同类型高校的教材选用提供了广泛的选择。随着社会、科技和教育的发展，学会还会对丛书书目进行动态更新和调整。

　　我们鼓励主编们在教材编写中博采众长，突出中国特色。本套教材在撰写之初，就提出尽量采用中国案例，尽可能多地选用本土材料和中国学者的研究成果。然而，我们也深知，市场营销这门学科毕竟发端于美国，总体上我国尚处于追赶者的地位。市场营销是一门实践性和情境性很强的学科，也是一门仍在不断发展、成长的学科，远未达到"成熟"的地步。更何况，发展中国本土营销学，既需要中国学者长期的研究积淀，也需要以开放的心态，吸收国外一切有益的优秀成果。在教材编写过程中，一味地排斥外来材料和成果，牵强附会地引用所谓"本土"材料，不仅是狭隘的，也是应当予以摈弃的。当然，在选用外来成果和材料时，需要有所甄别，有所批判和借鉴，而不是囫囵吞枣式地对所谓"权威材料"全盘接受。

本套教材的编写，在学会的发展史上也是一个里程碑式的事件。为了保证教材的编写质量，除了邀请在各领域的资深学者担任编委会成员和各教材的主编，还要求尽量吸收各领域的知名学者参与撰稿。此外，为方便教材的使用，每本教材配备了丰富的教辅材料，包括课程讲义、案例、题库和延伸阅读材料等。本套教材出版方清华大学出版社具有多年新形态教材建设经验，协助编者们制作了大量内容丰富的线上融媒体资源，包括文本、音视频、动漫、在线习题、实训平台等，使丛书更好地适应新时代线上线下结合的教学模式。

教材编写组织和出版过程中，众多学者做出了努力，由于篇幅所限，在此不一一致谢。特别要感谢学会副会长、华东理工大学景奉杰教授，从本套教材的策划、组织出版到后期推广规划，他尽心尽力，做出了非凡的贡献。清华大学出版社经管与人文社科分社社长刘志彬也是本套教材的主要策划者和推动者。从2019年9月清华大学出版社和学会达成初步合作意向，到2020年12月学会教学年会期间双方正式签署战略合作协议，再到2021年4月在北京召开第一次编委会，整个沟通过程愉快而顺畅，双方展现出充分的专业性和诚意，这是我们长期合作的坚实保障。在此，我代表学会，向所有参与本系列教材撰写、评审和出版的专家学者及编辑表示感谢！

教材建设是一项长期的工作，是一项需要付出智慧和汗水的工作，教材质量高低最终需要接受读者和市场的检验。虽然本套教材的撰写团队中名师云集，各位主编、副主编和编者在接受编写任务后，精心组织、竭忠尽智，但是由于营销专业各领域在研究积累上并不平衡，要使每本教材达到某种公认的"高水准"并非易事。好在教材编写是一个不断改进、不断完善的过程，相信在各位作者的共同努力下，经过精心打磨，本套教材一定会在众多同类教材中脱颖而出，成为公认的精品教材！

北京大学光华管理学院教授、博士生导师
中国高等院校市场学研究会前会长

前　言

中国的市场营销专业人才培养 30 多年发展之路，是一条基于社会需求变化，面向国家和地方产业战略布局调整，不断提升专业人才创新创业实践能力的培养之路。近年来，物联网、互联网、大数据等技术在中国发展迅速，为建设具有中国特色的实践教学赋能。实践教学活动仿真社会经济活动成为可能，大大缩小了实践教学的形式和内容与社会经济活动现实情景的距离。充分体现了社会经济活动的"情景嵌入"式实践教学模式，能够提高实践教学活动的"真实"感，已被广大教育工作者使用。本书基于 30 多年来中国实践教学经验，在回顾了市场营销学实践教学发展历程基础上，对中国特色的"情景嵌入"式实践教学进行了系统总结，不局限于某一个或一类专业实践教学活动，突出了市场营销人才培养的知识体系掌握和应用的实践需要，具有更好的实用性和系统性。

本书的编著得到了全国许多高校同行和相关企业同仁的鼓励和帮助，是长期执教于市场营销专业实践课程教学一线教师的智慧与成果。在中国高等院校市场学研究会（China Marketing Association of University，CMAU）指导下，来自全国 5 所高校的编著小组成员，开展选题、构思和编著相关工作。同时，还得到了中央高校改善基本办学条件专项资金［中国地质大学（北京）实验室设备资料购置类项目］和"中国地质大学（北京）2022 年度本科教育质量提升计划项目"资助，进行"情景嵌入"式学习系统的升级；"产教融合助推管理类专业'情景嵌入'式模拟实践教学体系构建与实践"获北京市人民政府颁发的 2021 年北京市高等教育教学成果二等奖。

本书是中国高等院校市场学研究会与清华大学出版社合作出版的优秀系列教材之一。共分为 3 篇，即历史篇、实验篇和实训篇。在历史篇中，回顾了市场营销实践教学的发展与管理基本情况，总结了实践教学在中国发展的特点，以及"情景嵌入"式实践教学的管理与控制基本思路。在实验篇中，基于实验法学习的基本技巧与思维方法，利用 3 个典型实验法案例（问卷调查法、访谈法和文本挖掘法），介绍了"情景嵌入"式实验法的整个过程，说明了实验法的方案设计基本思路以及案例研究分析方法的应用。在实训篇中，从不同管理角度，设计了不同的市场营销实战"情景嵌入"式模拟实训活动，结合 5 个虚拟仿真软件（其中国产化 4 个）的实例，生动地展示了关键知识体系和基本技能的训练过程和内容，让学习者能够体会到置身于虚拟企业营销竞争管理氛围，学习必要的营销决策所需的技能，提升对公司管理大局观的认识。

本书共有 14 章，编著具体分工是：中国地质大学（北京）孔锐教授负责第一章、第二章、第六章和第十一章及总纂定稿；中国石油大学（北京）张海霞教授负责第三章、第十三章和第十四章；成都理工大学谭立勤副教授参与了统稿，并负责第八章和第十二章；北京邮电大学胡春教授负责第五章和第六章附录及各章后的"小训练"部分；中国地质大学（北京）高孝伟教授负责第四章和第十章，并与孔锐一起完成了第九章；广西大学孔庆民副教授负责第七章。在成稿过程中，中国地质大学（北京）的王明月、马亚坤和陈丹丹，北京邮电大学的王艺璇，成都理工大学的廖雪琴和饶艳，广西大学的陈建伶、李珏、罗静红和杨心怡，中国石油大学（北京）的肖志静、刘涵月、解棒棒和于浩等研究生参与了资料收集、案例整理等工作。

本书可以提供以下实践教学和教学软件开发方面的帮助。

（1）大量"情景嵌入"式生动案例，以正文形式或者附加案例形式呈现，帮助教师和学生获得教和学的方法与思路。

（2）构建了市场营销相关实践活动所需的知识体系框架，以及包括市场营销学、统计学、思维技巧和其他可能使用的现代分析工具的理论知识链接或者介绍，帮助教师和学生方便获得"情景嵌入"式学习所需的相关资料，为教学软件开发公司提供设计灵感。

（3）系统的"情景嵌入"式实践教学质量控制方案，包括教学计划、实验方案设计和实践报告等文件内容及其撰写技巧说明，帮助教师和学生有效进行过程质量控制。

因此，本书适用于市场营销及相关专业开设有关市场营销类课程的本硕学生、教师和公司培训者。本书尤其对于教学软件开发公司进行教学软件内容升级设计有着很好的参考价值。

本书编著过程中，借鉴了国内外营销学者的最新研究成果，提供了企业营销决策管理不同阶段的工作纲要。除注明出处的部分外，未能全部一一说明。在此，谨向各位作者、同仁致谢。

由于编著者学术水平的局限性，本书中难免有不尽如人意之处，敬请有关专家、读者批评指正。

编著者
2023 年 3 月

目 录

第一篇 历 史 篇

第一章 市场营销实践教学发展历史概况 3
    第一节 市场营销实践教学的起源与发展概况 3
    第二节 市场营销实践教学在中国 6

第二章 市场营销实践教学活动类型及管理 13
    第一节 实践教学基本类型及特点 13
    第二节 市场营销实践教学活动基本流程及管理要求 17

第三章 市场营销实践教学的发展规律与趋势 23
    第一节 市场营销实践教学的发展规律 23
    第二节 市场营销实践教学的发展趋势 25

第二篇 实 验 篇

第四章 实验教学法概述 35
    第一节 实验教学法的组织与内容安排 35
    第二节 实验报告的撰写 37
    第三节 资料收集与整理基本技巧 38
    第四节 常用数据处理软件与工具 44

第五章 实验学习法常用创新思维技巧 62
    第一节 创新思维及培养 62
    第二节 创新思维基本方法 66
    第三节 创新基本方法 75

第六章 环境与市场分析实验——基于问卷调查信息分析 82
    第一节 环境与市场分析基本要素概述 82

第二节　大米消费需求影响实验设计 ……………………………………… 85
　　第三节　大米需求影响情况分析 …………………………………………… 90

第七章　消费行为分析实验——基于访谈信息分析 …………………………… 100
　　第一节　消费行为理论及访谈基本流程概述 ……………………………… 100
　　第二节　全职妈妈消费行为特征访谈实验设计 …………………………… 104
　　第三节　全职妈妈消费行为特征分析 ……………………………………… 107

第八章　消费者行为分析实验——基于文本信息挖掘分析 …………………… 113
　　第一节　消费者体验及文本挖掘的基本理论 ……………………………… 113
　　第二节　根据某外卖平台评价提高消费者体验的实验 …………………… 115
　　第三节　某外卖平台消费者评价文本信息挖掘分析 ……………………… 117

第三篇　实　训　篇

第九章　"情景嵌入"式模拟实训基本思想 ……………………………………… 129
　　第一节　"情景嵌入"式模拟实训核心思想及基本流程 ………………… 129
　　第二节　"情景嵌入"式模拟实训模型构建 ……………………………… 133
　　第三节　实验效果及其评价标准 …………………………………………… 136

第十章　市场调查与预测模拟 ……………………………………………………… 139
　　第一节　市场调查与预测概述 ……………………………………………… 139
　　第二节　市场调查与预测实训组织 ………………………………………… 148
　　第三节　市场调查与预测模拟 ……………………………………………… 151

第十一章　市场营销决策模拟 ……………………………………………………… 156
　　第一节　市场营销决策概述 ………………………………………………… 156
　　第二节　市场营销决策模拟实训组织 ……………………………………… 165
　　第三节　市场营销决策模拟环境分析 ……………………………………… 170
　　第四节　市场营销决策模拟方案设计与实施 ……………………………… 175

第十二章　电子商务与网络营销模拟 ……………………………………………… 184
　　第一节　电子商务与网络营销概述 ………………………………………… 184
　　第二节　电子商务与网络模拟实训的原理及组织 ………………………… 187
　　第三节　电子商务与网络模拟实训范例 …………………………………… 193

第十三章　销售管理模拟 ········ 211

　　第一节　销售管理概述 ········ 211

　　第二节　销售管理模拟实训组织 ········ 214

　　第三节　销售管理模拟情境分析 ········ 217

　　第四节　销售管理模拟过程 ········ 220

第十四章　国际市场营销决策模拟 ········ 232

　　第一节　国际市场营销决策概述 ········ 232

　　第二节　国际市场营销决策模拟实训组织 ········ 235

　　第三节　国际市场营销决策模拟情境分析 ········ 239

　　第四节　国际市场营销决策模拟管理过程 ········ 244

第一篇

历 史 篇

　　本篇是为总结市场营销实践教学基本情况,梳理其在中国发展变化的历史脉络而撰写。在宏观及全面了解市场营销实践教学管理发展基本情况的同时,为"实验篇"和"实训篇"的展开打下基础。

第一篇

緒 論

第一章

市场营销实践教学发展历史概况

本章概要：

本章介绍了市场营销实践教学的起源及其应用发展基本情况，简述了市场营销实践教学的基本类型和特点，以及在中国高等教育实践中的应用发展历程。

第一节　市场营销实践教学的起源与发展概况

实践教学是高校人才培养的重要组成部分，是培养学习者创新精神和实践能力的重要教学环节。而对于市场营销这门应用型学科来说，实践教学不仅是巩固市场营销的理论知识学习并加深对理论体系认识的有效途径，而且是培养具有创新意识的高级营销管理者的重要环节。目前的市场营销实践教学体系，已经成为理论联系实际、培养学习者掌握科学方法和提高动手能力的重要平台。

一、市场营销实践教学的起源

（一）实践教学的起源

实践教学的思想起源于西方，从20世纪初美国教育家杜威（Dewey）在哥伦比亚大学任教期间推行实用主义经验论开始[1]。20世纪70年代，国外开始了对实践教学的研究。美国学者乔伊斯（Joyce）和韦尔（Weil）出版的《教学模式》一书为理论教学和实践教学架起了一座桥梁，施瓦布（Schwab）和波兰尼（Polanyi）所探讨的实践知识的价值成为实践教学模式建立的重要理论依据[2]。20世纪80年代末，不少国家在联合国教育、科学及文化组织的影响下开始进行教育改革，提倡教育要与社会实践相结合[2]。1996年，国际21世纪教育委员会向联合国教科文组织提交的报告《教育——财富蕴藏其中》中指出：面向21世纪教育的四大支柱是要学会认知、学会做事、学会合作和学会生存[3]。这种实践教学思想正是顺应当时国外高等教育理念而形成和发展起来的。

据资料显示，西方的市场营销实践教学大致起源于20世纪70年代。1973年，沃顿商学院率先推出了一套完整的企业家学习课程——工商管理硕士（Master of Business

Administration，MBA），首次将校内理论教学与企业的实践教学结合在一起[4]。20 世纪 80 年代初，市场营销的课程改革在本科教育中开展，并在 1987 年形成了本科实践教育的若干原则。例如，提高学习者团体的交互能力，增加实习，增加学习者间的协作，学习使用前沿的学习技术，这些原则在市场营销课程改革中均得到重视[5]。从这次课程改革的原则中可看出市场营销实践教学的苗头，但还未对市场营销实践教学加以体系化和重视起来。20 世纪 90 年代，进一步的课程改革认为，市场营销的课程需要从以结果为导向和以技术为导向两个方面进行教学[6]。结果导向的课程教学方式重点强调批评与辩论式的思考方式，强调问题的解决、有效率沟通、有责任感的企业管理方式。技术导向的课程教学方式强调复合的、多元化的思考方式，培养分析信息、解决问题的能力，培养人际交往的能力。由此，课程改革强调了实践教学在市场营销教学中的重要性，也为后续市场营销实践教学的发展实施奠定了基础。

（二）实践教学基本概念

西方学者对于实践教学基本概念的界定大致有两类。①实践教学是依托课堂教学来认知实践，通过知识的传授和习得来增加知识以及提高分析和解决问题的能力[7]。②实践教学是依托课外活动的操作实践，通过课外活动锻炼学习者的实际动手能力和应用知识的能力[8]。

对实践教学基本概念的诠释可以从不同的角度进行。从实践教学的依据及理论基础出发，实践教学是根据认识的本质和规律、实践的特点和作用以及教学的目的和要求而开展的实践活动[9]。从实践教学的目的和意义角度出发，实践教学是培养学习者创新精神和实践能力的重要手段，是提高学习者综合素质的关键环节[10]。从实践教学的主体和客体等要素出发，实践教学以教师和学习者为主体，而其客体则是多元的，既包括自然对象，又包括社会对象，还包括精神对象。在哲学、社会、人文和艺术类学科的实践教学中，客体则以社会对象和精神对象为主[10]。还有人从影响实践教学的目标、手段和结果之间的关系出发，认为实践教学的主体是教师和学习者，实践教学目标包括培养目标和学习目标，实践教学手段必须考虑教与学的双因素，实践教学的结果是教师和学习者都满意[11]。实践教学则以教师指导，以学习者为主体，学习者处于主动参与的地位，通过高智力投入、创造性的实践活动以及有目的的现场体验，理解知识、发展技能、提升能力[12]。

综上所述，市场营销实践教学是一种相对于理论教学而独立存在的形式，两者之间相辅相成互相推动而发展，旨在以学习者为主体，以教师为指导，以经济活动或社会对象等为客体，通过引导与调控学习者的实践活动，从而传承理论和实践知识，形成和发展实践技能，提高综合素质的教学活动与方式。

（三）实践教学的目的

不同的学科都有着实践的需求，如理工科的物理或者化学实验，医学的人体解剖实习，文学艺术的采风，等等。实践教学的一般目的是借助于实践教学的过程，让学习者在学习理论知识的同时，把理论应用到实践活动中去，转化为理论应用能力。通过学习者的实际操作，在培养其观察能力、思维能力和实践操作能力的同时，引导其树立正确的学习动机，激发学习兴趣，形成严谨求实的学习态度、敢于质疑和探究的品质、坚持不懈的精神以及社会意识和合作精神，最终达到提高学习者综合素质的目的。

市场营销学是一门应用性学科，市场营销专业的培养重视实践教学的内容和形式。尤其是重视实践教学的形式，可以从强调实际操作能力、深入社会或到企业中开展市场营销实践等方面看出。所以，市场营销实践教学的目的是让学习者运用学到的知识和方法去发现营销管理中的问题，通过分析这些问题，再使用所学的市场营销的理论去解决问题，从而掌握市场营销专业技能，提高实际操作能力和综合素质。

二、市场营销实践教学的发展概况

（一）发展总体情况概述

实践教学是培养学习者创新精神和实践能力的重要手段，是提高学习者综合素质的关键环节。实践教学已被国内外的高校吸纳并推广使用。

目前，欧美国家的诸多高校非常重视实践教学的开发，使用了各式各样行之有效的实践教学方法以及实践教学管理措施。这不仅极大地推动了学习者创新精神和实践能力的培养，而且使之在未来的事业发展中终身受益。随着实践教学在各个专业的教育活动中生根发芽，已经形成了教学目标明确、教学内容科学合理、教学方式灵活多样、教学师资优质和教学评价体系务实高效的局面[13]。

中国的实践教学自中华人民共和国成立以来经历了重建与"苏联化"、曲折与荒废、恢复与发展、转型与强化的发展历程[14]。在这一发展过程中，大多数高校的实践教学聚焦于实践教学的取向、内容与形态、平台与指导教师队伍建设等问题，这些问题成为体现实践教学内外联系并制约其发展的关键问题。20世纪90年代中期以来，市场营销实践教学在中国的发展变化尤为突出，形成了自己的特色。例如，引进市场营销实践教学方法、手段和工具，并逐渐将其消化吸收，形成了许多适应市场营销类课程教学内容和专业培养要求的国产化工具和软件。近年来，在国家对高等教育的大力支持下，诸多高校建立起了校内或校外的实践教学基地，采用虚拟仿真、情景模拟仿真和校企合作等多种形式的实践教学活动，不断丰富和拓展实践教学的内涵和形式[15]。

（二）发展的特点

市场营销实践教学不仅是一种教学活动方式，也是提高学习者专业实践能力的基本保证。从实践教学发展的历程来看，建立专业的、相对独立的实践教学体系是市场营销专业教育的一大特色。

市场营销实践教学的起源地在欧美国家的高校，它们早已有了较为成熟的市场营销实践教学的指导思想。在德国、美国、加拿大和英国等国家的高校，均秉持能力本位的教育理念，致力于提高学习者实践与创新能力，促进学习者形成就业与创业的指导思想，且建成了具有较强真实性或仿真性的实践教学环境[16]。同时，这些高校十分重视市场营销实践教学队伍的建设，严格把关实践教学队伍的准入口径、教师队伍的实践能力和实践教学教师的继续教育等。

在中国，20世纪80年代到21世纪初，高校的市场营销实践教学模式逐渐形成，主要由两大部分组成。一部分是以课堂为主的案例或模拟实验教学模式。例如，针对具体课程中的一些特定内容来安排案例讨论或设计专题调研。这一模式下案例的选择或专题的设计大多脱离企业基层，学习者营销基础操作能力的锻炼有限性较为明显，最终还是将实践教学沦为理论教学[17]。另一部分是以"先讲理论后实践"的教学模式进行市场营销的实践教学，到企业岗位上见习或实习的实践教学模式，即在市场营销专业知识学习后，到企业岗位上进行较长时间实习的一种方式[18]。中国的市场营销实践教学虽然在不断发展和进步，但依然存在与经济社会实际情况脱节的现象，尤其是与工作岗位和职业标准缺少衔接，或者跟进社会活动变化的及时性不够，导致实践教学效果不佳等问题。

近年来，随着高等教育的普及化，以及前期对市场营销实践教学的摸索、经验积累和新技术的赋能，具有中国特色的市场营销实践教学体系和方法逐渐形成。

第二节 市场营销实践教学在中国

一、中国市场营销实践教学活动的起源及发展

中国的市场营销专业教育在1949年以前仅有几所高校设置的商科或管理专业中涉及相关内容。1949—1978年，中国对市场营销学的研究、应用和人才培养几乎中断，因此市场营销实践教学也就无从谈起。但是在1979年以后，随着改革开放的推进，企业不断走向市场化，市场营销专业人才的培养要求推动着市场营销实践教学不断发展起来，从而逐渐形成了符合中国特色社会主义核心价值观的市场营销实践教学活动。因此，中国的市场营销实践教学发展大致可以分为5个阶段。

（一）启蒙期（1949年以前）

陶行知和胡适在与杜威相识后，在20世纪初将实践教学思想引入中国，开启了实践教学的启蒙期。尤其是在20世纪初期，杜威受邀到中国做的第一场主题为"平民主义的教育"报告，其中的核心思想就是"用平民主义作教育的目的，用实验主义作教育的方法"，给出了实践教学的思想基础，也开启了杜威在中国进行"试验的伦理"传播之行，该思想随后在中国不断得以实践和发扬光大。例如，《中国二十世纪通鉴：1901—1920》中强调修身科和算术科的教学应与实践相结合，注重联系生活实际[19]。商务印书馆出版的《"教学做合一"理论与实践》一书中提倡教学与实践统一的教学法[20]。

20世纪三四十年代，国统区实施了三民主义教育，其中包括强调将科学运用到生产实践中的思想已经出现[21]。例如，战时教育时期，人们意识到学生学非所用、用非所学的弊端，即科学与生产脱节[22]。

二战以后，中国的教育又受到苏联劳动教育思想的影响，认为教育要与生产劳动相结合[23]。例如，东北解放区在苏联专家指导下，改变过去的填鸭式教学，从改革成绩考

核的方法入手,将教育考核方式贴近生产劳动的需要[24]。

(二)萌芽发展期(1949—1978年)

在这一时期,中国的市场营销专业人才培养主要集中在港澳台地区,实践教学活动的思想、方法和管理方式受欧美等西方国家的影响,并不断引进相应的实践教学模式,以适应当时的国际人才市场对商科人才的需求。例如,香港理工大学于1976年率先在校内创建了一个模拟现代化工厂的培训环境,成功地运用了一套"教学工厂"的训练方法,让管理专业的学生了解一般性工业生产的过程与程序[25]。20世纪50年代,中国台湾职业教育引进了美国能力本位教育(competency based education,CBE)模式,强调课程教学的职业针对性和专业化程度;20世纪70年代初,为适应经济结构调整的需要,台湾职业教育实行了宽专业口径的职业群集课程模式[26]。而在同时,中国内地在专业的商科和管理人才的培养方面几乎中断。

(三)缓慢发展期(1979—1999年)

1979年7月15日,中共中央正式批准广东和福建两省在对外经济活动中实行特殊政策、灵活措施,迈开了改革开放的历史性脚步。此时,西方的营销理念和商业逻辑如潮水般涌入国门,中国各高校和科研机构陆续派出人员赴美国、日本等发达国家学习,成为营销思想理论的引入和传播者,高等院校逐渐开设市场营销学课程。从此,中国的实践教学在高校更加受重视,以培养中国经济发展对经济管理高水平人才,适应人才市场需求的变化。

中国于1977年恢复高考后,教育系统逐渐完善,高等教育走向正规化。但随着升学竞争压力的不断增大,中小学时期的教育开始片面追求升学率,过度强调书本知识的学习,并将学习目标聚焦于应试。这直接导致许多升入更高层次教育的学习者缺乏实践活动技能。面对这种教育背景,受教育者的社会实践技能培养问题逐渐显露。由此,政府开始推动强化高等教育的实践能力模块,促使高校逐渐成为从事实践教学活动和研究的中坚力量。例如,教育部相继出台了一系列相关文件,包括《关于全面提高高等教育质量的若干意见》《关于进一步加强高校实践育人工作的若干意见》和《关于加强师范生教育实践的意见》等,均显示出要正确处理好产学研之间的关系,并加强实践技能培训的精神。

中国的现代市场营销实践教学大致起源于20世纪80年代。据文献显示,1982年的相关文件中第一次使用"实践环节"这一说法,现在所说的实践教学由此发展而来[27]。随着中国改革开放步伐的加快,市场经济体系逐步建立,企业开始实行自主经营、自负盈亏的原则,市场对资源配置的调节作用日益显著。这些市场经济的特点致使企业的市场竞争压力逐渐增大,促使营销管理者不断使用科学营销管理理论和方法来应对环境所带来的竞争压力。20世纪90年代中期以后,设置市场营销专业的高等院校范围也逐渐扩大,招生人数不断增加,并开始更加认真地思考和探索市场营销专业实践教学问题,以满足社会经济发展对营销管理人才的需要。

(四)快速发展期(2000—2010年)

20世纪90年代中期到21世纪初,中国高校在市场营销实践教学方面的方法、内容和形式设计主要还是借鉴西方的教学经验和启示。然而，由于中国经济和技术的快速发展，以及市场对市场营销人才的迫切需求，中国高校的市场营销实践教学也得到了快速发展。

高等院校为了适应中国经济发展对专业人才结构性的调整，广泛开设市场营销专业。一方面，该专业毕业生的数量激增，另一方面，能够适应企业要求的优秀人才又十分匮乏，导致市场营销专业的高等教育结构性失衡的特征凸显。尤其是2005年以后，中国连续实施了7年的积极财政政策正式被稳健财政政策取代[28]。由此，培养高素质应用型、复合型市场营销专业人才成为关注的热点，开始更加广泛且深入地探讨市场营销专业实践教学的应用。

通过前期对市场营销实践教学的探索经验的积累，高等教育者开始分析市场营销专业实践教学的体系、模式、方法，科学解构实践教学，运用市场化的观点看待人才培养[29]。按照"市场调查—知识能力解析—课程体系构建—人才培养方案"的基本逻辑，科学设置实践教学内容体系，并大力发展校企合作，实现双赢。通过融入企业实际活动，来锻炼学习者的专业知识应用实践能力。例如，在此过程中提出了"嵌入式""体验式""预备经理"和"四位一体"等多种实践教学方法和模式。而且普遍认为实践教学应当纳入人才培养方案，并从更大的系统范围内看待实践教学[30]。例如，实践教学体系的健康运行需要涵盖诸如实践教学形式与内容构建、教学质量监控、师资队伍建设和激励制度等多方面的工作元素。

（五）特色发展期（2011年以后）

2011年以后，中国的市场营销实践教学开始逐渐形成了自己的体系。依托中央财政教育计划项目、教育质量工程项目、振兴计划和提升计划项目等的支持和投入，实验室建设、实习基地建设得到了大幅改善，实践教学的环境得到了极大的提升。同时，市场营销实践教学也融入了许多专业学科技术，出现了很多新思维和新方法。

利用不断发展的现代信息技术，优化了市场营销实践教学系统。例如，通过虚拟现实技术，设计出了"情景嵌入"模拟、"沉浸式"学习等方法，为学习者提供接近真实的实践学习环境。借助虚拟学习环境，学习者可以通过高度参与互动、演练而提升技能。

此外，借助跨学科实验技术优势，开展了市场营销管理专题问题研究。例如，利用眼动实验测试不同消费者对颜色、广告词、产品包装等刺激的反应情况。同时，结合心理学分析营销活动，如促销策略的外部刺激对消费者影响的差异性研究等。

二、中国市场营销实践教学活动的发展特点

中国的实践教学自有高等教育以来就已开始，只是在不同专业中实践教学的普及和程度存在差异。例如，工科、医科和艺术创作等专业就是理论教学与实践教学并行而就。而大规模的市场营销专业教育的出现是在20世纪80年代以后，尤其是中国的改革开放和加入世界贸易组织（World Trade Organization，WTO），助推了中国企业深入了解国际市场及其运行规则，融入世界经济一体化系统，使得中国市场开放和经济发展进入了新阶段。中国企业面对的经济环境和市场环境越来越复杂且多变，面对前所未有的机遇和

挑战，市场营销人才的需求从"数"转为"质"。因此，对市场营销专业的高等教育提出了更多、更高的希望和要求。

历经30多年的探索，中国市场营销实践教学的发展逐渐成熟，在教学模式、教学内容和教学主体等方面均有了系统设计和拓展。尽管在实践教学体系、学习者能力与职业需求匹配度以及提高学习者就业创业的综合能力上还未尽善尽美，但市场营销实践教学的步伐已经跟上了社会和时代的发展。互联网等技术的发展带来的"小世界效应"，将会让市场营销实践教学的步伐迈得更大。

（一）学、做、思发展路径明晰

从改革开放之后，西方的营销理念和商业逻辑如潮水般涌入国门。到20世纪90年代，中国改革开放步伐的加快和市场经济体系的逐步建立，设置市场营销专业的高等院校范围逐渐扩大，并开始思考和探索市场营销专业实践教学问题。因此，各高等学校和科研机构的老一辈营销学者不仅引入和传播了营销管理思想和理论，而且带入了市场营销学的教学方法。最具有代表性的实践教学特征就是："学"将课堂实验教学和校外社会实践活动引入市场营销专业的人才培养过程中，开始了实践教学的探索和经验积累。

中国加入WTO之后，世界经济一体化在中国市场充分地体现了出来，市场经济的多变和国际竞争越发明显。这对高等院校的市场营销专业人才培养提出了更高的要求，尤其是在理论联系实际、解决营销管理问题时需要考虑更多的影响因素，如跨文化消费差异等。因此，推动了市场营销实践教学的情景化设计与现代信息技术的结合的"做"。例如，出现一批为满足市场营销高等教育需求的实践教学方案设计开发公司，他们"做"出了诸如沙盘模拟实践教学产品，包括物理沙盘和营销管理流程实践软件等，以满足市场营销专业建设特征的实践教学需求。这些产品开始推动学生"做"出创业计划或课外科技作品，参加全国性的大学生"挑战杯"等竞赛。促使中国高等教育平台考虑市场营销人才培养实践教学因理论教学内容的不同而应有的差异性的"做"。

在中国的高等教育从精英式教育到大众化教育，再到普及性教育的发展历程中，市场营销专业人才的培养越发注重实践教学个性化，以满足社会对不同类型人才的需要。尤其是开始了具有针对性的实践教学方案设计的思考。例如，"思"定位而"明"方案，即根据各高校人才培养的定位不同，设计出了以"流程式"和"决策式"为代表的两大类实践教学模式。前者注重市场营销管理业务内容及其活动的联系，后者注重市场营销管理决策方案的制定及实施效果分析的演练，以满足企业营销管理不同层次的人才需要。

（二）实践教学模式本土化明确

2008年北京奥运会的成功举办，更加提振了中国企业走出国门的信心，进一步推动了中国企业在"两个市场"参与国际市场竞争。随着中国圆满完成"十二五"规划的目标任务，中国经济运行稳定在中高速的走势，进入经济新常态的发展阶段[31]。企业对营销人才提出了越来越高的要求，不仅要求熟悉和掌握营销理论和方法，而且要求能够在复杂的国内外经济环境中卓有成效地完成营销工作。高等院校更加注重营销实践教学的本土化，表现在两方面：一方面中国市场营销实践教学的形式更加丰富，另一方面关于市场营销实践教学评价体系逐渐形成。

自 2016 年以来，中国特色的市场营销实践教学体系越发明朗。从实践教学设计思路和内容来看，逐步进行了基于学科竞赛、"三三四"模式的市场营销教学体系的改革，更加注重创新创业能力的培养；从实践教学的形式来看，随着互联网技术的高度普及，市场营销实践教学的形式不再局限于基本的信息技术应用，而是借助于虚拟仿真技术高度仿真模拟企业经营过程中的营销管理问题，使"决策式"实践教学又有了新的拓展；从实践教学的场景设计来看，市场营销实践教学更加重视开展全真实战，不再满足于在模拟环境中提升技能，而是鼓励学习者在校外寻找项目、创办实体公司，并在校内基于学习者创新创业基金的支持，大力提倡学习者创新创业能力的培养，逐步形成立体化、基于创新创业导向的市场营销实践教学体系。由此，市场营销实践教学形成了闭环。

（三）实践教学内容和形式丰富

中国市场营销实践教学从"学中做"到"做中学"，再到"做中思"的三部曲，其实质是教学内容和形式的不断丰富多彩。

（1）丰富的实践教学内容形成体系。市场营销专业的实践教学内容是围绕专业知识体系的设计不断完善而形成，由此形成了以"市场营销"管理为主线的"市场营销模拟""市场调查与预测模拟""沟通与谈判模拟""销售管理模拟""国际市场营销模拟""电子商务模拟""大数据营销"和"营销财务数据挖掘"等实验课程。为了让学习者了解社会、走近企业，了解市场真正运行状态，还出现了以社会为背景的实验课程，在市场营销专业高等教育过程的不同阶段设计了社会实践、认识实习、专业实习和毕业实习等，旨在从不同的角度去认识社会经济活动中的营销管理问题。

（2）多彩的实践教学形式不断涌现。实践教学形式主要可以分为两大类，即校内的实践和校外的实训。校内的实践通过软件演示和操作，以室内形式为主开展（如教室或实验室）；校外的实训可以以社会调查、企业实训等形式进行。尤其是"赛学结合"，将校内和校外的实践教学融合在了一起。实践教学的具体形式包括"嵌入式""体验式""预备经理"和"四位一体"等等，其各自有着不同的特点。"情景嵌入式"让学习者能够更好地沉浸在其扮演角色中；"工学结合"可以让学习者打开更加广阔的思路；"赛学结合"能不断调动学习者的主观能动性；开放式实践教学成为一股潮流，带来了顶岗实习、"1+1"联合培养等方法[32]。这些实践教学方式不仅满足了市场营销实践教学的需求，而且增强了高校与企业之间的长效合作，还大力促进了双能型师资队伍建设，一流的应用型教师才能培养出一流的应用型营销人才。

（四）实践教学技术手段更新快速

中国的社会经济发展取得了举世瞩目的成就，经济运行从中高速的走势进入到经济新常态的发展阶段。企业对营销人才的要求也在不断变化，不仅要求熟悉和掌握营销理论和方法，而且要求能够在复杂的国内外经济环境中卓有成效地完成营销工作。这就进一步促进了高等院校更加注重营销实践教学，规范化、开放式教育成为常态，从而促使市场营销实践教学技术手段不断创新，跟上时代技术发展的前进步伐。

20 世纪 90 年代中后期，随着中国的市场营销专业人才培养教育的发展，从引进西方的课堂案例教学模式开始，不断深化带动学习者学习思考具体的营销管理问题。从管理决策者的角度出发，开始系统地研究管理决策问题，并逐渐摸索出了适用于不同学习阶段和人群的实践教学方式，以及与之配套的技术手段。尤其是在 21 世纪初，各高校开始陆续开展实验室信息化建设，从安装信息管理系统方便实验室管理，到实验课程的信息建设，市场营销专业实验室信息化程度不断提升。例如：从物理沙盘的使用，到电子沙盘的更新；从计算机磁盘操作系统（disk operating system，DOS），到浏览器/服务器（browser server，B/S）模式、模型–视图–控制器（model-view-controller，MVC）结构、AJAX 技术（asynchronous JavaScript and XML，AJAX）和 Spring 2.0 等一系列现代技术的使用，保证了实践教学系统的稳定性、快捷性、体验性和便利性等。

近年来，融媒体技术、人工智能（artificial intelligence，AI）技术等的利用，跨学科实验技术手段的加持，更加提高了实践教学的体验感，使得"情景嵌入式"模拟教学的角色扮演游戏更加逼真。尤其是随着互联网技术应用的普及、"云"技术的应用，"云"端激战使得跨学校、跨地域联合开展虚拟企业间的营销决策大比拼成为可能，实践教学活动可以不受空间和时间的限制，极大地提高了实践教学的适应性。

思考题

1. 市场营销实践教学的发展基本特点有哪些？
2. 中国的市场营销实践教学常用方法有哪些？
3. 中国的市场营销实践教学有哪些特点？
4. 目前中国的营销实践教学管理体系是怎样的？
5. 在中国，信息技术的发展与市场营销教学的关联性是怎样的？

本章参考文献

[1] 李佳, 廖文武. 我国高校 MBA 实践教学模式的构建：基于对美国哥伦比亚商学院的实地考察[J]. 上海理工大学学报（社会科学版），2019(1)：85-91.

[2] 方雯，胡芳. 高校实践教学体系研究述评[J/OL]. 新教育时代电子杂志(学生版)，2017.

[3] 联合国教科文组织总部中文科. 教育：财富蕴藏其中[M]. 北京：教育科学出版社，1996.

[4] 徐敦楷. 沃顿商学院 MBA 课程设置的经验与启示：兼论我国高等财经教育人才培养模式的改革[C]// 中国高等教育学会. 2011 年第二届中国高等财经教育论坛文集. 北京：经济科学出版社，2012：131-136.

[5] 孔庆民，梁修庆. 国外市场营销课程改革情况分析[J]. 科海故事博览·科教创新，2012(6)：82.

[6] LAMONT L M, FRIEDMAN K, Meeting the challenges to undergraduate marketing education[J]. Journal of Marketing Eduction, 1997, 19(3): 17-30.

[7] 李翠兰. 和谐高效课堂教学的认识与实践[J]. 中国教育学刊，2011(S2)：74-75.

[8] FAN N. Research on practice teaching of medical laboratory science basedon computer technology[J]. Journal of Physics: Conference Series, 2021, 1992(2): 022164.

[9] 马进甫. 实践教学在"两课"教学中的地位和作用[J]. 北京教育（高教版），2005(7)：73-74.

[10] 张英彦. 论高校实践教学目标[J]. 教育研究，2006(5)：46-49，58.

[11] 郭水兰. 重新认识职业教育理论和实践教学的内涵[J]. 中国职业技术教育，2004(27)：25-26.

[12] 时伟. 论大学实践教学体系[J]. 高等教育研究，2013(7)：61-64.

[13] 陈超，赵可. 国外大学实践教育的理念与实践[J]. 外国教育研究，2005，32(11)：35-40.
[14] 陈勇，何彦秋. 新中国成立以来高师实践教学的发展历程、问题聚焦与未来展望[J]. 中国教育科学（中英文），2020，3(4)：86-94.
[15] 江海潮，向国成. 高校经管类专业现代实践教学研究文献综述[J]. 当代教育理论与实践，2011，3(8)：56-59.
[16] 薛伟贤，王佩. 国外高校经管类专业实践教学的经验与启示[J]. 教育探索，2021(12)：89-93.
[17] 蒋咏华. 经管类应用型创新人才培养的专业实践教学研究[J]. 高等函授学报（哲学社会科学版），2012(6)：32-33.
[18] 郑恒斌. 地方性高校经管类专业实践教学存在的问题及对策[J]. 教育探索，2012(11)：27-28.
[19] 龚育之. 教育部规范各省小学教学方法[M]//中国二十一世纪通鉴编辑委员会. 中国二十世纪通鉴（1901—1920）. 北京：线装书局，2002：1.
[20] 程今吾. "教学做合一"理论与实践[M]. 北京：商务印书馆. 1943.
[21] 易玉娟. 国统区"战时教育"初探[C]//中国人民抗日战争纪念馆文丛第四辑. 1993.
[22] 中国国民党中央委员会党史史料编纂委员会. 抗战时期之教育[J]. 革命文献，1972(58)：26-27.
[23] 檀传宝. 历史之思与专业之辨：黄济劳动教育思想及其当下意义[J]. 中国教育科学，2021，4(6)：115-119，114.
[24] 顾明远. 论苏联教育理论对中国教育的影响[J]. 北京师范大学学报（社会科学版），2004(1)：5-13.
[25] 彭妙颜. 借鉴香港实践教学模式建立实践教学基地[J]. 电工教学，1998，20(1)：40-43.
[26] 郭福春. 大陆与台湾高等职业教育比较研究[J]. 黑龙江高教研究，2011(9)：70-72.
[27] 缪珂菁. 实践教学思想的源起和概念解析[J]. 文教资料，2016(4)：141-143.
[28] 张旭东. 财政政策：以"稳健"取代"积极"[J]. 共产党人，2005(2)：1.
[29] 王亮，刘晨，郭瑞. 国内市场营销专业实践教学发展与研究综述[J]. 安徽工业大学学报（社会科学版），2016，33(1)：83-86.
[30] 林晓筱. 基于应用型人才培养的工商管理教学改革研究[J]. 前卫，2021(14)：124-126.
[31] 谢多. 新常态下的债券市场发展[J]. 中国金融，2016(7)：51-52.
[32] 梁维中，陈永生，宋良，等. 企业合作共建材料类应用型人才培养模式改革与实践[J]. 经济师，2020(4)：202-203.

第二章

市场营销实践教学活动类型及管理

本章概要:

本章介绍了实践教学基本类型及特点,尤其从市场营销实践教学的体验性角度,分析了实践教学不同类型的特点;并基于实践教学活动的基本流程,说明了市场营销实践教学质量管理的基本要求。

第一节 实践教学基本类型及特点

专业学习不仅是对专业知识进行系统的学习,也需要进行各种各样的管理技能、人际技能、创新技能、自我潜能开发技能的训练。实践教学就是一种有效的技能开发训练方式,不仅能够加深学习者对所学专业知识的认知程度,而且能够提升其系统思考能力,培养动手能力、业务组织管理能力和沟通交往能力等。经济管理类专业的实践教学尤其更加重视社会技能的培养。

一、实践教学基本类型

使用不同的分类指标,实践教学可以得到不同的类型。实践教学的类型不同,其特点就不同,适用性也有所差异。例如,可以分为课程实践、专业实践和社会实践[1],或分为基础实践、专业实践和综合实践[2],或分为校内实践教学和校外实践教学[3],也有分为传统实践教学和情景模拟实践教学等[4],也有依据课程特点,把实践教学划分为基本技能类实践、专业基础技能类实践、专业技能类实践、综合类实践四大类[5]。

(一)实践教学所在地

根据实践教学所在地,可以将实践教学分为课堂实验教学、实验室实践教学和社会实践教学。

课堂实验教学是借助课堂、教室,针对课堂教学中某一知识点所进行的小型实践教学活动,往往是展示型的。实验室实践教学是在实验室里,根据教学要求而完成的系统性的实践活动,如大学的化学实验、物理实验和虚拟仿真模拟等。社会实践教学是走出课堂，进入社会经济活动实体中开展的实践教学活动，如进企业实习和开展社会调查等，通过社会实践教学可以获得多因素影响的实践能力训练。

（二）实践教学时空范围

根据实践教学的时空范围，可以将实践教学分为课程实践教学、专业实践教学和社会实践教学。

课程实践教学是课程理论教学中不可缺少的环节，是引导学习者结合实际以便更好地感悟、理解和运用某一门课程的理论知识来分析和解决现实问题的特殊教学方式。专业实践教学是以国家和社会对该专业人才技能的要求为推动力，以某一专业理论体系为背景的实践活动。社会实践教学是根据一定的教学任务，组织学习者深入现实社会，沉浸式参与具体的生产劳动和社会生活，使某一专业及其相关理论知识和社会实践相结合的一种教学形式。

（三）实践教学与课程关联性

根据实践教学与课程的关联性，可以将实践教学分为课程实践教学、课间实践教学和独立实践教学。

课程实践教学是根据某课程的内容，开展对相关知识点的充分认识的实践教学活动，往往实践教学规模较小，属于某一课程进行的组成部分。课间实践教学是根据某课程的内容，对该门课程主要知识点进行系统认识的实践教学活动，往往实践教学规模比前者大而系统，且设置为另外一门课，课程名可以体现所联系的课程。独立实践教学往往是根据某一专业主要核心课程的专业知识，进行较大规模的专业知识应用的实践教学活动，一般是独立设置，从课程名来看，往往不会体现与具体一门课程的关联。

（四）实践教学体验性

根据实践教学的体验性，可以将实践教学分为普通实验实践教学、虚拟仿真实践教学和情景模拟实践教学等。

普通实验实践教学往往以实验用具、用品和材料等为基础开展相关实验活动。例如，教师讲授完物理或化学的实验原理、仪器操作方法和实验注意事项后，安排学习者完成实验操作[6]。虚拟仿真实践教学是以计算机和信息技术为基础，根据实验要求，使用相关软件，通过设置相关参数开展实验活动以展示某一虚拟状态场景。情景模拟实践教学可以是以软件为基础，也可以是物理沙盘，但是不仅要根据实验要求通过设置相关数据开展实验活动，而且需要实验者的情感参与角色扮演，才能够更好地得到实践教学活动体验。因此，情景模拟实践教学以教学理论为核心，通过创设相应的情景模式，使学习者进行相应的情景角色扮演，运用情景语言、情景技能等进行相关知识的学习和运用[7]。

综上所述，市场营销实践教学的类型可以组合出许许多多的种类，为实践教学的实际需要提供了多样性选择。

二、实践教学特点概述

实践教学的主要目的是发展并提高学习者的实践能力和综合素质。学习者作为实践教学的主体，其在实践教学过程中的体验程度是影响实践教学目的能否实现的关键。学习者在实践教学中的体验程度又受到体验范围、体验内容和体验过程中的情感等因素的影响。普通实验实践教学受相关条件和要求的限制，对学习者的体验范围和体验内容基本没有要求。虚拟仿真实践教学既弥补了传统实践教学的不足，又打破了时空的局限，提高了学习者的体验程度。情景模拟实践教学在虚拟仿真实践教学基础上，利用一切可以利用的条件，进一步激发了学习者的情感体验。

（一）普通实验实践教学基本特点

普通实验实践教学也称为传统实践教学，其产生伴随于理论教学，也依附于理论教学而存在。其最初的目的是较为形象地展示理论教学中的某一知识点。普通实验实践教学发展至今，最为突出的特点是：第一，周期短，可以在一定程度上提高学习者的实践能力[8]；第二，针对性较强，即对某一知识点的针对性实践较强，如化学课上的某一种化学反应实验、市场营销学课上的调查问卷设计等；第三，实验规模小，方便在课程进行的各阶段灵活嵌入，是丰富课堂教学的有效手段。但是，刚开始时，传统的实践教学还是以教师展示为主，或者以业务流程活动形式为主，对学习者创新精神和实践能力的培养较弱。而且，因为学时偏少，仅立足于某一个知识点，对于学习者系统性掌握知识体系和实践技能的培养不足。同时，教学形式和手段较为单一，生动性和系统性不够，局限性较大，需要学习者自行不断领悟知识点的系统性和关联性。

（二）虚拟仿真实践教学特点

随着信息技术的发展，实践教学的方式和手段有了新的突破。虚拟仿真技术逐渐应用到了实践教学领域，是继"互联网+教育"之后的"智能+教育"技术的应用，是一种新的教育生产力[9]。为了积极贯彻中国政府的《教育信息化十年发展规划（2011—2020年）》精神，不仅是理科、工科、医科利用信息技术快速开发出相应的虚拟仿真实践教学课程，而且经济管理类专业的虚拟仿真实践教学有了更加强大的生命力，也随之蓬勃发展。包括清华大学的"汽车发动机虚拟拆装"、中国地质大学（北京）的"北京周口店野外地质仿真模拟实习"和"市场营销虚拟仿真模拟"等在内的数千个虚拟仿真实验均已经上线使用。

虚拟仿真实践教学是指利用现代计算机仿真技术、网络技术及多媒体技术，模拟社会经济管理业务活动，使学习者在虚拟逼真的环境中感知体验、实践训练，通过理论联系实际加深学习者对知识的理解和应用，培养学习者的实践能力和创新精神，主体的体验程度较高。

虚拟仿真实践教学基于虚拟仿真技术而产生，主要有以下4个特点。

（1）交互性。虚拟仿真技术能够让学习者进入一个由计算机生成的交互式多维模拟仿真的世界中，并通过计算机对仿真的环境进行交流和互动。学习者通过与虚拟仿真环境的互动，借助所学的理论知识，加之个人对互动的感知，能够帮助提高逻辑和思考能力。

（2）沉浸性。虚拟仿真技术具有特有的沉浸感和实时性，对时间和空间环境的超越，使得它在军事模拟、先进制造、城市规划、地理信息系统、医学生物、天文和市场研究等领域中有着非常大的应用前景。比如，对于一些剧毒物质的试验、未知领域外太空的探索，甚至是人受外界的刺激而可能产生新的需求推理等。虚拟仿真技术可以极大地促进这些领域的教育教学活动，从而打破时间和空间的局限，实现虚拟教育与现实教育的结合[10]。

（3）时代性。在信息技术迅速发展的当今，特别是在 5G 时代背景下，机器学习作为教育主体，提供了数字化个人化学习可能性。数字人是信息科学与生命科学融合的产物，是运用信息科学方法对人体形态和功能进行多层次虚拟仿真的结果。因此虚拟仿真人类社会活动的变化，为经济管理等专业提供了更加丰富的实践教学场景。

（4）娱乐性。虚拟仿真实践教学通过互动体验教学实现快乐教育。通过有趣的互动体验，个体可以充分参与教育教学，它不仅包含教学和娱乐，而且超越其单一的娱乐属性，能有效地传递知识，使受教育者更好地理解和接受相关知识，从而使虚拟仿真实践教学成为一种有效的教育工具。

（三）情景模拟实践教学特点

情景模拟实验教学最早是由英国著名的语言教育学家帕尔默（Palmer）和霍恩比（Hornby）于 20 世纪 30—60 年代提出，并开始应用于语言教学中。20 世纪 70 年代，"情景模拟"式实验教学被引入中国，多用于职业教育[11]。随着 20 世纪 90 年代 MBA 项目引入中国，"情景模拟"式实验教学进入了研究生培养过程之中，之后逐渐被推广到其他的人才培养层次和专业。

"情景模拟"式实验教学是一种多方式融合、灵活组合的联合体。它是一种集情景教学、模拟训练教学、实践教学、案例教学、参与式教学等多种教学方法的优点于一身的现代化教学手段。其发展大致可以分为两个阶段。一是最初的以情景剧形式在理论教学过程中所使用的小型"情景模拟"教学，让学习者通过角色扮演来体会社会与经济活动情况；二是在信息技术发展和应用推广基础上，21 世纪初以来的虚拟仿真技术在教育教学活动中的应用大发展，形成了大型综合的"情景模拟"实验教学系统，让学习者在实验室以现代虚拟仿真技术开发的平台为实体，以情景化环境为硬件，通过扮演管理者角色进行系统、全方位和身临其境的学习，大大提高了实践教学的真实性。如今，在虚拟仿真技术不断发展和广泛应用下，"情景模拟"式实验教学已有了鲜明的 2.0 版本，将情景教学、模拟训练教学和参与式教学等方法与虚拟仿真技术有机结合，更加提升了"情景模拟"式实验教学的生动性和体验性，将元宇宙社会元素带入使得虚拟与现实更加充分融合。

现代的情景模拟实践教学在继承了虚拟仿真实践教学特点基础上，不断提高人机交互程度，让参与者用"心"沟通，带着情绪去感受这种交互。其特点主要表现在以下 6 个方面。

（1）仿真实践性。这是情景模拟实践教学的基本特点。情景模拟实践教学将现实中的场景、情景、角色、社会关系、工作生活方式等搬到学校、课堂，教师根据特定的教学内容需要，在课堂或学校模仿、创设现实中真实的情景，并再现生动的、具体的场景。在仿真场景中，参与者不是被动观看角色，而是通过扮演特定的角色，按照拟扮演的角色行事，从而不断实践相应角色，锻炼自己，获得知识和技能。

（2）情感依托性。这是情景模拟实践教学最鲜明的特点。情景模拟实践教学以生动形象的场景，激发参与者学习和练习的情绪及感情体验；通过教师的规划设计和语言表达的内容及方式，把情感寓于实践的理论知识内容之中，在课堂上形成一个广阔的"心理场"，促进参与者更深刻地理解和掌握专业知识、激发想象力、调动主观能动性。

（3）互动协作性。在情景模拟的场景中，每位参与者虽扮演着不同的角色，但角色并不是相互孤立的，每个角色都与其他角色有着千丝万缕的关联，并且在行为上各个角色是互动的。因为，真实场景中每个个体都是因为工作、生活、某种社会联系活跃于特定的场景中。或者说，在特定的场景中，每个个体都是在相互接触、交往的。

（4）体验趣味性。由于教学场景和环境是仿照真实的场景而设计的，因此参与者在实践教学中就能感受和感知现实真实场景的人、事、物和业务流程等，感受真实场景中的各种表现、氛围和情绪，体会到自己所扮演的角色、所从事的工作、所采取的行为，也能直接体验到在特定的场景中自我的行为方式和表现。

（5）沉浸学习性。情景模拟实践教学可采用仿真、虚拟现实等新兴技术打造多感官参与的沉浸式学习环境，基于周围环境为参与者提供与情景相关的、个性化的学习活动和内容，激发每一位个体的学习动力与激情，并保持更长时间的专注状态[12]。

（6）自我认知性。情景模拟实践教学要求参与者进行角色扮演和行为模拟，这一方式能让参与者在角色要求、角色扮演时、角色扮演后对自己是否适合某一角色进行重新审视，也能让其反思自己在特定场景下的行为是否妥当，还能让参与者对自己未来的职业路径和生活方式进行重新规划，以认清自己、少走弯路。

这种实践教学手段非常适合于经济管理类专业的专业知识体系学习，尤其是市场营销专业的市场营销学、推销技术学和网络营销等理论应用性较强特点的课程，可使主体的体验程度最高[13]。通过依托虚拟仿真技术，给参与者赋予不同的职业或岗位角色，并编制一套与该职业或岗位角色实际情况相似的测试项目，将其安排在模拟的工作场景中处理可能出现的各种问题。通过模拟的工作场景代替实际的工作场景，打破实际工作场景难以获得的实践瓶颈，使参与者在校期间有机会接触到未来的工作，或者感知工作场景的未来变化，培养职位胜任力。而且，"情景模拟"式实验教学具有独特的"引导—融入—体会"的学习过程与"教学方案—教学计划—教学指导书—模拟决策报告—模拟总结报告"完整的教学体系配套，可以大大提高学习者学习和教师教授知识的效率。

第二节　市场营销实践教学活动基本流程及管理要求

实践教学的核心是围绕学习者开展理论应用的学习活动，其目的是不断提高学习者对理论知识的理解力和实际应用能力。因此，可以依据教学活动的目的和内容，利用不同的方法和手段，设计不同形式和规模的实践教学活动。无论是什么内容、形式和规模的实践教学活动，都应该遵循实践教学活动的一般流程和基本的管理要求，以便有效地控制教学质量。

一、市场营销实践教学活动基本流程

市场营销实践教学活动的教学质量管理，核心的问题主要包括过程质量控制和教学质量管理两大部分，即以活动流程及质量管理要求为中心。

市场营销实践教学活动一般流程主要包括 5 个主要部分，即明确目的和目标、设计实践教学活动计划（包括设计实践教学活动内容、选择实践教学活动方式等）、构建质量评价体系、实践教学活动实施与控制和教学评价总结。

（一）明确目的和目标

明确目的是任何活动的起点，市场营销实践教学也不例外。不同的市场营销专业课程知识重点内容不同，学习者不同，导致其课程间的差异性和同课不同对象的差异性这两种特殊现象。因此，在关注其实践教学的差异性的同时，也要明确其目的的差异性。例如，市场营销学课程设置"市场调查"实践教学活动，而消费者行为学中可能设置"消费行为"调查实践教学活动，但是，这两个实践教学活动的目的是有差异的。后者只是市场调查的一部分，要求聚焦于"消费行为"相关内容的目的。而前者的"市场调查"内容不仅可以是"消费行为"，也可以是"市场消费结构"或者"商品价格策略"调查研究等，只要是与"市场"有关的都可以进入调查范围，选题内容范围可以更加宽泛。另外，还有可能因为实践教学类型的不同、学习者培养目标的差异性，实践教学活动的目的也有所变化。

市场营销实践教学的目标是在明确了目的基础上细化实现目标的各项指标并进行量化。

（二）设计实践教学活动计划

设计实践教学活动计划主要包括设计实践教学活动内容、选择实践活动方式、确定实践教学活动的时间、考虑资源的匹配和其他组织工作等。

实践教学活动内容的设计会受到市场营销专业培养方案课程体系的制约和对应课程内容特点差异的影响。市场营销实践教学从专业培养方案来看，可以通过课程内设置、课程间设置和独立设置的互补性形成一个系统。课程内设置的实践教学活动是针对某个知识点的小型的、课程内的活动，往往实践内容较少，所用时间较短。课程间设置的实践教学活动是针对某一门课程知识体系而设置的中型的、实验室内的活动，显示出一定的综合性，所用时间较长。独立设置的实践教学活动是综合性的，是针对专业知识体系而设置，实践活动内容较多，往往是走出校门，到社会和企业中去亲身体验的实践教学活动，如社会实践、认识实习、专业实习和毕业实习等形式。

具体到某一个实践教学活动选择实践教学活动方式，需要在充分考虑实践教学的目的和培养方案中定位的基础上，根据学校的教学资源、条件和时间的限定等来做决定。无论是选择课堂情景模拟、虚拟仿真模拟、综合性虚拟仿真模拟，还是进入企业开展专业认知、参观实习或是专业在岗实习等形式，都应该体现出针对性、可操作性、适应性和有效性。

另外，实践教学活动方式的选择也会受教学资源的投入、时间和其他条件的影响。例如，是实地调研还是线上调研（包括问卷调查或线上访谈），是个人进行还是团队开展，是参观实习还是在岗实习，等等。一般情况下，实地调研所花费的时间、需要的精力和体力会比线上调研多，费用也高，组织难度也较大；参观实习往往以了解为目的，时间较短（一般1天左右），在岗实习以深入体验并了解企业管理为目的，时间较长（一般为1个月以上），所以后者的费用等支出量较大。

实践教学活动计划最后一般以"计划书"形式展现，包括负责人、联系方式、参加人员总数（人员名单为附件）、实践教学目的、实践教学工作内容与时间安排、实践教学费用预算清单等。

（三）构建质量评价体系

2018年6月21日，教育部在新时代全国高等学校本科教育工作会议上提出了：坚持以本为本、推进"四个回归"是高等教育改革发展的基本遵循，着力建设高水平教育体系，提升专业建设水平，建设一流专业等号召，将中国高等教育推入了新的历史发展阶段。尤其提出"建立学习者中心、产出导向、持续改进的自省、自律、自查、自纠的质量文化，将质量要求内化为师生的共同价值和自觉行为"。市场营销实践教学的质量管理在此影响和指导下不断得以提升。

实践教学质量评价体系是实践教学质量管理体系的一部分。根据国家标准《质量管理体系要求》（GB/T 19001—2016/ISO9001:2015）和《全国高等学校工商管理类专业教学质量国家标准》（2019年3月20日发布）要求，在市场营销专业培养质量方针和目标的框架内，进行实践教学的过程（流程）设计、资源使用（如人员的配置和组织、实践教学平台或方法的选择和使用等）、质量与风险控制、结果评价和质量控制文件汇交等。核心就是实践教学活动的量与质关系的处理，以不断提高实践教学水平为目标。

实践教学质量评价体系是教学质量标准的支持性文件之一，其设计不仅要充分体现各种不同的实践教学活动应有的基本的质量评价内容和方法，同时还要考虑每一类实践教学活动的特殊性和应有的评价内容等。市场营销实践教学质量评价体系的建立不仅是对某一次的实践教学开展控制和评价总结，也是为了不断改进提高质量。

实践教学活动的质量评价一般需要从学习、教学和资源三大方面进行。对学习的评价，主要从学习者参与实践教学活动的过程表现（出勤、参与度、主动性、沟通能力等表现）、活动结果显示（记录、资料整理、业绩或收获情况等）和提交的作业（报告）质量等方面进行评价。对教学的评价，主要从教师方面（包括实践教学活动过程设计、组织和控制）以及对学习者积极性的调动和应变处理事务等方面进行评价。对资源的评价，主要从实验平台方面，包括丰富度、有效性、技术支持的及时性和快捷性等进行评价。

（四）实践教学活动实施与控制

市场营销实践教学活动的实施就是按照实践教学活动计划进行实际性的落实。最关键的问题是可能会遇到许多变数，从而使得实践教学活动无法按部就班进行。例如，市场调查受到外部环境的影响很大，可能会无法按照既定的时间开展；到企业参观实习，可能会因为企业人员变动而临时无法进入；仿真模拟因为疫情管控而无法到实验室现场进行；等等。因此，在市场营销实践教学活动过程中及时处理问题、调整活动计划等是常见的教学管理工作。

实践教学活动的控制是为了保证实践教学活动的教学质量而进行的，所以需要有控制依据。例如，通过教师岗位职责、实验室管理规范、实验实习教学制度等中的相关规定，来显示实践教学活动的教学管理流程、活动控制信息传递流程和权限限制等。

（五）教学评价总结

市场营销实践教学的评价总结是依据所构建的质量评价体系而进行，是对整个实践教学活动的学习、教学和资源支持的总结，应该体现出综合性结果。

例如，市场营销模拟实践教学和市场调查实践教学活动内容和方式是不同的，因此它们的评价内容也有所差异，但又充分体现了各自的综合性，如表2-1和表2-2所示。

表2-1 市场营销模拟对学习的评价体系

序号	成绩类型	评价指标及权重	备注
1	平时 0.40	市场营销决策报告 0.15	根据分工职能撰写的相关决策报告
		市场营销决策工作总结报告 0.15	在实践活动结束时撰写的职能工作总结报告
		策划讨论及合作等表现 0.10	
2	业绩 0.60	市场营销模拟竞争排名 0.50	虚拟仿真模拟系统所给出的排名
		公司总结报告 0.10	在实践教学活动结束会上的公司总结汇报

表2-2 市场调查实践活动对学习的评价体系

序号	评价指标	权重
1	调查过程组织与参与	0.10
2	调查选题聚焦性	0.05
3	资料收集丰富性	0.10
4	调查报告内容系统性	0.25
5	调查报告图表使用合理性	0.15
6	调查报告分析工具使用科学性	0.15
7	调查报告行文专业性和生动性	0.10
8	调查报告文本格式符合性	0.10

表2-1中，在进行职能工作总结和公司业绩总结报告中，还可以实战性地要求进行市场预测准确率分析、竞争对手分析研究等。

对教学的评价主要从实践教学活动过程设计的合理性、组织和控制的有效性、时间安排的可行性等方面进行。对资源平台支持的评价主要包括有效性、丰富度、稳定性、技术支持的及时性和快捷性等。

二、市场营销实践教学活动质量管理要求

开展实践教学活动不仅要求教师有明确的教学目的、教学方法和教学手段，而且要

求学习者在其过程中系统地去感受、消化和吸收专业知识等，这就需要实践教学质量管理职能有效运行。

市场营销实践教学活动有着丰富的类型，不仅所用手段或工具存在差异，而且参与者也不同，因此，要求在遵循质量管理基本要求基础上实现个性化的质量管理方案设计以适应不同的学校、不同的实践教学活动或者课程的需求，只有这样，才能确保实现实践教学目标，做到人人可操作，时时可执行。就像不同的专业都要求有各自的培养方案，而同一个专业不同的学校培养方案内容也可以不同。

根据 GB/T 19000—2016 国家标准的要求，市场营销实践教学的质量管理关键落脚点就在于相关教学制度文件和过程文件的完整性和执行力，即市场营销实践教学质量管理文件体系的建立和有效落实。质量管理文件体系应该包括质量手册、程序文件和作业指导书 3 个层面。因此，市场营销实践教学的质量管理文件体系也应该从这三个方面来体现，见表 2-3。其质量管理文件体系可以从两个层面的不同文件中显示出质量手册、程序文件和作业指导书三方面的功能和内容。其文件类型和基本说明见表 2-3。

表 2-3　市场营销实践教学质量管理文件

序号	大类	分项	备注
1	质量手册	实践教学管理办法	学校或学院对所有实践教学活动质量管理的综合性、纲领性文件
2	程序文件	专业培养方案	对一个专业的实践教学活动进行总体规划的体现
		实践教学课程大纲	根据每门课程的要求进行实践教学内容、方式等的总体规划
		实践（实验）指导书	根据实践（实验）的目的和具体特点进行详细的说明，如具体目的、流程、方式、用具和风险管控等的详细告知
3	作业指导书	实践教学课程进度表	进行实践教学活动的具体任务、时间和人员等的安排（每次）
		工作（实习）日记	每一天实践教学活动内容的记录（每人）
		实习总结	实践教学活动结束后的总结，包括过程描述、具体活动表现和感受或感想等（每人）
		实习（调查）报告	从实践教学活动中发现问题、解决问题的研究的报告（每人）

从表 2-3 中可见，根据质量管理体系的建立和运行标准要求来看，市场营销实践教学的质量管理文件可以分为三大类。

（1）市场营销实践教学质量管理体系文件，即学校的实践教学管理办法，其中不仅要求有实践教学活动从学校的角度如何管理的方案，也会有建立实践教学文件管理层级说明等。

（2）市场营销实践教学质量管理过程控制文件，即各专业的培养方案、实践教学课程大纲和实践（实验）指导书，以便固化必要的实践教学活动内容、方式、手段和资源支持等。

（3）市场营销实践教学质量管理作业指导书，即反映每一次实践教学活动开展实际情况的计划书、进度表、记录或者报告等资料。

因高等教育教学的特殊性和实践教学在高校中的定位差异，以及市场营销实践教学质量管理的特点等，这三层文件的具体内容可能因校而异、因时而别，以便根据学校的发展需要而不断丰富实践教学内容，让实践教学体系更加科学，以不断提高市场营销实践教学活动质量。

思考题

1. 如果需要进行"谈判"实践，选择哪种实践教学类型为好？
2. 举例说明课堂实验教学有哪些优缺点。
3. 举例说明社会实践教学有哪些风险管理关键点。
4. 情景模拟实践教学应该从哪些方面考虑"情景化"？

本章参考文献

[1] 马进甫. 实践教学在"两课"教学中的地位和作用[J]. 北京教育（高教版），2005(7)：73-74.

[2] 黄思贤. 再论实践教学的基本要素与其分类[J]. 海南师范大学学报（社会科学版），2018，31(2)：136-139.

[3] 邵文杰. 旅游管理专业本科实践教学基地建设研究[D]. 沈阳：沈阳师范大学，2014.

[4] 杨洁. 情景模拟教学法运用于酒店管理实践教学中对策探讨[J]. 中外企业家，2020(10)：200-201.

[5] 乔成立，陈世界，吴子敬，等. 实践教学"分类"化管理模式的研究与实践[J]. 实验室研究与探索，2014，33(7)：172-175.

[6] 王荣花，罗佳，杜慧芳，等. 高校实验"仪器操作技能"课程模式的探索与实践[J]. 实验室科学，2015，18(2)：229-231.

[7] 鲁丽莎. 情景模拟教学法在人力资源管理教学中的应用研究[J]. 长江丛刊，2018(31)：215.

[8] 胡亮亮，叶芬，严松，等. 传统实践教学的优缺点[J]. 课程教育研究，2017(5)：239-240.

[9] 傅强，黄文武. 经济管理虚拟仿真实践教学研究[J]. 中国现代教育装备，2015(5)：62-64.

[10] 莫璧宇. 虚拟仿真技术下《绿色展装快速搭建实训》沉浸式教学模式的研究与实践[J]. 大科技，2021(44)：38-39，116.

[11] 李芳，周滋霞. 情境模拟教学在我国护理教育中的应用现状[J]. 现代医药卫生，2018，34(12)：148-150.

[12] 李晓文，施晓珍. 解析大学课堂教学的新形态[J]. 高教发展与评估，2019，35(6)：86-96，112.

[13] 方昶. 情景模拟教学法在市场营销学课程中的应用研究[J]. 现代职业教育，2016(31)：166-167.

第三章

市场营销实践教学的发展规律与趋势

本章概要：

随着市场竞争的加剧，企业对营销人才的要求越来越高，从而也促进了高校越来越注重对营销人才全方位、复合型实践能力的培养。培养市场营销专业学习者创新能力和实践能力是中国高等教育改革的热点之一。高等院校普遍更加注重营销实践教学，规范化、开放式教育成为常态，并在价值塑造、知识传授、能力培养三位一体教学理念中发挥着重要作用。基于此，本章重点从教学理念、教学内容、教学体系、教学主体、管理手段等方面，总结了中国高校市场营销专业实践教学的发展规律与趋势。

第一节 市场营销实践教学的发展规律

通过30多年的探索，中国市场营销专业的发展由稚嫩逐渐走向成熟，通过不断地改革创新，努力适应社会经济环境的发展和变化，其实践教学的研究和探索也逐步走向深入，由表及里，由浅入深，符合社会事物发展的一般规律[1]。尤其是依托中央财政计划项目、教育质量工程项目、振兴计划和提升计划、校企合作协同育人项目等在实验室建设、实习基地建设等方面给予的极大投入，实践教学的环境大幅度改善，市场营销实践教学研究领域出现了许多新思维和新方法，从不同的路径获得新的突破，走出了具有中国特色的市场营销实践教学之路。

一、实践教学理念的发展变化

从教学理念的发展来看，实践教学理念经历了从"重知轻行"向"学以致用"再到"知行合一"的转变过程。中国高校市场营销专业实践教学对"学习者为中心"理念的践行不断深入。实践是根本，学习的认知、能力的表现、品德的养成和创新的思维等都来自实践教育。实践教学会给学习者提出挑战性任务，并且让学习者自主完成该任务，充分展示其思考、处理、解决问题的实践能力，同时培养学习者的专业技能和职业素养。加强实践教学，对于不断增强学习者效劳国家和人民的社会责任感、勇于探索的创新精神、善于解决问题的实践能力，具有不可替代的重要作用。尤其是对于提高人才培养质量，效力于加快转变经济发展方式、建立创新型国家和人力资源强国，具有重要而深远的意义。

二、实践教学内容的发展变化

从培养内容的发展来看，市场营销专业实践教学经历了从"单项技能培养"到"综合技能培养"再到"综合素质培养"的过程[2]。市场营销是与经济管理有着紧密联系的一门专业，所以其有着十分显著的社会科学特征，其实践教学同样表现出显著的人文学科特征。正是凭借市场营销专业的双重特征，造就了市场营销专业实践教学体系内容的多元性和动态性。在教学中把与营销活动相关的知识都结合在一起，即将学科基础知识、专业基础知识、专业理论知识的学习与实践教学课程结合在一起，组成一个个学习领域让学习者进行整体学习，这样不但能提高学习效率，更重要的是让学习者在教学中加速了知识内化为能力的过程。例如，通过ERP沙盘模拟，市场营销专业的学习者可以较为全面地了解企业的生产、销售、财务管理等过程，为校外实训或企业实习打下根底[3]。

三、实践教学体系的发展变化

从课程体系的发展来看，市场营销专业实践教学体系经历了从"缺乏统筹规划[4]"到"分层次、多模块"再到如今"全过程、全方位、立体化"实验教学体系的过程。该实验教学体系明确专业发展目标，同时注重培养学习者的创新意识和精神，以学习者为中心，通过开放性实验教学、实战实训教学、实习等方式，激发学习者的实践兴趣，鼓励学习者在实践中挖掘知识的本质特征。在实践课程体系建设中，循序渐进构建出5个层次的实验课程，包括专业基础实验课程、单元性实验课程、综合性实验课程、专业综合性实验课程和创新创业实验课程。从计算机管理软件与辅助管理系统类应用课程的开设，到沙盘模拟的综合性实验课程的开设，再到管理决策"情景嵌入"式模拟的专业综合性实验课程等的设置，从而构建出分层次和模块化的实验教学新体系。

四、实践教学主体的发展变化

从培养主体的发展来看，市场营销专业实践教学经历了从"专业培养"到"各部门培养"再到"高校+社会培养"的过程。这得益于高等教育不断扩大开放办学，培养主体逐渐多元化，越来越多的利益相关者关注和重视市场营销专业的实践教学环节。近年来，随着高校创新创业人才培养研究的深入，高校创新创业教育模式不断推陈出新，特别是在实践教学领域中，通过产教融合、校企合作推进学习者创新创业培养取得了一些成果。

五、实践教学模式的发展变化

从培养模式的发展来看，市场营销专业实践教学经历了从"校内实验+校外实习"到"校企合作"再到"开放办学、全真实战"的过程。高校越来越意识到，仅仅依靠自身难以培养市场营销人才的实践能力,寻求社会各方面的支持、大力发展开放式办学成为大势所趋。随着科技的进步,虚拟仿真技术越来越多地融入实践教学中,尤其是一批国家和各省的虚拟仿真实验教学项目的建设完成,极大丰富了实验教学方式。

第二节 市场营销实践教学的发展趋势

伴随着网络信息技术的飞速发展,企业的营销环境以及消费者的消费理念、行为和方式都发生了前所未有的改变。因而在新经济形势下,企业对营销人才培养提出了越来越高的要求,不仅要求能熟悉和掌握营销理论和方法,而且要求能够在复杂多变的国内外经济环境中卓有成效地完成营销管理工作。市场营销专业实践教学改革与发展也随之改变。

一、营销专业知识的应用与创新创业实践能力培养有机融合

如何对营销专业传统的教学模式进行改革,探索和构建出一种新型的教学模式以培养学习者的创新能力和实践能力,已经成为市场营销专业实践教学改革的重要研究课题之一[5]。市场营销专业人才培养的目的:一方面是培养学习者成为掌握市场营销理论知识和实践技能的复合型人才,使得学习者具备理论联系实际的创新能力;另一方面是以职业为导向,培养学习者成为适应市场的营销型人才,不仅使学习者掌握适应岗位的能力,还帮助学习者形成岗位意识,培养乐观向上、勤学善思、开拓创新等素质[6]。

应用能力既是毕业生必备的岗位胜任能力和职业生涯可持续发展的基础能力,也是实现职业转换的保障能力。现阶段,移动互联网已经渗透到各行各业,随着新商业、大数据、新媒体的应用及发展,社会对市场营销人才的新要求集中体现在市场洞察准、营销观念新、策划能力强等方面。因此,在移动互联网时代,必须着力培养市场营销专业学习者的市场洞察及用户行为分析能力、全渠道运营与管理能力、新媒体营销策划及执行能力等。

创新创业实践能力是实现教育可持续发展的一项要求,对构建和谐的就业环境、缓解社会就业压力、提升学习者综合素质等具有重要而深远的影响。市场营销专业因其服务经济社会的特色定位,在创新创业中应当冲在时代的前沿。创新对一个国家、一个民族来说,是发展进步的灵魂和不竭动力;对一个企业来说,是寻找生机和出路的必要条件。没有创新思维和能力的营销人才归根到底只能成为熟悉单项技能方面的人手,难以成长为独当一面的卓越人才。顺应时代潮流大力培养营销人才的创新创业实践能力,是当前营销人才"综合素质培养"的核心问题。但如何将普适性创新创业教育融入学科专业教育、专业核心课程教学,以更加细致的路径精准激发埋藏于营销学习者心中"双创"的潜能,是新时代市场营销高等教育实践教学改革的新命题[7]。市场营销专业实践应用性强、涉及行业范围广,该专业学习者市场机会意识较强,有一定经营管理能力,其创业的可能性比其他专业更大,因而对创业能力需求更迫切。各行业企业的营销部门,面对行业特点与市场需求变化,需要工作者必须不断学习、实践与创新,否则难以胜任岗

位职责。因此,营销专业知识的应用与创新创业实践能力的培养将会更加融合,并助推市场营销专业教育高质量发展。

二、实践教学体系科学全方位构建

为了实现市场营销专业人才培养的目标,在实践教学过程中,不仅要注重理论知识点的传授,还要建立完善的实践教学体系,提高实践教学质量。要科学系统地认识实践教学体系,将创业教育理念渗透到市场营销专业实践教学过程中,帮助学习者积极树立创业意识,培养学习者创业精神,完善学习者创业知识结构,加强创新创业实践能力的培养。要立足国家创新驱动发展战略需求,推进市场营销专业人才培养改革,力争实现专业教育与通识教育协同发力,理论教学与实践教学的深度融合,共同致力于营销专业学习者综合素质的培养,持续提升市场营销专业人才核心竞争力。

实践教学体系是由实践教学过程中的课程设置、知识结构、教学设计、教学方法、教学条件和教学监控等组成的整体。从系统的观点来看,实践教学体系是一个涵盖实践教学方案、实践教学平台、实践师资鉴定机制、实践教学考评机制及实践教学激励机制等 5 个方面的系统。实践教学方案是实践教学的文件依据,实践教学平台是实践教学赖以实现的路径,实践师资鉴定机制是实践教学师资队伍建设的标准,实践教学考评机制是实践教学效果提升的抓手,实践教学激励机制是实践教学建立长效机制的根本。这 5 个子系统相互联系、相互影响,不可割裂。市场营销专业实践教学也不外乎此,只有从全方位、一揽子来解决实践教学问题,效果才能够落到实处。

市场营销专业实践教学体系评估及优化应围绕"明确能力、评估现状、调整优化"的改革思路开展工作。具体内容包括:第一,明确能力。通过文献查阅、典型高校调研、雇主访谈等多种形式收集信息,明确移动互联网背景下市场营销专业学习者的应用能力。第二,评估现状。从课程设置、师资队伍、校内实训条件、校外实习实训基地等多方面评估市场营销专业实践教学体系的运行情况及效果,总结经验并找出问题。第三,调整优化。设计并实施市场营销专业实践教学体系的优化重构方案[8]。

(一)实践教学课程重构的趋势

高校市场营销专业实践教学课程的教学改革也应当与时俱进。随着中国互联网经济的发展,以短视频、公众号、直播等为主要形式的新媒体营销逐渐兴起。因此,理应重构对接应用能力培养的校内实践教学课程群,一是删减或合并部分教学内容过时、重复的实训课程,二是增设经济信息检索与利用、跨境电子商务实训、新媒体艺术摄影实训、广告设计、现代企业与服务业虚拟仿真综合实训等课程(见表3-1)。可通过实施校内实训、校外实习、学科竞赛、创新创业等多维立体化的实践教学,探索形成诸如"一年级专业认知实习,二年级营销管理调查+管理经典著作阅读+市场营销调研实训,三年级商务礼仪实训+零售管理实训+推销实训+网络营销实训+广告设计实训+跨境电子商务实训,四年级营销策划实训+ERP 沙盘模拟实训+新媒体艺术摄影实训+现代企业与服务业虚拟仿真综合实训+毕业实习"的逐级深入模式[6]。

表 3-1 对接应用能力培养的课程群

应用能力	支撑应用能力的专业理论课程	支撑应用能力的专业实践课程
市场洞察及用户行为分析能力	市场营销学、市场营销调研、消费者行为学、商务礼仪	市场营销综合实训、市场营销调研实训、商务礼仪实训、经济信息检索与利用
全渠道运营与管理能力	营销渠道管理、销售管理、推销理论与实务、电子商务、国际贸易实务、商务谈判、广告管理	销售管理实训、推销实训、电子商务上机、跨境电子商务实训、现代企业与服务业虚拟仿真综合实训、ERP沙盘模拟实训
新媒体营销策划及执行能力	新媒体概论、互联网运营管理、互联网产品策划、互联网运营经典案例、整合营销传播、网络营销	营销策划课程设计、网络营销课程设计、新媒体艺术摄影实训、广告设计、企业形象设计

（二）全过程多维考核评价的趋势

传统的实践教学主要以教师评价为主，评价主体较为单一，这在一定程度上造成了评价的主观性，不能很好地发挥评价作用。根据 OBE 教育理念（outcome based education，以成果为目标导向，以学生为本，采用逆向思维方式进行课程体系建设），市场营销专业在实践教学的评价过程中，应当建立全过程、多元化、开放性的考核评价体系，综合考虑参与实践的学习者、教师、实训指导老师、实习单位的评价意见，对每一评价主体科学设置评价比重，实现对学习者实践能力的全面、公正和客观的评价。在实际操作过程中，教师的评价方式和地位不变，但在评价内容上，增加学习者评价机制，通过学习者的自我评价、相互评价，充分调动学习者的参与积极性，帮助学习者提升思考能力和判断水平。在学习者跟岗实习、技能实习和顶岗实习环节，引导实训指导教师和实习企业根据行业标准和岗位要求对学习者的实习表现做出客观评价，并在综合评分中作为重要参考依据。

（三）双能型师资队伍建设的趋势

多渠道搭桥鼓励实验教师学习和提高，如鼓励参与实验技术与实验创新研讨会、软件和信息技术培训；开展校企合作项目，积极引进校外优秀师资和经管界优秀实务人士担任实验教师或实验指导教师，有利于混合式师资团队的形成以及校内师资队伍工作能力的提升。教师要针对不同的教学内容、不同的目标对象，在实践教学过程中创造出诸如"头脑风暴法""角色扮演法""案例教学法""问题教学法""知识竞赛法""项目研究法"等具体的新教学方法。

（四）实验教学资源建设的仿真化趋势

为适应学习者实践和创新能力的培养要求，市场营销专业实验教学逐步向仿真模拟和新型案例教学转变。虚拟仿真实验是一种工具和手段，在市场营销实训课程教学中，通过云平台、专业化软件、设备场所等硬件与软件相结合的虚拟仿真实验教学项目来培养学习者的动手能力，具有鲜明的虚拟仿真性。仿真模拟功能是实验教学、教学实习的最主要模式和特点，有效解决了组织学习者现场学习（实习）而产生的企业难以安排、成本高、效率低等问题，在实验室给学习者提供一个"企业营销管理"的仿真模拟实践环境，能够取得较好的教学效果。

从实践需求的角度来看，计算机、云技术设备、虚拟仿真等多媒体硬件设备已经成为市场营销专业实验教学的技术支撑条件，而与之相配套的计算机实验实训软件系统则成为市场营销专业实验教学的重要工具，为培养复合型、应用型、创新型人才提供了平台。教学软件是实现市场营销专业实验室仿真模拟功能的桥梁，是开展市场营销专业实验教学的重要手段。如果没有相应的软件作为支撑，市场营销专业实验室就无异于普通的计算机房。实验教学软件资源的选用和建设是当前实验室建设的难点和重点之一，实验指导教师应按照市场营销专业要求和人才培养目标，选择符合教学要求的软件，采取与相关研发单位合作，或自主设计、自主研发，或广泛地进行市场调研，与科研单位或企业开展产教融合、协同开发的模式，促进实验教学与理论教学和科学研究间的资源共享、优势互补，加大资金投入，购置并引进丰富的实验教学软件资源，丰富实验教学内容和创新性实验项目；鼓励教师自主设计开发创新性实验项目及优秀案例，并给予适当资金支持及绩效奖励。市场营销专业很多实验教学内容都是基于软件的实验，如果仅仅将软件如何操作作为主要方面的教学内容，那么就脱离了软件使用背后的专业能力培养。比如，除要求软件体现出的相关知识点和技能得以运用外，还应结合现实中的应用情况引领学习者深入思考，真正体现出实验过程对专业能力的培养。

（五）实践教学持续改进机制构建的趋势

通过实践教学机制改革，将有效推动市场营销专业实践教学的持续改进。具体表现为3个转变。

第一，学科教育向成果教育的转变。市场营销专业的课程设置依照学科的逻辑结构来组织教学内容，基础课程占比较大，专业课程占比较小，尤其是涉及学习者实操能力的专业实践课程的占比就更少。成果教育从行业和岗位的需求出发，反向设计学习者的专业知识和能力结构，一直逆推至培养方案和课程体系的构建，然后再从培养方案推向行业需求。这种从需求起点到需求终点的模式，构成了成果教育的闭合环路。

第二，以教师为中心向以学习者为中心的转变。这种转变意味着课程设置、教学设计和组织、实训设备和条件、师资配备、毕业所要达到的要求等各个实践教学环节都应以学习者为中心开展相应的实习、实训活动，并在实训过程中赋予学习者对实训环节的更新和调整的更大的话语权。

第三，教学质量监督体系向持续改进的转变。教学质量监督体系监督和约束着实践教学过程中的教师和学习者行为，而持续改进则体现的是对学习者的激励作用。确切来说，持续改进就是在实现人才培养目标与行业需求相吻合、学习者能力与企业岗位需求相吻合的前提下，持续改进人才培养目标、持续改进学习者毕业要求和持续改进实践教学活动[9]。

三、实践教学课程优化得以现代科学技术赋能

时代不断进步促使新媒体内容不断演进，至今新媒体的含义已经十分丰富。终端包含移动通信设备、个人计算机、数字电视，形式涵盖音频、视频、图文、语音、游戏等，由此衍生出短视频营销、直播营销、软文营销等新型营销方式。新型营销方式的发展，

使企业对营销人才的需求日益增加，要求也逐渐提升。但现实情况是市场营销专业的就业率并不理想，而企业对营销类人才的需求缺口却很大。这种情况的出现，本质在于学校培养的营销人才无法与企业所需求的营销人才要求相契合。因此，如何改革高校市场营销专业课程的线上线下实践教学环节，以适应新媒体营销形势下企业的用人需求，是当下值得研究的课题。

在课堂教学改革的基础上，实行线上线下相互联系、相互促进的改革措施，增加新媒体实践内容，如视频构思与制作、直播带货演练、图文编辑等。营销归根结底是针对人的活动，所以通过线下一系列的营销活动，如调研、数据分析、营销大赛等，来提升学习者对消费者的洞察力。需注意，数据的积累与活动的开展最好有延续性。比如，每年的调研数据可以形成数据库，与每年营销大赛的供应商形成长期合作，从而提升学习者对消费者的了解程度，无论对线上还是线下的实践教学都大有裨益[10]。

四、产教融合的实践教学模式不断提质

产教融合，是经济与教育高度契合发展的必然结果，也是大学实现人才培养目标的重要途径。因此，实践教学应强化行业对专业人才培养方向的引领，注重面向行业产业设计实践教学方案，突出实施中的校企协同育人，发挥企业在实践育人过程中的主体作用，推动企业参与人才培养的全过程，实现"方案双定""项目双选""过程双导""管理双评"和教育链、人才链、产业链相融合，全方位培养市场营销专业学习者的创新创业能力。可以在专业建设实践中逐步形成自己的特色，探索实现"产业引领、校企联盟、项目带动、订单培养"的学校、企业和行业三方共赢的合作培养模式。高校在人才、智力方面的优势是明显的，应充分利用学校的影响和优势，以"互惠互利、优势互补"为原则，坚持走产学研相结合的道路，按照校企"双赢"的理念，多途径、多形式地与相关企业共建校外实践教学基地。企业也可以在校企合作中发现和吸纳优秀人才到企业工作。通过校企之间深层次的合作，扩大与企业的利益共享面，增强利益辐射效应，确保实训基地的顺利开展[11]。

学校可以与多家企业合作，校企双方共同研究修订人才培养方案，研究分析经济社会发展对人才培养规格需求的变化，设计实践教学体系，创新人才培养模式，融入校企双主体协同育人；围绕实践课程体系、教学模式、教学内容、教学方法的改革，结合企业对市场营销人才的实际需求，进行岗位群和能力要素分析，构建综合性、设计性、创新性的实践能力模块[12]。同时，寻求多样化的校企联合教学方式，传统的校企联合教学方式主要是安排企业讲师进课堂授课，承担一定比例的课程教学任务，这种方式为课程教学注入了新的活力，让学习者获得不同角度的教学体验。但同时也存在一定的问题。如企业讲师由企业的管理骨干兼任，其本身事务繁忙，需要经常出差或开会，以致授课时间具有很大的不确定性，教学管理工作难以开展。另外，企业讲师虽然管理实践经验丰富，但缺乏一定的教学经验，在课堂设计和组织教学能力方面比较欠缺，学习者接受度比较低。基于此，可以进行多样化的校企联合教学实践。例如，请企业讲师录制实践微课、企业项目研究以及发布真实的企业营销任务[13]。

校企合作注重联合培养的人才质量，注重学习者在校学习与企业实践相结合，注重

学校与企业资源、信息的共享与合作双赢。高校与企业之间的深度融合与优势互补，成为普通本科教学提高营销专业人才培养质量的一种重要形式。校企合作共建，利用合作企业多年的校企深度融合发展的人才培养经验，形成链接合作院校的协同网络；把行业主流技术和先进设备引入高校的市场营销专业实践教学，以实现高校专业发展与行业前沿技术的同步；通过把企业的教育团队和企业项目资源引入高校，实现了校企师资联合培养人才。未来通过校企合作共建，将有利于学校教学基地的建设；有利于新型教学体系的形成；有利于面向行业和社会的营销专业人才培养质量的提升。

五、实践教学管理创新更加开放

为有效推进市场营销专业实践教学高质量建设与管理，要对原有实验室设置进行全新的优化与重构，紧紧围绕培养人才、科学研究、社会服务这 3 条主线，发挥云技术支撑作用，建设全新的"终端云桌面、软件云支撑"综合实验实训教学平台。全面促进实验教学手段、内容、方法的改革，有效提升学习者的实践操作能力以及科研活动等方面的能力，对培养学习者创新精神、创业意识和创业能力具有重要的理论意义和实践价值。

（1）通过对实验教学数据的挖掘，提供一系列的包括实验教学管理在内的信息资源，实现专业与学科之间、实验教学与科研之间、学科竞赛、创新创业竞赛项目、职业技能培养等一体化融合发展；有效实现资源共享和开展规模化实验教学、教学实习。

（2）打通实验教学和科研资源一体化融合式管理，引入、拓展、融合科学研究、学科竞赛、职业技能培养等各种实验数据库、案例资源库、创新型实验项目，提升人才培养和科研活动等多方面的能力。

（3）实验课程与创新型实验项目数据共享，实行开放共享的运行体制，创造个性化的学习方式，开放虚拟实验教学环境，开放特色鲜明的"菜单式"实验项目，实现新教学形式下的"时时可学、处处能学"。

（4）强化软件资源的管理和服务，完成实验教学基础信息的存储、收集、使用、发布以及实现实验项目、实验数据以及实验过程的控制管理。

思考题

1. 市场营销实践教学发展变化的规律有哪些？
2. 市场营销实践教学能力培养目标是什么？
3. 从发展的视角，谈谈如何科学全方位构建实践教学体系。
4. 就市场营销实践教学发展趋势而言，除了本章提及的，你认为还有哪些？

本章参考文献

[1] 王亮,刘晨,郭瑞. 国内市场营销专业实践教学发展与研究综述[J]. 安徽工业大学学报（社会科学版），2016, 33(1): 83-86.

[2] 张燚. 新时代高校经管类实验教学体系改革探索[J]. 教师，2021(22): 115-116.

[3] 袁子桐,刘琦. ERP 沙盘经营模拟市场及营销策略研究[J]. 南方企业家，2018(1): 147-148.

[4] 刘国棠,胡琴芳. 基于"双创"能力培养的地方高校市场营销专业实践教学体系构建：以湖南工

业大学市场营销专业为例[J]. 教育现代化， 2018，5(48)：41-43.
[5] 杨伟民,赵宇娜. 高校市场营销专业"433"教学模式的构建与实践[J]. 教育教学论坛,2020(10)：206-208.
[6] 刘荣君,李小花,刘莎. 基于人才培养目标的实践教学质量标准研究：以市场营销专业为例[J]. 老字号品牌营销,2021(10)：133-134.
[7] 周妮笛,李毅,廖翼. 基于"双创"能力培养的"三实一体"实践教学体系构建研究：以湖南农业大学市场营销专业为例[J]. 高教学刊,2020(3)：38-40.
[8] 李林. 市场营销专业实践教学体系的优化与重构：对接应用能力培养[J]. 重庆科技学院学报(社会科学版)，2019(6)：102-105.
[9] 余丽琼,曾海亮. 大数据背景下市场营销专业实践教学改革研究：基于OBE视角[J]. 经济师,2019(10)：165-166.
[10] 杨天啸. 新媒体背景下高校市场营销线上线下实践教学改革研究[J]. 现代职业教育， 2021(50)：50-51.
[11] 许晓春,林朝朋. 校企行合作开发《仓储与配送管理实务》课程的探索与实践[J]. 物流技术,2016,35(11)：166-169.
[12] 赵凤萍. 创新创业视角下市场营销专业实践教学体系建设[J]. 当代教育实践与教学研究. 2020(7)：140-141.
[13] 吴成程. "销售管理"课程校企合作开发的探索与实践[J]. 厦门城市职业学院学报,2021,23(1)：63-67.

第二篇

实 验 篇

  市场营销专业的实践教学，可以是基于自选研究题目到市场中或者实验室进行的营销管理实验教学活动，也可以在实验室里利用一款居于一种营销管理情境之下（虚拟场景）的相关软件模拟的方式来进行，还可以是基于企业的营销管理问题深入实际开展研究的实践活动。从实践教学的形式来看，前两者即为"情境嵌入"式学习，后者为"沉浸"式学习。本篇即为第一种市场营销实践教学活动而撰写，以便帮助相关实践教学开展"情境嵌入"式学习的营销管理的小实验选题、组织和活动控制。

第四章

实验教学法概述

本章概要：

本章介绍实验教学法的组织、流程、报告撰写、资料搜集与整理的基本技巧，包括问卷调查、访谈法、观察法和文本挖掘技巧以及常用的数据处理软件与工具，从整体上对实验教学过程、实验方法和一般工具的应用进行了综述，它是市场营销实验和模拟环节的基础。

第一节 实验教学法的组织与内容安排

一、目的与要求

实验教学法即采用实验的方式进行教学的方法。而"教学"本身包含了"教"与"学"两个具体的活动，即会涉及教的方法与学的方法。

实验学习法对应于实验教学法，前者是针对学生即学习者，而后者是针对教师。实验教学法，是指学习者在教师的指导下，使用一定的设备和材料，通过控制条件的操作过程，引起实验对象的某些变化，从观察这些现象的变化中获取新知识或验证知识的教学方法。在物理、化学等自然科学学科的教学中，实验是一种重要的方法。而在市场营销课程的教学中，实验教学往往采用情境模拟或是软件模拟的方式来进行。

实验教学法根据实验的目的和时间的不同，可分为：学习理论知识前打好学习基础的实验；学习理论知识后验证性的实验和巩固知识的实验。根据实验组织方式的不同，又可分为小组实验和个别独立实验。在现代教学中，为了加强学习者能力培养，更加重视让学习者独立地设计和进行实验。

通过实验教学法，不仅可以使学习者把一定的实际操作知识同书本知识联系起来，以获得比较全面的知识，还能够培养他们的独立探索能力、实验操作能力和科学研究兴趣。它是提高有关学科教学质量不可缺少的条件。一般对学习者有如下要求。

（1）积极参与。实验教学是提高学习者学习积极性和学习效果的有效手段，要求每个学习者必须参加并承担一定的工作任务。

（2）理论准备。要求学习者在实验前进行必要的理论知识补充，尤其是要根据实验主题查阅相关文献，以奠定实验基础。

（3）事后总结。要求每个学习者都要对实验情况和实验结论进行全面总结。

二、组织实施的流程与内容

实验教学法的组织与实施流程主要包括 3 个密不可分的环节，即实施前、实施中和实施后。

（一）实施前

实施前即实施的准备阶段，具体包括教师布置和学习者准备两个过程。教师布置是在实验开始之前进行，教师根据教学内容进行实验工作的具体安排；学习者准备主要是围绕实验主题完成实验方案的制定。

实验方案主要包括以下内容。

（1）确定研究课题，明确实验目的。实验研究课题的表述应简明。对课题中涉及的关键概念应做界定。对于为什么要研究这一课题，也要有所交代。

（2）设计理论框架，形成实验假设。研究者要做先期的调查研究，查阅有关文献资料，在充分讨论的基础上，按照实验研究的目的设计、指导实验的理论框架，明确实验的指导思想和教育观念，在此基础上确定实验的具体目标，并对实验研究的方向、范围以及如何搜集、分析和解释数据资料做出明确的具体规定。实验假设是实验的核心与灵魂，是研究者对所要研究的变量之间关系的一种假定，是根据理论框架和研究目的，以及对所要研究的变量进行分析以后提出来的，实验假设至少应包含两个变量，并说明变量之间的某种关系，且预计会被实验证实。

（3）选择实验变量，进行实验设计。研究者要具体说明实验被试选择的方法、被试分组的方法，以及是否设置对照组；分解实验变量时要准确描述实验课题的自变量、因变量、无关变量；还应对这些变量的操纵、控制措施以及实验手段、条件等实验过程进行规定，进行合理的实验设计，最大限度地提高实验的效度。

（4）编制测量工具，选择统计方法。研究者要根据实验的目的和要求，设计好搜集实验资料和数据的方法，准备好测定因变量的工具，决定采用什么样的统计方法，从而明确评价因变量的指标。

（5）预设实验过程。说明实验分为哪些阶段和过程，它们的研究任务各是什么，预计何时完成等。

对于学习者的实验方案，教师要有严格的审查以确保实验能够顺利实施。

（二）实施中

实施中即实验进行的过程中，对学习者主要有如下的要求。

（1）明确实验目的，综合运用所学理论，在老师的指导下，小组或个人独立完成实验内容。

（2）实验小组成员团结合作、取长补短、各尽所能，体现分工合作的精神。

（3）记录实验过程和结果，并根据实验结果形成自己的结论。

（4）在实验实施过程中，严格按照实验方案所制定的内容、流程和要求来进行，避免出现随意对方案进行调整。

实施的流程主要有以下几方面。

（1）学习者分组。按照自愿组合或随机组合的方式将3~4人划分为一组。

（2）进行任务分配。根据小组成员的意愿和特点，对其进行任务分工，明确各自所承担的主要工作，并对成员间的工作协调做出安排。

（3）控制实验流程和参数，认真记录实验过程和结果。

（4）对实验结果进行讨论，形成小组的统一性结论，即分析处理实验中所获得的资料数据，在统计分析的基础上对变量做因果分析，肯定或否定实验假设，得出科学结论。

（5）撰写实验报告。

（三）实施后

在每次实验结束后，可进行班级范围内的更为广泛的交流，各实验小组可将本组的实验情况，包括成功经验和存在问题进行归纳和总结，这样不仅可以为其他小组提供一些参考和借鉴，也可以为后续的其他实验奠定基础。个人论文或报告、小组报告和总结交流汇报可以作为最终学习者成绩的主要依据。

第二节 实验报告的撰写

一、实验报告及其主要特点

实验报告是在科学研究活动中，为了检验某一种科学理论或假设，通过实验中的观察、分析、综合、判断，如实地把实验的全过程和实验结果用文字形式记录下来的书面材料。实验报告具有情报交流的作用和保留资料的作用。

撰写实验报告是实验教学工作不可缺少的重要环节。虽然实验报告与科技论文一样都以文字形式阐明了科学研究的成果，但二者在内容和表达方式上仍有所差别。科技论文一般是把成功的实验结果作为论证科学观点的根据；实验报告则是客观地记录实验的过程和结果，着重告知一项科学事实，不夹带实验者的主观看法。

实验报告的主要特点如下。

（1）正确性。实验报告的写作对象是科学实验的客观事实，内容科学，表述真实、质朴，判断恰当。

（2）客观性。实验报告以客观的科学研究的事实为写作对象，它是对实验的过程和结果的真实记录，虽然也要表明对某些问题的观点和意见，但这些观点和意见都是在客观事实的基础上提出的。

（3）确证性。确证性是指实验报告中记载的实验结果能被任何人重复和证实，也就是说，任何人按给定的条件去重复这项实验，无论何时何地，都能观察到相同的科学现象，得到同样的结果。

（4）可读性。可读性是指为使读者了解复杂的实验过程，实验报告的写作除以文字形式叙述和说明以外，还常常借助画图像、列表格、作曲线图等方式来说明实验的基本原理和各步骤之间的关系、解释实验结果等。

二、实验报告书的基本内容结构

实验报告的书写是一项重要的基本技能训练。它不仅是对每次实验的总结，更重要的是它可以初步地培养和训练学习者的逻辑归纳能力、综合分析能力和文字表达能力。因此，参加实验的每位学习者，及时认真地书写实验报告才能更加有效地提升综合素养。要求内容实事求是，分析全面具体，文字简练通顺，誊写清楚整洁。一般实验报告书的内容如下。

（1）实验名称。要用最简练的语言反映实验的内容。

（2）学习者姓名、学号及合作者。

（3）实验日期和地点。

（4）实验目的。目的明确，在理论上验证定理、公式、算法，并使实验者获得深刻和系统的理解。在实践中，掌握使用实验软件的技能技巧和程序的调试方法。一般需说明是验证型实验还是设计型实验，是创新型实验还是综合型实验。

（5）实验环境及要求。说明实验中用到的实验软件。

（6）实验原理。阐述实验相关的主要原理。

（7）实验内容。这是实验报告极其重要的内容，抓住重点，可以从理论和实践两个方面考虑。这部分要写明依据何种理论或方法进行实验，详细说明依据理论的计算或模拟过程。

（8）实验步骤。主要操作步骤（不要照抄实习指导）要简明扼要。画出实验流程图，再配以相应的文字说明，这样既可以节省许多文字说明，又能使实验报告简明扼要、清楚明白。

（9）实验结果。包括实验现象的描述、实验数据的处理等。原始资料附在本次实验主要操作者的实验报告上，同组的合作者要复制原始资料。对于实验结果的表述，一般有两种方法。

①文字叙述法。即根据实验目的将原始资料系统化、条理化，用准确的专业术语客观地描述实验现象和结果，有时间顺序以及各项指标在时间上的关系。

②图表显示法。即用表格或坐标图的方式使实验结果突出、清晰，便于相互比较，尤其适合于分组较多且各组观察指标一致的实验，使组间异同一目了然。每一图表应有表目和计量单位，应说明一定的中心问题。

第三节　资料收集与整理基本技巧

原始数据即一手资料的搜集，常见的有两种基本形式。一是通过调查或观测等手段，在没有对事物进行人为控制的情况下直接搜集数据。二是通过人为控制的实验来搜集数据，常见于自然科学领域。例如，科学家通过科学实验获取研究数据等。对于市场营销管理决策的需要，这两种基本形式都有可能使用。例如：到市场中了解消费者普遍的消费倾向与行为特征，往往会用观察法、访谈法或问卷调查法，这就属于第一种基本形式；也可以在一定的实验环境和条件设计下，通过研究消费者代表在实验中的表现来获得相关资料，那么这就属于第二种基本形式。第二种收集原始数据的基本形式所需要的资源会较多，条件要求更加苛刻。因此，在市场营销专业人才培养的过程中，根据实践教学活动的需要，往往采用第一种基本形式获得原始数据，然后进行营销问题分析可能性较大。

在市场营销的市场调查活动中，常用的一手资料获取方法包括问卷调查法、访谈法和观察法。随着大数据技术应用的不断扩大和深入，文本数据获取与挖掘的大数据技术也已经成为不可小觑的有效方法。

一、问卷调查法概述

问卷调查，顾名思义，就是采用问卷形式所做的调查。问卷调查无论是社会调查、新闻调查、民意调查，还是商业调查等，都是常用的一种广泛搜集被调查者基本情况、观点、态度和想法的比较有效的调查方式。

扩展阅读 4-1

问卷调查通常采用非全面调查的形式，样本的代表性则关系到问卷调查最终结论的可靠性。除非进行全面对象的问卷调查，现实中的问卷调查多采用抽样调查方式。抽样时的随机性，决定了其代表性，它是调查结论可靠性的基本前提，这是因为所有统计分析的理论基础均建立在随机样本的基础之上。

问卷调查通常经历调查目的确定、调查对象选择、调查问卷设计、预调查与问卷修订、问卷调查实施、调查结果分析、调查报告撰写等必要的环节，见图4-1。

图 4-1　问卷调查的基本流程

问卷设计是问卷调查能否取得预期结果的关键环节，只有很好地结合了调查目的，并且符合设计的基本规范要求，这样的问卷才可能行之有效。

调查问卷一般包括标题、引语、调查对象基本信息、调查项目、结语等几个部分。

（一）标题

标题即问卷的名字，要求它能够简明扼要地说明调查的对象范围和核心内容。

例如："××市居民环保意识与行为调查"，从标题中可以明确地知道这是一个对××市居民所进行的一项有关环境保护意识和行为方面的调查。

再如："关于休闲与生态农业问题的调查"，从标题中可以看出本次调查的目的在于了解人们对于休闲与生态农业问题的认知或看法，虽然标题中没有明确调查对象范围，但调查对象可以通过具体的调查实施加以控制，即调查的组织与实施者可以依据调查目的加以选择。

（二）引语（说明）

引语是问卷的标题下的一段说明，它主要告知此次调查的目的意义、调查对象、调查内容、调查人以及保密措施、感谢语等。必须注意，以上对引语（说明）中的要点内容不限于，也不一定包括所提及的全部内容。

例如：我们是××大学研二的学生，目前正在进行一项"碳中和"方面的科研项目，为了了解我国公民对"环境保护"相关问题的看法，设计了本调查问卷。问卷不涉及您的隐私信息，您的回答仅为研究之用，希望得到您的配合，并表示深深的谢意！

再如：本章附录中提供的"关于休闲与生态农业问题的调查"的引语部分"我们是中国地质大学（北京）经管学院工商管理专业的硕士研究生，现正在进行一项关于休闲与生态农业项目的问卷调查，想邀请您用几分钟时间帮忙填答这份问卷。本问卷实行匿名制，所有数据只用于统计分析，请您放心填写。题目选项无对错之分，请您按自己的实际情况填写。谢谢您的帮助！"

有人也称引语为封面信。封面信是一封致被调查者的短信，其目的是征得被调查者同意，打消被调查者顾虑。要求语言简明、中肯，篇幅短小。封面信虽篇幅短小，但在问卷调查过程中有着特殊的作用。研究者能否让被调查者接受调查并认真地填写问卷，在很大程度上取决于封面信的质量。有关调查的一切情况，都需要封面信来说明和解释。在封面信中，应说明四方面内容。首先，要说明调查者的身份，即说明"我是谁"；其次，要说明调查的大致内容，即"调查什么"；再次，要说明调查的主要目的，即"为什么调查"；最后，要说明调查对象的选取方法和对调查结果保密的措施。在信的结尾处，要真诚地感谢被调查者的合作与帮助等。

（三）调查对象基本信息

调查对象基本信息一般包括性别、年龄、籍贯、民族、身高、体重、职业、收入、学历、住址、电话、邮箱等一些人口统计学方面的信息，它们一般并不与本次调查直接相关，而是任何一项调查均有可能关注的信息。这些信息的作用通常有两个：一是可以用来分析所获样本的代表性；二是可以用来进行人口统计学变量与观念、态度方面的关联性分析，如方差分析和列联分析等。例如：对本章附录中提供的"关于休闲与生态农业问题的调查"，选择"年龄"和题项1"经济总体发展情况良好"所做的列联分析，得到的交叉表和卡方检验表分别如表4-1和表4-2所示。

表4-1　交　叉　表

		A1				总计
		1.00	2.00	3.00	4.00	
年龄	25岁及以下	7	11	2	0	20
	26～45岁	22	44	12	1	79
	46岁及以上	5	5	1	0	11
	总计	34	60	15	1	110

表 4-2　卡方检验表

	值	自由度	渐进显著性（双侧）
皮尔逊卡方	2.180[a]	6	0.902
似然比	2.405	6	0.879
线性关联	0.011	1	0.917
有效个案数	110		

a. 6 个单元格（50.0%）的期望计数小于 5。最小期望计数为 0.10。

从表 4-1 中可以看出，调查对象样本比较合理，26~45 岁群体占比最高，而 25 岁及以下和 46 岁及以上群体占比相对较小，这符合一般社会群体的年龄特征，样本的代表性较好。而表 4-2 中显示的皮尔逊卡方检验的渐进显著性为 0.902，说明不同年龄群体对该地区的总体经济形势的看法大致相同，即不存在显著性差异。

需注意，在设计调查对象基本信息项时，除非非常必要，否则不要涉及调查对象的个人隐私，如前文所提到的姓名、住址、电话和邮箱等。

（四）调查项目

调查项目是调查的核心内容，它与调查目的紧密相关。例如，针对公民在"环境保护"方面的调查与"碳中和"研究，两者虽然不是同一个含义，但却是密切相关的，而且如果问卷设计成"碳中和"方面的调查，一些公民未必能够了解其含义和做法，会导致结果的有效性受到影响，除非是针对专业人士进行的调查。

（五）结语

结语表示至此调查项目的填写已经完成。结语中通常包括再次致谢的话，也可以包括对问卷填写的解释和说明以及应注意的事项，有时解释和说明也可能放在引语后，或称指导语。结语部分也可以包含调查者、调查时间和调查地点等信息。

一份好的问卷，必须考虑以下问题：是否能提供必要的管理决策信息？是否考虑到受访者的情况？是否满足编辑、编码、数据处理的要求？

调查问卷必须具有以下功能。

（1）它必须完成调研目标，以满足实验所用信息的需要。市场营销实践中，调查问卷的主要作用是提供营销管理决策所需的信息，将要利用数据的经理们对问卷表示满意意味着问卷提供了决策所需的数据。如果研究者对问卷不满意，就需要修改问卷。

（2）它必须以可以理解的语言和适当的智力水平与受访者沟通，获得受访者的合作。一份问卷应简洁、有趣、具有逻辑性，方便作答。要考虑到受访者的类型以及在各种情景和环境条件下实施。例如：因忙于家务或其他事先有所安排的受访者会终结访谈；有些访谈是在受访者渴望回到电视机前进行；有些访问是和一个忙于购物的购买者进行；还有一些访问是在受访者的孩子缠住他们的时候进行；等等。在这些情形下，问卷回答质量将受影响。

问卷的长度要适宜，当消费者对题目感兴趣或当他们感到问题回答不太困难时，他们会回答一些较长的问卷。当受访者对调查题目不感兴趣或不重视时，他们不会参与调研。

问题要适合于应答音。问卷应针对预期应答者设计，尽管父母是典型的冷冻谷类食品的购买者，但儿童经常直接或间接地影响父母对品牌的选择。这样，对儿童进行品尝测试的问卷应当用儿童的语言表述，对成人购买的问卷应当使用成人的语言。应避免使用营销专业术语和可能被应答者误解的术语，最好是运用简单的日常用语。

（3）对调查者（访问员）来讲，问卷必须易于管理，方便记录应答者的回答。信息收集完成后要进行编辑，即检查问卷以确保按跳问形式进行，需要填写的问题已经填好。"跳问"是提问题的顺序。所有"开放式问题"经由逐字记录，通过从完成的问卷中进行后编码，确定所给的答案。

（4）它必须有利于方便快捷地编辑和检查完成的问卷，并容易进行编码和数据输入。

（5）它必须可转换为能回答研究起初问题的有效信息。

扩展阅读 4-2

另外，还应该进行问卷检验，检查问卷本身在设计上是否存在缺陷和问题。设计完成的问卷可以选择一些专业人士或者未来的调查对象来进行试填，填写过程中可以反映出来一些设计者没有注意到或是忽略了的问题。

最后还要进行调查结果检验，才能围绕调查目的进行分析。调查结果检验是对问卷的信度和效度进行的检验，主要用来解决可能出现的问卷可靠性和有效性问题。信度即可靠性，指采用同样的方法对同一对象重复测量时所得结果的一致性程度，通常用于对心理变量的不同问题的测度进行分析。例如，李克特量表等一般采用克隆巴赫系数(Cronbach's alpha)来测量。效度即准确性，即理论变量与测量维度之间的对应关系，可通过探索性因子或验证性因子进行分析。

二、访谈法和观察法概述

（一）访谈法概述

访谈法是由调查者根据调查提纲直接访问被调查者，当面询问有关问题的一种调查方法。该方法的使用对调查者的沟通能力、观察能力和亲和力要求较高。

访谈，可以是个别面谈，即由调查者向被调查者逐一采访得到信息资料。也可以是集体面谈。例如，以座谈会形式对被调查的问题开展讨论和分析来取得资料。

访谈法具有以下特点。

（1）对被访者情况的了解程度可以更高，以便控制获得的信息资料的质量。

（2）面对面的交流便于沟通、灵活性强，尤其是可以针对交流的情况进行更有效的控制。

（3）个别面谈还可以不受其他人意见的影响，获得更加真实的信息。

（4）访谈法获得信息资料质量受被访者信息掌握情况和个人特质的影响较大。

注意，访谈之前需要做好以下工作。

（1）设计访谈提纲。就像问卷设计一样，将需要获得的信息资料转换成各种问题，以便在访谈过程中依次提问和交流。

（2）选择访谈对象。即确定哪些访谈对象可以满足研究信息获得的条件，以便控制访谈获得信息资料的质量，包括访谈对象的代表性、专业性和权威性等。这将会涉及访谈对象的个人条件，可能掌握的信息内容适宜，访谈机会是否合适等。

（3）确定访谈对象数量。访谈对象数量的确定，是因为为了研究，需要获得一定量的信息资料，而且这些信息资料内容还需要具有广泛性和系统性等特点，同时还要考虑到访谈成本。

（4）设计访谈环境和情景。这是为了让访谈过程顺利进行，而让被访者更加放松，调查者工作顺利开展而考虑，包括时间、地点、场景和其他辅助活动等。

（二）观察法概述

观察法，顾名思义，是指调查者通过直接观察、跟踪和记录被调查事件或活动来搜集资料的一种调查方法。该方法往往是问卷调查法、访谈法的辅助手段，而且对调查者的个人观察能力要求较高。

观察法具有以下特点。

（1）有"目的"的观察，可以获得大量真实的第一手资料，能够保证所搜集资料的准确性。

（2）直观、可靠，简便易行，灵活性很强，可以在需要时随时随地进行。

（3）可以在不打扰"被访者"的时候获得信息，减少人对信息的主观干预以及个人个性的影响。

（4）受空间的制约较大，而且可能花费较多的人力、物力和时间。

（5）因为缺乏沟通，只能观察表面现象，难以了解事件发生的深层次原因。

三、文本数据挖掘概述

文本数据挖掘是从文本中进行数据挖掘（data mining），即数据挖掘的一个分支。在互联网经济时代，随着网络营销的普及，大量的文本数据产生，这为获得营销管理决策结果实际数据提供了巨大宝库。

文本数据挖掘的基本思想就是从文本中抽取出特征词，并将其量化来表示文本信息。即对文本进行科学的抽象，从一个无结构的原始文本转化为结构化的计算机可以识别处理的信息，建立数学模型用以描述和代替文本。这样就可以得到有关市场营销管理所感兴趣的相关数据。

文本数据挖掘需要获得文本特征向量，并对文本的相似度进行测量。经典的向量空间模型（vector space model，VSM）的提出后，就成功地应用于著名的 SMART 文本检索系统中，使得问题得到了有效解决。文本数据的统计特征提取目前已有许多方法，例如 TF-IDF（term frequency-inverse document frequency）算法、词频方法（word frequency）、文档频次方法（document frequency）、互信息（mutual information）、期望交叉熵（expected cross entropy）、二次信息熵（QEMI）、信息增益方法（information gain）、χ^2 统计量方法、文本证据权（the weight of evidence fortext）、优势率（odds ratio）、遗传算法（genetic algorithm，GA）、主成分分析法（principal component analysis，PCA）、模拟退火算法（simulating anneal，SA）、n-gram算法等等。

　　文本数据挖掘流程，详见图 4-2。首先，可利用 Python、八爪鱼、火车头采集器等工具收集文本数据。其次，对采集的数据进行处理后，形成文本数据集市。再次，对文本数据进行挖掘。例如：可利用基于词典的方法进行文本情感分析；利用 k-means 算法对文本进行聚类。最后，对挖掘结果进行评价，将结果整理成最终可用的知识并输出。

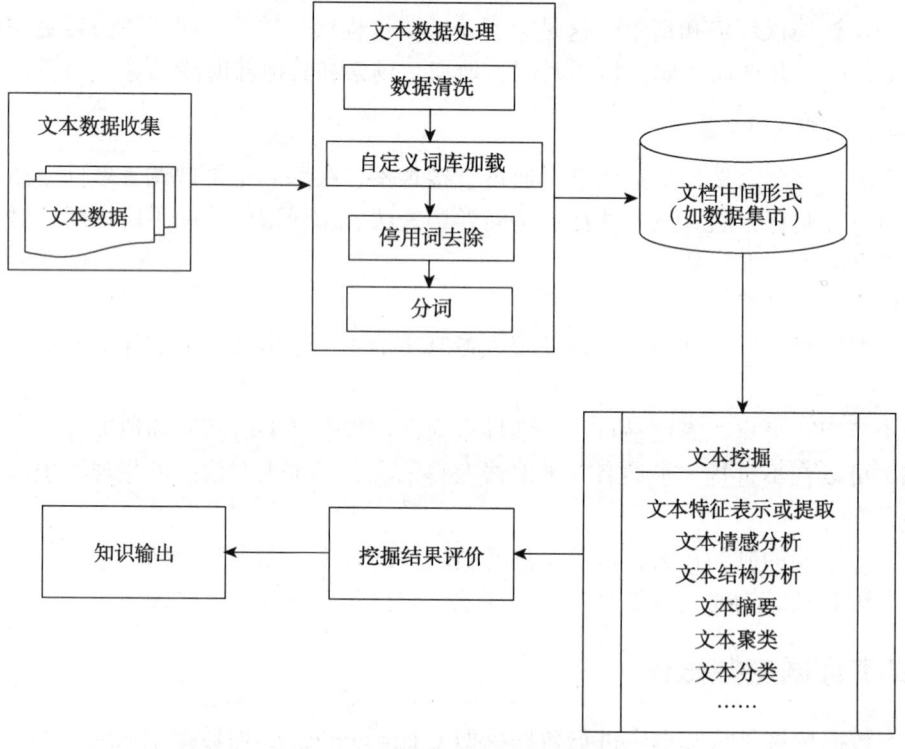

图 4-2　文本数据挖掘流程图

第四节　常用数据处理软件与工具

一、Excel

（一）功能简介

　　Microsoft Excel 是微软公司的办公软件 Microsoft Office 的组件之一，是由 Microsoft 为 Windows 和 Apple Macintosh 操作系统的计算机而编写和运行的一款试算表软件。Excel 是微软办公套装软件的一个重要的组成部分，它可以进行各种数据的处理、统计分析和辅助决策操作，广泛地应用于管理、统计财经、金融等众多领域。

　　Excel 是 Microsoft Office 系统中的电子表格程序。可以使用 Excel 创建工作簿（电子表格集合）并设置工作簿格式，以便分析数据和做出更明智的业务决策；也可以使用 Excel 跟踪数据，生成数据分析模型，编写公式以对数据进行计算，以多种方式透视数据，并以各种具有专业外观的图表来显示数据。简而言之：Excel 是用来更方便处理数据的办公软件。

Excel 的一般用途包括会计专用、预算、账单和销售、报表、计划跟踪、使用日历等。

Excel 中大量的公式函数可以应用选择，使用 Excel 可以执行计算，分析信息并管理电子表格或网页中的数据信息列表与数据资料图表制作，可以实现许多方便的功能。

1. 建立电子表格

Excel 能够方便地制作出各种电子表格，使用公式和函数对数据进行复杂的运算，用各种图表来表示数据直观明了。利用超级链接功能，可以快速打开局域网或互联网上的文件，与世界上任何位置的互联网用户共享工作簿文件。

Excel 提供了许多张非常大的空白工作表，每张工作表由 256 列和 65536 行组成，行和列交叉处组成单元格。将数据从纸上存入 Excel 工作表中，使数据从静态变成动态，能充分利用计算机自动、快速地进行处理。在 Excel 中，不必进行编程就能对工作表中的数据进行检索、分类、排序、筛选等操作，利用系统提供的函数可完成各种数据的分析。

2. 数据管理

启动 Excel 之后，直接填入数据，就可形成现实生活中的各种表格，如学习者登记表、考试成绩表、工资表、物价表等。表格的编辑也非常方便，可任意插入和删除表格的行、列或单元格，以及对数据进行字体、大小、颜色、底纹等修饰等。

3. 制作图表

Excel 提供了 14 类 100 多种基本的图表，包括柱形图、饼图、条形图、面积图、折线图、气泡图及三维图等。图表中的各种对象，如标题、坐标轴、网络线、图例、数据标志、背景等能任意地进行编辑，图表中也可添加文字、图形、图像等。

4. 数据网上共享

Excel 提供了强大的网络功能，可以创建超级链接获取互联网上的共享数据，也可将自己的工作簿设置成共享文件，保存在互联网的共享网站中。

（二）Excel 在市场营销实验教学中的主要应用工具

1. 图形工具

当打开 Excel 时，计算机中的页面显示如图 4-3，图中矩形框圈起来的部分是常用的图形工具。

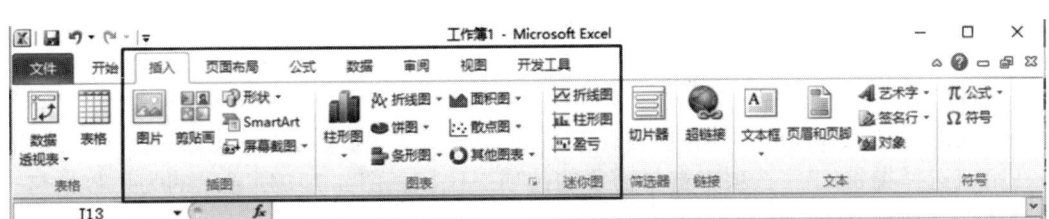

图 4-3　Excel 中的主要图形工具

以散点图为例说明具体的操作步骤。依次选择"插入"—"散点图"—"散点图样式"—"图表数据区域"选项，确定后即可出现如图4-4所示的图形。

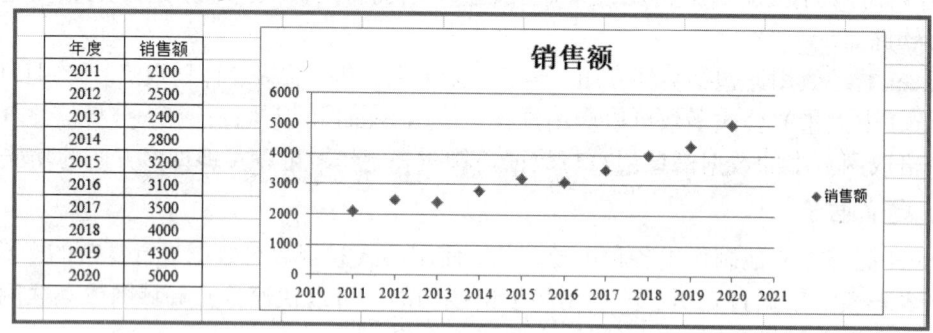

图4-4　Excel中散点图

如果需要对图进行修改或补充信息，只需单击图中相应的位置，便可进行相关的操作。如希望在图中显示散点的数值，需将鼠标移动至散点位置选择"添加数据标签(B)"选项即可实现，见图4-5。

图4-5　Excel散点图中添加数据标签(B)

其他图形的制作原理类同，不再一一介绍。

2. 计算工具

对数据进行基本的计算，可以在"公式"选项卡中直接选择"Σ自动求和"图标，分别选择"求和""平均值""最大值"和"最小值"选项，即可得到如图4-6所示的结果。

如需进行其他方面的计算，可以在"Σ自动求和"选项中选择"其他函数(F)"选项，再在"或选择类别(C)"选项中选择需要的选项。比如，图4-7中所显示的为"数学与三角函数"选项。

第四章 实验教学法概述

图 4-6　Excel 的合计、均值等计算

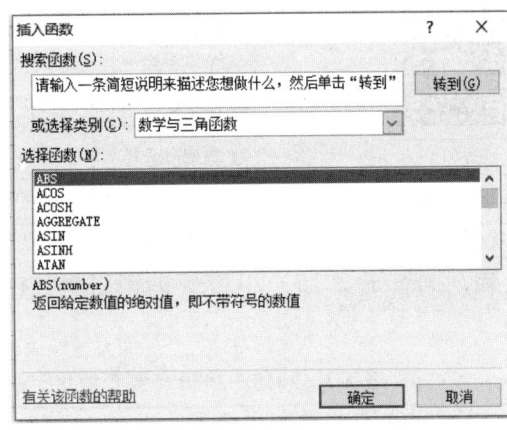

图 4-7　Excel 中的其他计算

3. 分析工具

Excel 中也具有一定的统计分析功能，本节仅介绍几个常用函数的应用。

（1）趋势线拟合

比如，要对图 4-4 中所显示的销售额数据进行趋势分析，可以按如下的步骤进行。

第一步，选定数据范围，单击"插入"—"散点图"；

第二步，将鼠标移至散点处，选择"添加趋势线(R)"选项，选中"线性"单选按钮，勾选"显示公式""显示 R 平方值(R)"复选框，得到的结果如图 4-8 所示。

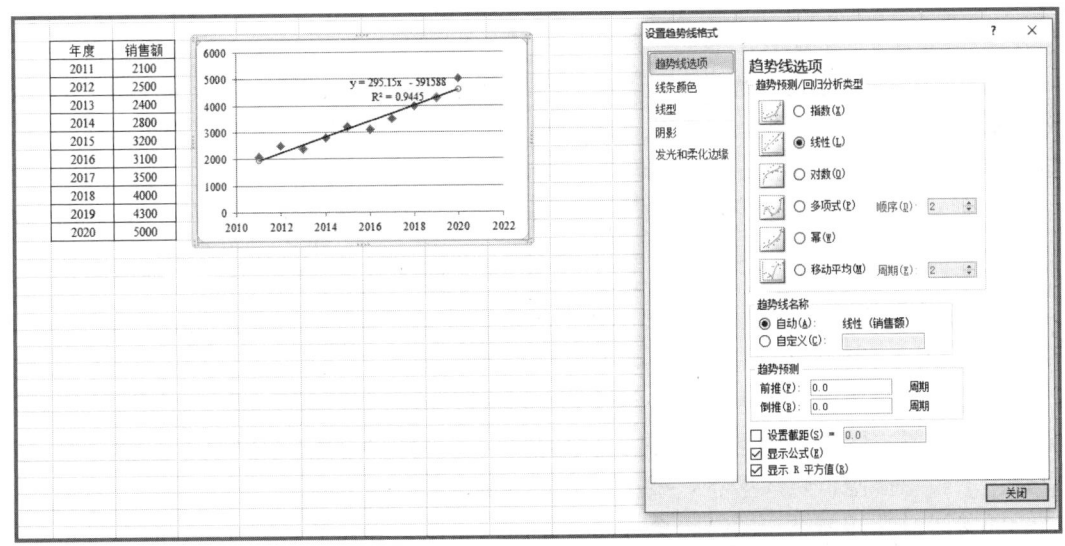

图 4-8　Excel 中的趋势方程拟合

47

扩展阅读 4-3

当然，根据散点图的趋势不同，也可以采用其他的曲线形式进行拟合，即在图 4-8 右侧的"趋势预测/回归分析类型"中做出选择。理想的拟合曲线是 R^2 值最大者。在实际进行实验时，可根据不同的曲线类型的 R^2 值做出最优选择。

（2）方差分析

方差分析主要用于检验分类变量与数值型变量之间的相关关系，或者说是检验多个总体均值是否相等的一种假设检验，具体分为单因素方差分析和多因素方差分析。

【例 4-1】 某企业为了检验甲产品在其所设立的 5 个销售区域历年的销售量是否存在差异，调查了 2015—2020 年的销售量数据，结果如表 4-3 所示。试进行单因素方差分析。

表 4-3　2015—2020 年某企业甲产品在其 5 个销售区域的销售量　　单位：百件

年度	区域				
	A	B	C	D	E
2015	128	256	156	357	208
2016	234	130	256	254	196
2017	196	223	312	221	334
2018	278	324	260	294	264
2019	321	214	178	325	198
2020	225	312	309	198	267

解：用 Excel 操作过程如下。

第一步，将原始数据粘贴至 Excel 表中，选择"开发工具"—"Visual Basic"选项，见图 4-9；

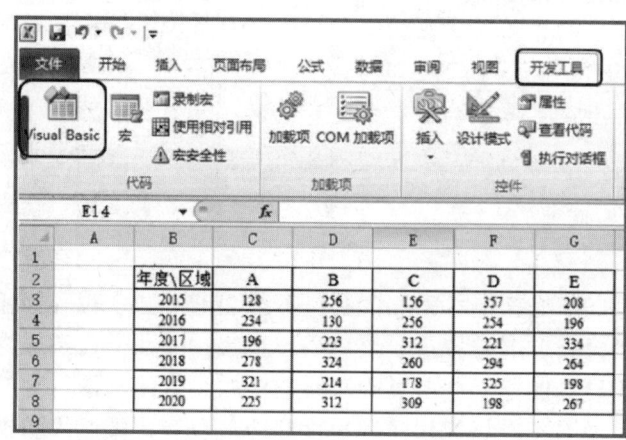

图 4-9　单因素方差分析第一步

第二步，依次选择"运行"—"运行宏"—"加载宏 atpvbean.xls(ATPVBEAN.XLAM)"— Anova1Q —"运行"选项，结果如图 4-10 所示；

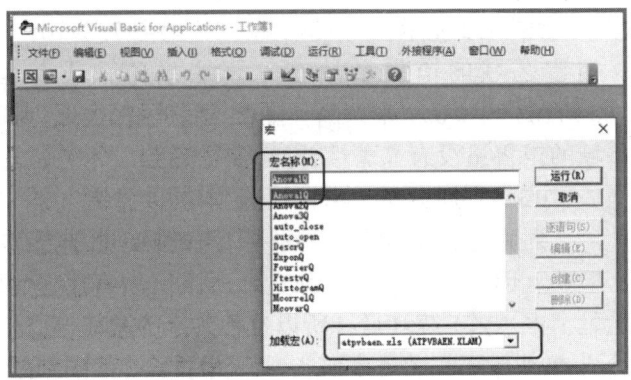

图 4-10　单因素方差分析第二步

第三步，在"输入区域(I)"选项中选择数据所在的区域，结果如图 4-11 所示；

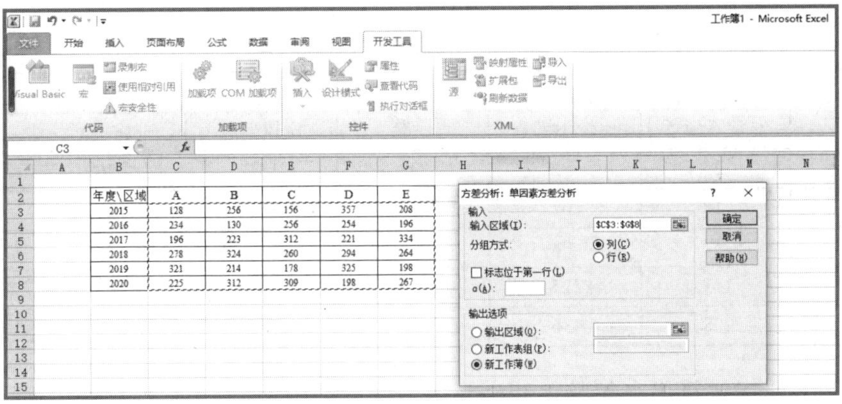

图 4-11　单因素方差分析第三步

第四步，单击"确定"按钮，则得到输出结果，见图 4-12。

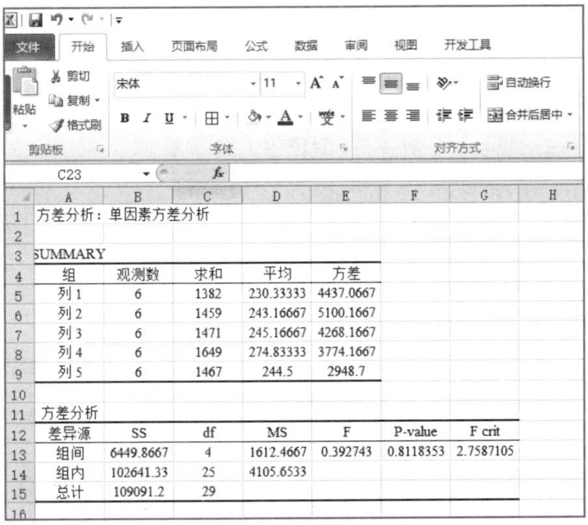

图 4-12　单因素方差分析输出结果

扩展阅读 4-4

图 4-12 显示，F=0.392743<F crit=2.7587105，说明甲产品在不同销售区域的销售量没有显著性差异；或者也可以从 P-value=0.8118353>0.05，来判断在 0.05 显著性水平下，甲产品在不同销售区域的销售量没有显著性差异。

（3）列联分析（卡方检验）

列联分析主要用于检验两个分类变量是否存在相关的一种假设检验。因原假设为两者独立，所以也称为独立性检验，也因其用的是卡方（χ^2）统计量，所以也称为卡方检验。

【例 4-2】某企业在进行顾客满意度调查时，为了了解不同年龄段的顾客是否存在满意度差异，对其随机抽取的 3500 名顾客进行了调查，得到有效问卷共 3418 份，对其进行交叉统计，得到了如表 4-4 所示的频数观察值分布表。试利用表 4-4 中的数据检验顾客的满意度与年龄是否相关。

表 4-4 观察值 f_o 分布表

年龄段	满意度					
	非常不满意	比较不满意	一般	比较满意	非常满意	合计
少年	25	52	98	151	56	382
青年	18	61	157	352	121	709
中年	52	98	143	417	135	845
老年	113	225	354	553	237	1482
合计	208	436	752	1473	549	3418

解：第一步，计算出来年龄段和满意度之间的期望值分布，计算公式为

$$f_{e_{ij}} = \frac{1}{n}\sum_{j=1}^{C} f_{o_{ij}} \cdot \sum_{i=1}^{R} f_{o_{ij}} \quad (4-1)$$

式中，$f_{e_{ij}}$ 为第 i 行 j 列的期望值，$f_{o_{ij}}$ 为第 i 行 j 列的观察值，R 和 C 分别为行数（本例为年龄段的分类个数）和列数（本例为满意度的分类个数），n 为样本容量。

根据式 4-1 可以计算出年龄段和满意度之间的期望值分布，见表 4-5。

表 4-5 期望值 f_e 分布表

年龄段	满意度					
	非常不满意	比较不满意	一般	比较满意	非常满意	合计
少年	25	52	98	151	56	382
青年	18	61	157	352	121	709
中年	52	98	143	417	135	845
老年	113	225	354	553	237	1482
合计	208	436	752	1473	549	3418

第二步，在"公式"选项卡中选择"统计"— CHISQ.TEST，在 Actual_range 和 Expected_range 框内分别选中观察值和期望值分布区域。单击"确定"按钮，可得到

图 4-13 中"概率值"后面的数字 2.670 26E-12（即 $2.670\,26 \times 10^{-12}$），说明原假设（两者独立）被接受的概率很小，即年龄段和满意度之间存在显著的相关性，或者说不同年龄段群体的满意度存在很大差异。

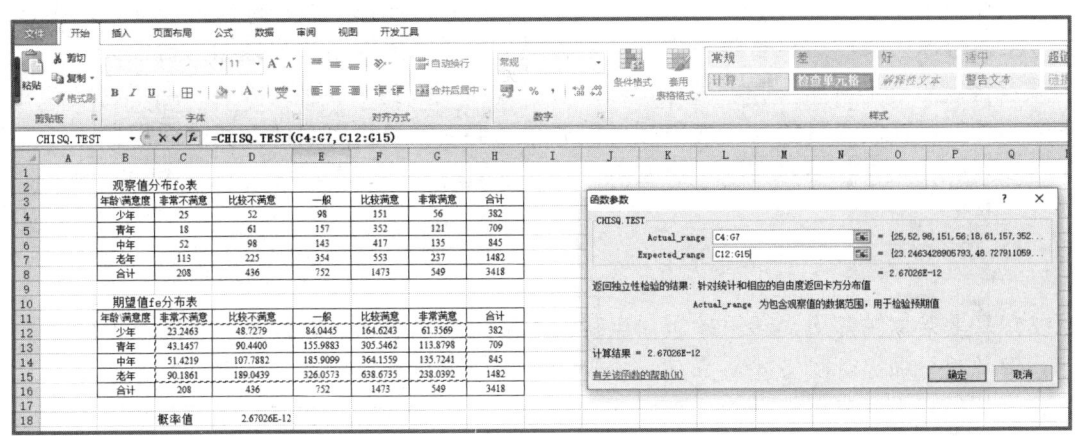

图 4-13　卡方检验的计算结果

（4）回归分析

回归分析是在相关分析的基础上对变量之间关系所做的具体描述，即要确定关系方程。回归分析分为一元线性回归、多元线性回归、一元非线性回归和多元非线性回归 4 种类型，其中一元线性回归是回归分析中最为常用的。

【例 4-3】A 公司为了促进甲产品销售，近年来多次对其进行了广告宣传，搜集到的各次广告预算和销售额之间的关系如表 4-6 所示。试进行广告预算和销售额之间的回归分析。

扩展阅读 4-5

表 4-6　A 公司历次广告预算和销售额　　　　　　　　　　单位：万元

序号	1	2	3	4	5	6	7
广告预算	100	80	150	200	90	180	120
销售额	5276	4823	7231	11 200	5120	10 560	6511

解：第一步，将原始数据粘贴至 Excel 表中；

第二步，选择"开发工具"—Visual Basic 选项；

第三步，依次选择"运行"—"运行宏"—"加载宏 atpvbean.xls(ATPVBEAN.XLAM)"—RegressQ—"运行"选项；

第四步，在"Y 值输入区域(Y)"和"X 值输入区域(X)"框内分别选定因变量销售额和自变量广告预算的数据所在的区域，单击"确定"按钮（见图 4-14），则可得到如图 4-15 所示的输出结果。

图 4-15 最上方的表中显示了广告预算和销售额之间的线性相关系数 Multiple R 约为

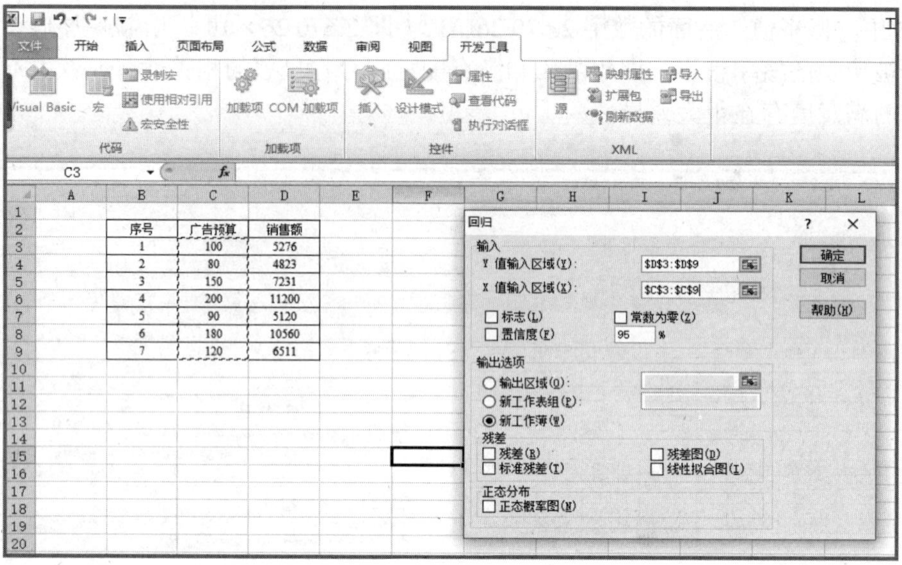

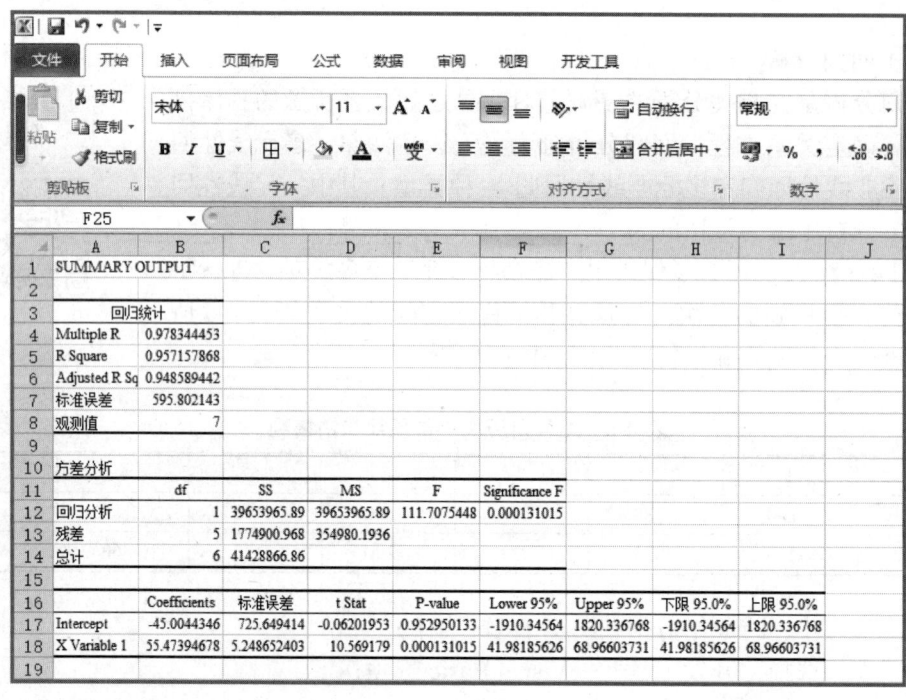

序号	广告预算	销售额
1	100	5276
2	80	4823
3	150	7231
4	200	11200
5	90	5120
6	180	10560
7	120	6511

图 4-14　变量的输入

SUMMARY OUTPUT

回归统计	
Multiple R	0.978344453
R Square	0.957157868
Adjusted R Sq	0.948589442
标准误差	595.802143
观测值	7

方差分析

	df	SS	MS	F	Significance F
回归分析	1	39653965.89	39653965.89	111.7075448	0.000131015
残差	5	1774900.968	354980.1936		
总计	6	41428866.86			

	Coefficients	标准误差	t Stat	P-value	Lower 95%	Upper 95%	下限 95.0%	上限 95.0%
Intercept	-45.0044346	725.649414	-0.06201953	0.952950133	-1910.34564	1820.336768	-1910.34564	1820.336768
X Variable 1	55.47394678	5.248652403	10.569179	0.000131015	41.98185626	68.96603731	41.98185626	68.96603731

图 4-15　回归分析结果

0.9783，可决系数 R Square 约为 0.9572，调整后的 Adjusted R Square 约为 0.9486；中间表中的 Significance F 约为 0.000 13，说明接受原假设（两者不存在线性关系）的概率极低（可通过 F 检验）；由最下方表中可以得出自变量广告预算的 P-value 约为 0.000 13，说明它对销售额的影响十分显著（可通过 t 检验），通过表中的 Coefficients 值可以确定回归方程为

$$y = -45.0044 + 55.4739x$$

以上仅介绍了 Excel 中的几种常用工具或函数。

二、SPSS

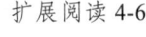

扩展阅读 4-6

SPSS(Statistical Product and Service Solutions)意为"统计产品与服务解决方案"软件。最初软件全称为"社会科学统计软件包"（Solutions Statistical Package for the Social Sciences，SPSS），它是 IBM 公司推出的一系列用于统计学分析运算、数据挖掘、预测分析和决策支持任务的软件产品及相关服务的总称。SPSS 有 Windows 和 Mac OS X 等版本。

1984 年 SPSS 总部首先推出了世界上第一个统计分析软件微机版本 SPSS/PC+，开创了 SPSS 微机系列产品的开发方向，极大地扩充了它的应用范围，并使其能很快地应用于自然科学、技术科学、社会科学的各个领域。世界上许多有影响的报纸杂志纷纷就 SPSS 的自动统计绘图、数据的深入分析、使用方便、功能齐全等方面给予了高度的评价。

（一）软件功用

SPSS 是世界上最早采用图形菜单驱动界面的统计软件，它将几乎所有的功能都以统一、规范的界面展现出来，使用 Windows 的窗口方式展示各种管理和分析数据方法的功能，对话框展示出各种功能选择项。

SPSS 采用类似 Excel 表格的方式输入与管理数据，数据接口较为通用，能方便地从其他数据库中读入数据。其统计过程包括了常用的、较为成熟的统计过程，完全可以满足非统计专业人士的工作需要。输出结果十分美观，存储时则是专用的 SPO 格式，可以转存为 HTML 格式和文本格式。

SPSS for Windows 是一个组合式软件包，它集数据录入、整理、分析功能于一身。可以根据实际需要和计算机的功能选择模块，以降低对系统硬盘容量的要求，有利于该软件的推广应用。其基本功能包括数据管理、统计分析、图表分析、输出管理等等。

SPSS 统计分析过程包括描述性统计、均值比较、一般线性模型、相关分析、回归分析、对数线性模型、聚类分析、数据简化、生存分析、时间序列分析、多重响应等几大类，每类中又分好几个统计过程。比如，回归分析中又分线性回归分析、曲线估计、logistic 回归、probit 回归、加权估计、两阶段最小二乘法、非线性回归等多个统计过程，而且每个过程中又允许用户选择不同的方法及参数。

SPSS 也有专门的绘图系统，可以根据数据绘制各种图形。

SPSS for Windows 的分析结果清晰、直观、易学易用，而且可以直接读取 Excel 及 DBF 数据文件，现已推广到多种各种操作系统的计算机上，它和 SAS（Statistics Analysis System）、BMDP（BioMedicial Data Processing，BMDP）并称为国际上最有影响的三大统计软件。在国际学术界有条不成文的规定，即在国际学术交流中，凡是用 SPSS 软件完成的计算和统计分析，可以不必说明算法，由此可见其影响之大和信誉之高。

SPSS for Windows 由于其操作简单，也已经在中国的社会科学、自然科学的各个领域发挥了巨大作用。该软件还可以应用于经济学、数学、统计学、物流管理、生物学、心理学、地理学、医疗卫生、体育、农业、林业、商业等各个领域。

（二）SPSS 中的几个主要分析工具

由于在 Excel 中可以比较方便地实现许多分析功能，所以此处仅就以上 Excel 中没有提及的工具进行简介。

1. 信度和效度分析

（1）信度分析。信度分析的目的是检验问卷的可靠性。以下分析采用中国地质大学（北京）MBA 案例——乐亭县丞起现代农业发展有限公司对企业外部人员的调查问卷资料，见本章附录1。

在 SPSS 上的基本操作步骤如下。

第一步，整理数据，将数据整理为量表的分值（点值）形式。输入数据到 SPSS 中，可以使用 Excel 导入或直接输入等。

第二步，依次选择"分析"—"标度"—"可靠性分析"选项，页面局部如图 4-16 所示。

图 4-16　信度分析基本操作

表 4-7　个案例处理摘要

有效性	数/个	占比/%
有效	110	100.0
排除 a	0	0
总计	110	100.0

a. 基于过程中所有变量的成列删除。

第三步，单击"确定"按钮，则主要输出表 4-7 和表 4-8。可靠性统计资料的克隆巴赫系数（Cronbach's alpha）系数。大于或等于 0.9 表明量表的信度较好；0.8~0.9 表明信度可以接受。0.7~0.8 表明有些项目需要修订；小于 0.7 表示量表中有些项目需要抛弃。本案例的输出结果如表 4-7 和表 4-8 所示。表 4-8 中克隆巴赫系数的值为 0.846，说明问卷信度可以接受。

（2）效度分析。效度分析指尺度量表达到测量指标准确程度的分析。效度分析的方法很多，经常使用的有项目分析法、独立效标测度分析法和因素分析法。项目分析主要是测度量表中各种项目的难度和辨别度，以选择难易适中的鉴别度较高的量表为有效量表。独立效标测度分析方法主要以某种独立效度作为效度分析的准则和依据，每一个量表之项目均与此独立效标作相关分析。没有达到显著程度的为无效项目，而达到显著程度的为有效量表。

表 4-8　可靠性统计

克隆巴赫系数	项数/项
0.846	24

因素分析法是效度分析的最理想的方法。因为只有它才能测度效度分析过程及其有效项目，并解释整个量表变异形态的百分比。因素分析实质上是一种将一组变数相互之间作为自变数和因变数的数学模式，其计算过程是一种复变数线型模式的简化过程。因素分析因应用的目的不同，而有以下特点：一是能用较小的共同因素来说明多个变数的关系；二是能从一组变数间的关系中，发现未曾发现的因果关系的因素，并具有提出假说的意义；三是因素分析不仅能够提出假说，而且能够更进一步证明假说。

效度分析可以按照如下步骤进行：分析—降维—因素分析。仍用上例，按此步骤在 SPSS 上的输出结果见表 4-9。表 4-9 显示 KMO 值=0.841>0.8，且巴特利特球形检验的显著性 sig<0.001，说明问卷具有较好的效度。

表 4-9　KMO 检验和巴特利特球形检验

KMO 取样适切性量数	巴特利特球形检验		
	近似卡方	自由度	显著性
0.841	1185.527	276	0.000

2. 主成分分析

主成分分析也称主分量分析，旨在利用降维的思想，把多指标转化为少数几个综合指标（即主成分），其中每个主成分都能够反映原始变量的大部分信息，且所含信息互不重复。

在社会调查中，对于同一个变量，研究者往往用多个不同的问题来测量一个人的意见。这些不同的问题构成了所谓的测度项，它们代表一个变量的不同方面。主成分分析法被用来对这些变量进行降维处理，使它们"浓缩"为一个变量，这个变量被称为因子。

用主成分分析法得到因子，并用因子旋转分析测度项与因子关系的过程往往被称为探索性因子分析。在探索性因子分析被接受之后，研究者可以对这些因子之间的关系进行进一步的测试，如用结构方程分析来做假设检验。

用 SPSS 做主成分分析的步骤是：分析—降维—因素分析，在"描述"选项中勾选"初始解"选项，在"因子分析：提取"选项中勾选"碎石图"复选框，如图 4-17 所示。采用上例的数据，则可以得如表 4-10 和图 4-18 所示的输出结果。

图 4-17　主成分分析操作示意

表 4-10　总方差解释

成分	初始特征值			旋转载荷平方和		
	总计	方差百分比	累积/%	总计	方差百分比	累积/%
1	8.037	33.489	33.489	4.959	20.663	20.663
2	2.134	8.891	42.380	3.703	15.430	36.093
3	1.555	6.477	48.857	2.637	10.989	47.082
4	1.313	5.470	54.327	1.437	5.987	53.069
5	1.069	4.456	58.783	1.323	5.511	58.580
6	1.044	4.351	63.134	1.093	4.554	63.134
7	0.961	4.005	67.139			
8	0.941	3.920	71.058			
9	0.878	3.657	74.715			
10	0.676	2.818	77.533			
11	0.644	2.683	80.216			
12	0.629	2.622	82.838			
13	0.571	2.379	85.218			
14	0.510	2.124	87.342			
15	0.496	2.065	89.406			
16	0.472	1.965	91.372			
17	0.389	1.620	92.992			
18	0.354	1.474	94.466			
19	0.305	1.272	95.738			
20	0.280	1.166	96.904			
21	0.248	1.035	97.938			
22	0.206	0.857	98.795			
23	0.150	0.623	99.419			
24	0.140	0.581	100.000			

Extraction Method: Principal Component Analysis.

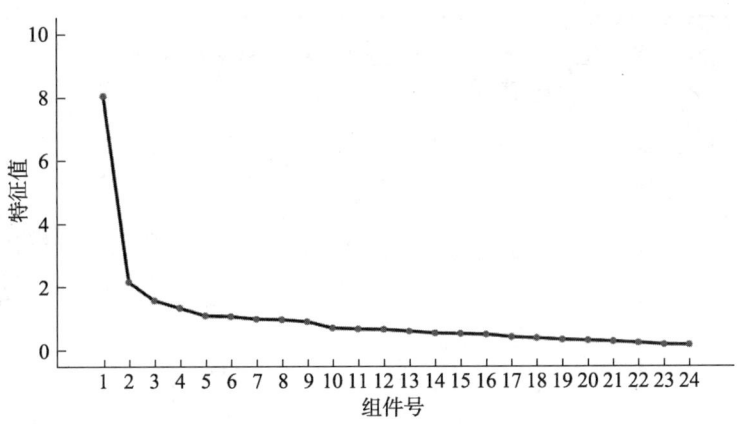

图 4-18　碎石图

3. 系统聚类分析

用 SPSS 进行聚类分析也是营销实验中常用的。比如，在营销实践中，企业面对的顾客群体往往较大，而企业又不可能针对每一个顾客采用不同的营销策略，这时就要对顾客进行分类。注意，这里的聚类不同于简单的分类（比如，按性别很容易区分为男性和女性两类群体），这是单指标分类。聚类是采用多个指标对研究对象进行综合性的分类，故称其为系统聚类。

【例 4-4】某服务机构欲对 10 名重要顾客进行分类，主要采用在本机构的月消费额、每月光顾次数和平均每月介绍新顾客数量 3 个指标，基础资料如表 4-11 所示。试对该 10 名顾客进行系统聚类。

表 4-11　10 位重要顾客的基础资料

顾客编号	月消费额/元	每月光顾次数/次	每月介绍新增顾客数量/名
1	1250	3	2
2	2518	5	5
3	2234	5	3
4	1827	4	1
5	3500	2	1
6	3210	6	4
7	4612	3	3
8	5800	5	3
9	1765	2	2
10	3220	4	6

在 SPSS 上的基本操作步骤如下。

第一步，在 SPSS 中输入原始数据，单击"分析"—"分类(F)"—"系统聚类(H)"。

第二步，依次拖动 3 个变量到右侧的"变量"选中，聚类框中选中"个案"单选按钮，显示框中勾选"统计"和"图"复选框，如图 4-19 所示。

第三步，在"统计(S)"选项中，选择"集中计划"选项，在"图(I)"选项中勾选"谱系图(D)"复选框之后，单击"继续(C)"按钮，如图 4-20 所示。

第四步，在"聚类方法(M)"对话框中选择"组间联接"选项，在"测量"选项卡中，选中"区间"单选按钮中的"平方欧式距离"选项，如图 4-21 所示，然后单击"继续(C)"按钮。

第五步，单击"确定"按钮则可得到聚类输出结果，其中聚类图谱如图 4-22 所示。

图 4-19 聚类变量和输出方式选择

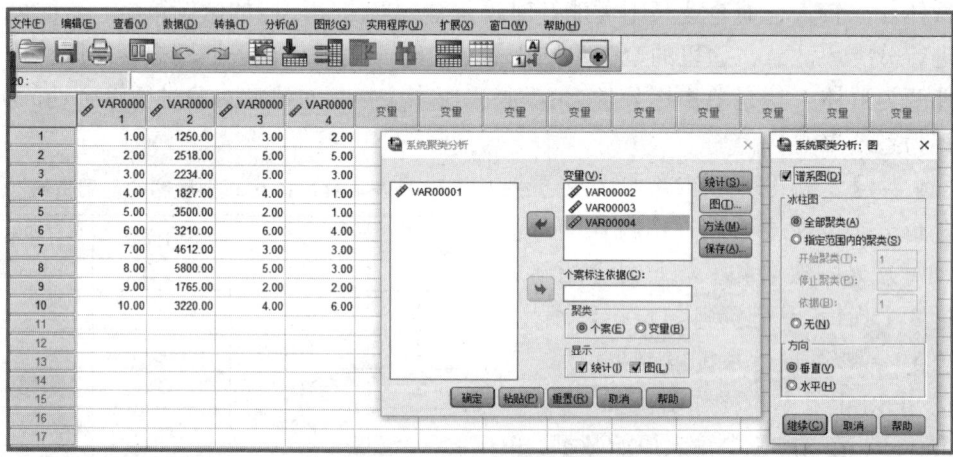

图 4-20 聚类输出方式选择

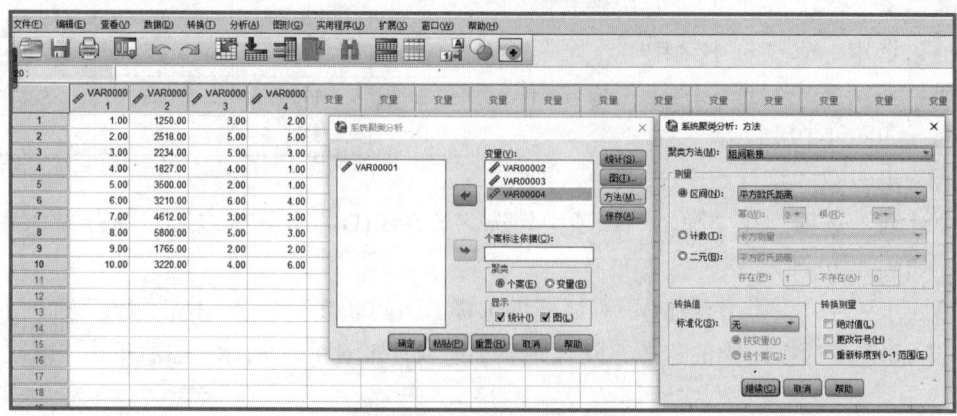

图 4-21 聚类方法的选择

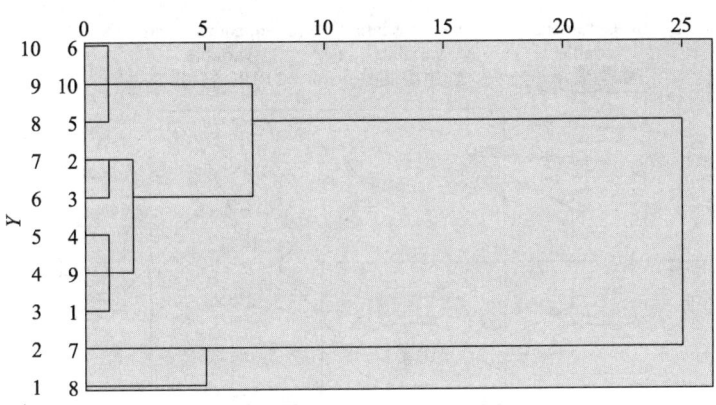

图 4-22 使用平均联接的聚类图谱

从聚类结果可以看出：若将所有 10 名顾客分为两类，则 7 和 8 为一类，其余为一类；若分三类，则 7 和 8 为一类，5、6、10 为一类，1、2、3、4、9 为一类；若分为四类，则 7 和 8 各为一类，5、6、10 为一类，1、2、3、4、9 为一类；若分为五类，则 7 和 8 各为一类，1、4、9 为一类，2、3 为一类，5、6、10 为一类。

4. 结构方程模型

（1）结构方程模型及常用概念。结构方程模型（structure equation modeling,SEM）是运用线性方程系统表示测量变量与潜变量之间以及潜变量之间关系的一种方法。其本质上是一种广义的线性模型，但仍然存在较大的差别。结构方程模型可以同时检验一批回归方程，且模型形式、变量设置、方程假设等方面也与一般回归模型分析存在区别，其应用范围更为广泛。

结构方程模型中常有如下几个概念。

①测量变量，也称观察变量或显示变量，是直接可以测量的指标。

②潜变量，即通过一个或几个观察指标间接测量的变量。

③外生潜在变量，即自变量，它们的影响因素处于模型之外。

④内生潜在变量，即因变量，是由模型内变量作用所影响的变量。

（2）结构方程模型的优点如下：

结构方程模型主要用于：为难以直接观测的潜变量提供一个可以观测和处理的方式，另外也能研究不同变量之间可能存在的相互关系。其优点主要有如下几个方面。

①允许回归方程的自变量含有测量误差。

②可以同时处理多个因变量。

③可以在一个模型上同时处理因素的测量和因素之间的结构。

④允许更具有弹性的模型假定。

（3）结构方程模型的建模步骤如下：

①模型假设。根据理论和现有研究成果设定初始理论模型，典型的结构方程模型如图 4-23 所示。

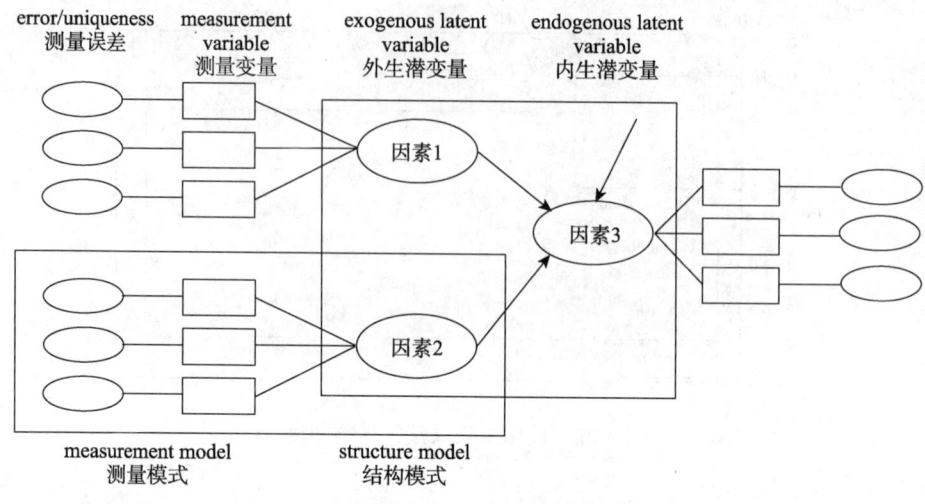

图 4-23 典型的结构方程模型

②模型识别。确定所设定的模型是否可以估计求解，若模型可识别，表示模型中的每一个参数均可以有一个唯一估计值。模型识别可能出现 3 个结果：一是不能识别（under-identified）；二是适度识别（just-identified）；三是过度识别（over-identified）。可以由其自由度 df<0，df=0，df>0 来判断。不能识别的模型便是不可用的模型。

③模型估计。一般采用极大似然（maximum likehood）法估计和广义最小二乘（generalized least square）法进行估计。

④模型评价。对模型的整体拟合效果和单一参数的估计值进行评价。如果模型效果不好，则要对模型进行必要的修正。模型评价时常采用卡方检验、残差分析等。

（4）应用 SPSS 进行实验的步骤如下：

①准备工作。在 SPSS 上安装 AMOS，输入原始数据。

②打开 AMOS，执行"分析—AMOS"。

③绘制路径图，此步骤是 AMOS 执行结构方程模型的基础。

④定义潜变量和残差项。

⑤模型识别状况检验。

⑥运行 AMOS 程序进行结构方程模型参数拟合及模型检验。

⑦模型结果定义与实验结果分析。

本章知识点

1. 信度和效度分析：主要内容包括信度分析、效度分析。

2. 分析用工具：主要内容包括趋势线拟合、方差分析、列联分析、回归分析、主成分分析、结构方程模型。

思考题

1. 如何理解问卷调查法与访谈法的使用关联性？

2. 问卷设计应注意哪些事项？

3. 实验报告的撰写应注意哪些问题？
4. 实验教学过程主要包括哪些内容？
5. 营销调研数据处理常用的 Excel 工具有哪些？
6. 如何对问卷进行信度和效度检验？

小训练

2000 年前后，可口可乐公司的数据显示，每生产 1 L 可乐，要消耗 3.3～3.5 L 水。于是可口可乐公司设定了一个目标，要努力减少 30%的用水。当时，世界自然基金会是可口可乐公司的合作伙伴，世界自然基金会跟可口可乐公司说，它错了，每生产 1 L 可乐，不是像其说的那样，消耗 3.5 L 水，而是消耗 200 多升水。世界自然基金会之所以这么说，是因为做可乐要用糖，多出来的那 200 多升水，80%都是用于种植糖原料。

可口可乐公司没看到外面更大的系统，是因为更大的系统不是其生意的一部分。虽然可口可乐公司也要用糖，但它只考虑怎么买到最便宜的糖，至于原料糖的种植，不觉得这是系统内的事件。

在进行正确的系统识别与分析后，可口可乐公司和竞争对手雀巢公司形成了一个协作共同体，帮饮料行业减少浪费的水。它们没有进入到生产糖的领域，而是通过促使政府出台一系列的政策，来减少产糖部分的水资源的浪费。比如，种甘蔗的时候，如果直接把水浇灌下去，大部分的水都会蒸发；如果能采用先进的灌溉技术，就可以减少水的浪费。灌溉效率提高后，糖的售价自然也就降低了。

系统思维方法训练：利用思维导图，绘制出可口可乐公司管理者的系统思维导图。

本 章 附 录

第五章

实验学习法常用创新思维技巧

本章概要：

本章目的在于介绍实验学习法常用的创新思维技巧，与实验学习法相结合，从创新思维的发展要素、基本方法、含义与特点等方面展开论述，使学习者可以在市场营销实验法学习中灵活运用思维技巧，实现思维与实践的统一。

第一节 创新思维及培养

不同的思维方式能够促进思考方向的多样性，打破对客观事物的认识惯性。在市场营销实验学习法中，学习者需要运用多种创新思维方法，完成实验的设计、实验材料和环境的选择、实验过程的实施和实验结果的分析总结等工作，通过实验学习培养创造力，实现思维与实践的统一。

一、创新思维发展要素

创新思维是在思维层面进行一定程度的创造性突破，是多种思维方式交互作用的综合性思维，是人类在认知和改造客观世界的过程中，基于已有的经验和情境产生的有价值的新思想或新观点的心理过程。

创新思维发展要素包括发散思维、直觉思维、形象思维和批判性思维等，如图 5-1 所示[1]。

（一）创新思维是基于聚合思维的发散思维

创新思维就思维出发点的数量和方向来看，属于发散思维。发散思维强调克服聚合思维单向性的缺陷沿着不同方向去思考，重组眼前的信息和记忆系统的信息，从而产生新颖的思想和观点，其核心是水平思维，表现为跨学科性、无顺序性、不可预测性。根据美国心理学家吉尔福特（Guilford）的理论，发散思维具有变通性、流畅性、独创性和精致性 4 个基本特征。实验证明，创新思维是基于聚合思维的发散思维。首先，在利用聚合思维无法解决问题时，可用发散思维来解决问题，并用聚合思维来检验发散思维的

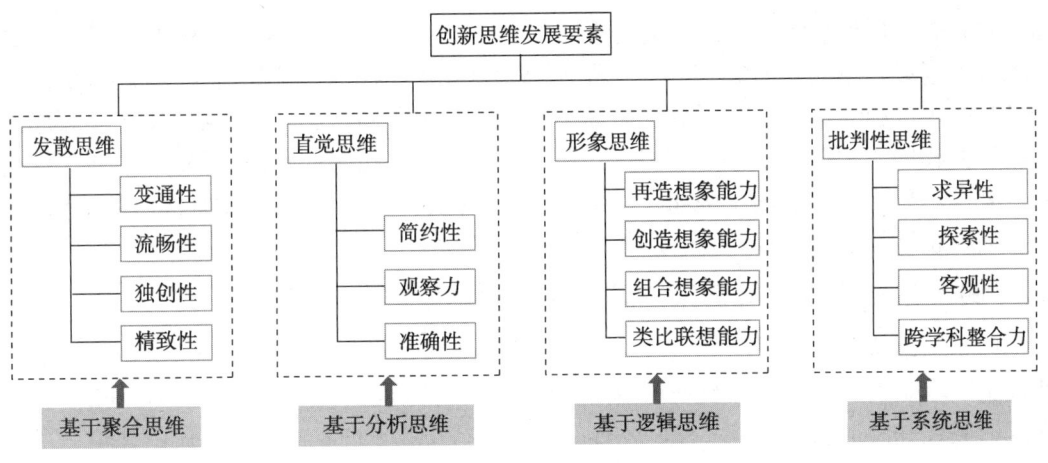

图 5-1　创新思维发展要素模型图

结果；其次，只有通过前期的聚合才有更有价值的发散，聚合思维能克服发散思维过程中没有目标的胡思乱想这一缺陷，从而提升发散思维的价值；再次，发散是为了更好地聚合，发散度越高，聚合性就越好，创新水平就越高；最后，创新思维是一个从集中到发散再到集中的多次循环、螺旋式上升的过程。因此，创新思维是基于聚合思维的发散思维。

（二）创新思维是基于分析思维的直觉思维

从思维过程是否经过明确的思考步骤以及主体对其思维过程有无清晰的意识方面考察，创新思维属于直觉思维。直觉思维依据对事物现象及其变化的直接感触而做出判断，即一种事先未经过详细思考或逻辑分析的，通过直觉观察或即时想象的思维过程，具有非逻辑性、直接性、个体性、坚信感、或然性（结果或对或错）和自动性（思维过程无需意志努力）特点。直觉思维发展的主要影响因素包括思维简约性（在清晰地触及事物的"本质"过程中思维过程的高度简化）、观察力和准确性三方面。而创新思维是基于分析思维的直觉思维。第一，没有分析思维的基础，直觉思维很可能成为错觉；第二，没有分析思维作为先导，直觉思维难以提出新问题、新设想；第三，直觉思维提出的新思想和新观念，更需要分析思维进行推理和证明；第四，在一定程度上，分析思维经过多次熟练运用后会被压缩和简化思维过程，略去中间环节，从而表现为直觉思维。

（三）创新思维是基于逻辑思维的形象思维

创新思维心理过程中，需要充分利用直观形象和表象作为载体，根据抽象程度性质、内容和解决问题的方法来分析，属于形象思维。正如科学家钱学森所言，科学上的创新只靠严密的逻辑思维是不行的，创新的思想往往开始于形象思维，从大跨度的联想中得到启迪，然后再用严密的逻辑加以验证。直观形象和表象是形象思维的支柱，创新思维心理过程中的关键环节是利用直观形象和表象进行思维。形象思维对创新思维作用最重要的两种心理过程是想象（人在头脑里对已储存的表象进行加工改造形成新形象的心理过程）和联想（由一事物想起另一事物的心理过程）。再造想象、创造想象、组合想象和类比联想是形象思维发展的关键要素。其中,再造想象是根据别人言语的描述或图样,在人脑中形成相应的新形象的心理过程;创造想象是不根据现成的描述,而在大脑中根据已有的表象独立地产生新形象的心理过程;组合想象和类比联想是根据两个事物在某些属性上相同或相似,联想出它们在其他某些属性上也相同的心理过程。但想象和联想如没有逻辑思维作为基础(例如,未经逻辑思维验证),很可能是没有价值的幻想。因此,创新思维是基于逻辑思维的形象思维。

(四)创新思维是基于系统思维的批判性思维

创新思维从认知水平层次上看,属于批判性思维。批判性思维(critical thinking)指通过实事求是的、严密的、自我反省的思维,正确评价已有的事实,并在此基础上提出合理的假设并验证假设,是一种以客观的眼光看待事物、现象或思想并做出评论、判断,依据逻辑思维标准研究其可靠性和有效性的思维。批判性思维是创新思维的前提,贯穿于创新思维的全过程。依据《加利福尼亚批判性思维倾向测试》(California Critical Thinking Dispositions Inventiory,CCTDI)量表中的7个维度(寻找真理、分析能力、系统化能力、批判性思维的自信心、开放思想、求知欲和认知成熟度),可以把实验法教学中批判性思维发展影响要素归类于求异性(批判性思维的自信心和开放思想)、探索性(分析能力和求知欲)、客观性(寻找真理和认知成熟度)和跨学科整合力(系统化能力)4个方面。然而,批判性思维需要进行实事求是的、严密的分析与反省,需要正确地评价已有事实,并能在此基础上合理地提出验证假设。批判性思维离不开系统分析和反思,系统化能力甚至是批判性思维的一部分。因此,创新思维是基于系统思维的批判性思维。

二、创新思维的培养方式

创造力形成的原理表明,具身运动及环境变化能极大地影响认知主体的创造性思维。因此,创新思维不只是遵循逻辑推理获得,还由创造主体的身体与环境互动时的身心整体性反应得出。因此,对于创新思维训练而言,学习者具身创造力的培养可有3种形态,即具身体验式学习、动态系统化学习与创造性参与式合作学习。此3种培养形态彼此促进、相互耦合、交互影响,共同提升学习者的创新思维能力。

(一)具身体验式学习

创造性认知是具身的,必须依赖认知主体的物理机体,如思维过程中身体的肌肉运动或感受状态。同时,创造性认知也是体验性的,实际的或虚拟的具身运动体验都可塑造认知主体的创新思维。因此,创造力培养应充分重视身体的教育价值,把身体化的知识与课程内容相结合,通过融入身体动作训练或身体性活动的具身教育课程实践来提高学习者的创新思维能力。学习者具身创造力培养可以通过在不同类型的课程教学中融合微型具身训练、具身表演或身体在场、实验实践等具身体验式学习来实现。

(二)动态系统化学习

创造力是情境性行为,不仅涉及具身经验,还受物质环境和心理环境的影响。物质环境主要涉及物理、技术与社会文化环境；心理环境关注的是情感体验。创造力正是通过人与这些环境的互动得以实现，因而对当代学习者创造力的培养，要运用动态系统化学习的方式，实现其创造力的可持续发展。

飞速发展的互联网技术、经济便捷的社交软件、高度共享的在线课程已将全球高校建成"学术共同体"与"课堂共同体"。而且，专业知识的动态更新很快速，各个专业课程教师不仅需要把经典的学科知识传授给学习者，而且还需把最前沿、最有影响力的学术成果及时融入课程教学中。因此，帮助学习者掌握"学会学习"的能力、树立"终身学习"的理念，是促进其进行动态系统化学习和永葆创造力的动力源泉。

虽然宏观层面的创造性社会文化环境不是某一个人或某些高校所能改变的，但只有当每个人和每所高校都崇尚创造力，进一步激发和凝聚创造力，整个社会才会变得愈加重视创新思维和创造力。因此，从微观层面入手创建包容性的、创新的"新型"大学课堂环境尤为重要。大学课堂中学习者的创造性思想或行为会受教师和其他人的评价的影响，在传统的课堂环境中，一个聚合性的标准答案常能获得嘉奖，而与众不同的新颖想法可能会自动诱发价值体系的失衡，而招致批评或取笑。正如包容性领导能促进企业员工的创造力一样，包容性课堂环境和教师能够激发学习者的创造力。"新型"大学课堂应打破教育活动程式化的藩篱，课堂教学问题及考试题目的设计力求多元、开放、分层，设计真正鼓励学习者进行具身创造力培养的教学过程。同时，学习者心理环境是否有利于其创造力的形成，取决于教师对其情绪的疏导和其自身对情绪的管理。通过动态系统化学习，不断实现知识的迭代更新和学习能力的提升，有利于增强学习者的成就感和自信心，产生积极的学习情绪体验，形成有利于创造力形成的心理环境。

（三）创造性参与式合作学习

创造性参与式合作学习推崇在学习过程中学习者的身心耦合，鼓励学习共同体合作创造一个大家关心的、有意义的、充满情感的世界，并探索他人已经建立的世界。

在创造力培养过程中，首先要在学习内容与测试方式等方面赋予学习者身心足够的自由时间和自主空间，使其在创造性意义生成过程中能用动作、手势及其他模态去感知和思考问题。其次，为学习者创设一个宽松和谐的学习环境并给予其环境认同、情感支持和归属感，以确保其在向学习共同体成员表达自己的新奇想法时身心感到轻松安全。最后，提高学习者敏锐的直觉和创新思维习惯以塑造他们对学习环境富有情感、具身灵活的认知取向，助其了解具身的自我，建立熟练的直觉和探索关于世界新知和意义的可能性。

创造力不仅是个人的认知能力，需要学习者个体创造性参与，它还具有集体性，需要学习者相互合作学习并丰富学习经历。团体创造力对社会的发展日益重要，在学习者创造力培养过程中，应从主体间关系角度体现创造活动的具身性，充分利用创造力的集体动力。[2]

三、实验学习法的特点

市场营销模拟的实验学习法是通过实验来学习市场营销相关知识。根据实验学习的目的及要求，通过有意识地改变或注入某种或几种影响因素来观察其变化对总体的影响。实验学习法的关键是实验设计与构思，这需要思维技巧来指导与辅助，实验学习法有如下4个特征。

（一）探索性

探索性指通过试探控制一个（或几个）因素，来研究该因素的变化对实验对象产生的影响，以观察各因素之间的因果关系。这一特征充分体现了实验作为研究学习的一种方法所具有的主动性，不是被动、消极地等待某种现象的发生。需要创新思维来主动地、有效地发掘社会经济现象与市场现象中的因果关系与必然联系，从而进行实验学习。

（二）实践性

实践性指通过某种实践活动有计划地改变实验对象所处的社会环境，并在这种实践活动的基础上，对实验对象的本质变化发展规律进行调查和研究。具体来说，实验调查不仅要眼看、口问、耳听，而且要亲自动手做，是典型的行动学习，是对现实的商业活动的观察。实践性是实验学习法的本质特点。要把握实验对象在实践中的本质变化及其发展规律，思维技巧不可或缺。

（三）动态性

动态性指在实验调查过程中，由于实践活动不断进行，社会环境不断变化，实验对象本身也必然发生不断的运动和变化，实验调查的实践性决定着实验对象的动态性。动态性决定了实验学习需要预先设计和预判。因此，实验设计必然需要创新思维的辅助。

（四）综合性

综合性指实验学习过程中，需要灵活运用多种实验学习法。实验调查过程中，要采用实地观察、问卷调查、口头访问和集体访谈等直接调查方法，还要采用文献调查等间接调查方法。实验调查的过程，既是不断搜集资料的过程，也是不断研究资料的过程，是各种调查方法和研究方法综合使用的过程。在一系列的综合性实验学习活动中，不仅需要观察、思考每个步骤，更需要总结、把握实验整体，在此过程中创新思维技巧的使用可以实现事半功倍。[3]

第二节 创新思维基本方法

一、形象思维

（一）形象思维的含义

形象思维是人们在认识世界的过程中，以具体的形象或图像为思维内容的思维形态，通过独具个性的特殊形象来表现事物的本质。形象思维是在对形象信息传递的客观形象体系进行感受、储存的基础上，结合主观的认识和情感进行识别（包括审美判断和科学判断等），用一定的形式、手段和工具（包括文学语言、绘画线条色彩、音响节奏旋律及操作工具等）创造和描述形象（包括艺术形象和科学形象）的一种基本的思维形式。

形象思维的过程包括形象感受、形象储存、形象判断、形象创造和形象表达等过程，其中形象创造是关键过程，它是通过想象、联想、组合、模拟等方法，舍去不表达创造者意图的形象，创造出新的艺术或科学的形象。

广义而言，形象思维、联想思维、灵感思维、直觉思维都可以归纳为形象思维。其中直觉思维是一种"灵感"或"顿悟"，是在无意识中进行的一种判断，包含着想象。

形象思维是反映和认识世界的重要思维形式，是培养人、教育人的有力工具，在市场营销实验中，发达的形象思维，是在复杂的市场环境中提取条件要素不可缺少的重要条件。

（二）形象思维的特点

（1）形象性。形象性是形象思维最基本的特点。形象思维所反映的对象是事物的形象，思维形式是意象、直感、想象等形象性的观念，其表达的工具和手段是能为感官所感知的图形、图像、图式和形象性的符号。形象思维的形象性使它具有生动性、直观性和整体性的优点。

（2）非逻辑性。形象思维调用许多形象性材料，整合形成新形象，或由一个形象跳跃到另一个形象。其对信息的加工过程不是系列加工，而是平行加工，是平面性的或立体性的，可以使思维主体迅速从整体上把握住问题。形象思维是或然性或似真性的思维，思维的结果有待于逻辑的证明或实践的检验。

（3）粗略性。形象思维对问题的反映是粗线条的反映，对问题的把握是大体上的把握，对问题的分析是定性的或半定量的分析。形象思维通常用于问题的定性分析，抽象思维可以给出精确的数量关系。在实际的思维活动中，往往需要将抽象思维与形象思维结合，协同使用。

（4）想象性。想象是思维主体运用已有的形象形成新形象的过程。形象思维不仅仅是再现已有形象，还对已有形象进行加工，获得新形象。所以，想象性使形象思维具有创造性的优点。富有创造力的人通常都具有极强的想象力。

（三）形象思维的主要方法

（1）模仿法。模仿法指以某模仿原型为参照，在此基础之上加以变化产生新事物的方法。很多发明创造都建立在对前人或自然界的模仿的基础上。例如，模仿鸟发明了飞机，模仿鱼发明了潜水艇，模仿蝙蝠发明了雷达。

（2）想象法。想象法指在脑中抛开某事物的实际情况，形成深刻反映该事物本质的简单化、理想化的形象。直接想象是现代科学研究中广泛运用的进行思想实验的主要手段。

（3）组合法。组合法指从两种或两种以上事物或产品中抽取合适的要素重新组合，构成新的事物或新的产品的创造技法。常见的组合法一般有同物组合、异物组合、主体附加组合、重组组合4种。

（4）移植法。移植法指将一个领域中的原理、方法、结构、材料、用途等移植到另一个领域中去，从而产生新事物的方法。移植法主要有原理移植、方法移植、功能移植、结构移植等类型。

（四）形象思维在实验学习法中的应用

在实验学习法中，形象思维可以让学习者在思考问题或构思实验时，在想象力的辅助下将抽象复杂的事物，通过简单易懂的图形、构架等表示出来，便于快速地解决问题。例如，鱼骨图便是一个很好地运用形象思维的例子。

鱼骨图由日本管理大师石川馨提出，是一种探索问题"根本原因"的方法，它也被称为"因果图"。其目的在于理清问题的成因，同时将决策过程可视化。使用该工具时，先决条件是要简洁地叙述问题（原因造成的结果），之后再找出问题产生的相关原因。在勾勒鱼骨图时，鱼头表示结果（由诸多原因造成的结果），鱼骨是造成结果的原因。鱼骨图能够逐次探究问题的主要原因、次要原因及再次要原因，从而寻得解决之策。可知，鱼骨图在市场营销实验学习中可以帮助学习者快速分析问题、解决问题。

制作鱼骨图前要先分析问题原因及其结构，具体方法如下：针对问题，尽可能找出所有相关原因，并将所有原因进行分类整理，明确它们之间的层次和从属关系；然后分析遴选出重要原因；在描述原因时用语要简洁明确。

绘制鱼骨图的过程是：先画出鱼头和主骨，再画出大骨、中骨、小骨（数量可视原因多少而定）；将问题标注在鱼头上，再将大的原因写在大骨上，中小原因写在中小骨上，最后用特殊符号标识出重要的原因。梳理原因时，要分清层次，分清重点。鱼骨图如 5-2 所示。

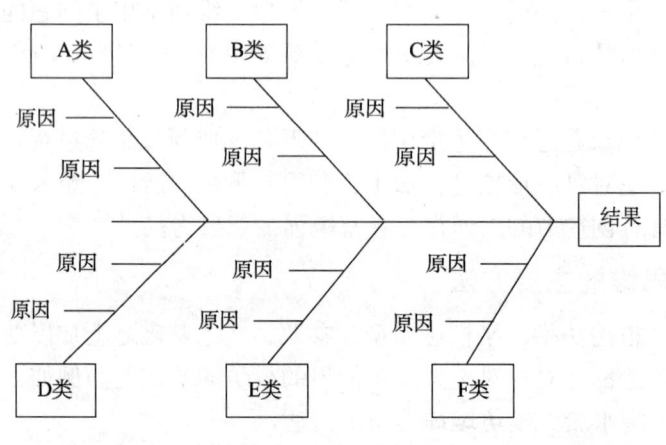

图 5-2　鱼骨图

采用这样的鱼骨图进行分析，所有的原因逐渐被理清，这样就能够有效地寻找实验因变量。

鱼骨图在市场营销实验学习中可以帮助学习者快速分析问题、解决问题。例如，在设计实验相关变量时，通过鱼骨图分析，可以逐层将有关实验的条件因素厘清，能够更加有效地寻找实验的因变量。

二、逻辑思维

（一）逻辑思维的含义

逻辑思维是人脑的理性活动，人们将在感性阶段获得的对于事物的认识的信息材料抽象成概念，运用概念进行判断，按一定的逻辑关系进行推理，从而产生新认识。

逻辑思维也是将思维内容联结、组织在一起的方式或形式。思维以概念、范畴为工具反映认识对象，这些概念和范畴是以某种框架形式存在于人脑中的，即思维结构。这些框架能够把不同的概念、范畴组织在一起，形成一个相对完整的思想，加以理解和掌握，达到认识事物的目的。因此，思维结构既是人的一种认知结构，又是人运用概念、范畴去把握客体的能力结构。

逻辑思维一般有经验型与理论型两类。前者是在实践活动的基础上，以实际经验为依据形成概念，进行判断和推理。例如，劳动者运用生产经验解决生产中的问题，多属于该类型。后者以理论为依据，运用科学的概念、原理、定律、公式等进行判断和推理，科学家和理论工作者的思维多属于该类型。经验型的思维由于局限于狭隘的经验，其抽象水平相对较低。

（二）逻辑思维的特点

（1）抽象性。抽象性是指以抽象的概念、判断、推理的形式来反映客观事物的本质特征和内在联系，概念是逻辑思维的支柱，是反映事物本质属性的一种思维特点，因而抽象性是逻辑思维的核心特点。

（2）渐进性。渐进性是指在进行逻辑推理时需要循序渐进，强调不论实行什么样的推论，都要逐步地、由点到面地、由表及里地、由浅入深地、由小处到大处地进行。

（3）规则性。规则性是指在进行逻辑思维时，只有遵守并正确运用逻辑规则，才能获得正确的认识。逻辑规则是指存在于一切思维形式中，对一切思维形式普遍有效的逻辑规律。逻辑规则包括同一律、矛盾律和排中律。规则性是逻辑思维的最高目标。

（三）逻辑思维的方法

（1）抽象与概括。抽象是一种思维过程，是通过性状的比较，找出同类事物的相同与不同的性状，把不同的性状舍弃，把本类事物有的、其他类事物没有的性状抽取出来。例如，把各种果实拿来比较，相同的地方是都有果皮和种子。可以选取的不同维度是：有的能吃，有的不能吃；有的长在地下，有的长在地上；有的果皮坚硬，有的果皮柔软；颜色五彩缤纷；大小各有不同。把不同的性状去掉，取出坚硬的果皮和种子这两个共同特征，即形成坚果。对共同特征进行考察就是抽象思维。

概括是在抽象的基础上进行的。例如，对猫、兔、虎、猴等动物进行比较后，抽象出它们的共同特征是"有毛、胎生、哺乳"，在思想上联合起来就形成"哺乳动物"的概念。

（2）归纳与演绎。归纳法又称归纳推理，是从特殊事物推出一般结论的推理方法，即从许多个别事实中概括出一般原理。例如，实践中人们经常会接触瓜、豆这等事物，通过反复实践，逐步认识到"种瓜得瓜，种豆得豆"的真谛，然后经过分析推理得到一个一般性的认识：龙生龙，凤生凤，所有生物都有遗传现象。这个过程就是一个归纳的过程。

演绎法也称演绎推理，是从一般到特殊，即用已知的一般原理考察某一特殊的对象，推演出有关这个对象的结论。例如，所有的生物都有遗传现象。从这个原则出发，就可以引申出：老鼠是生物，所以"老鼠的儿子会打洞"。这是由演绎推理而得出的一个结论。在认识过程中，归纳和演绎是相互联系、相互补充的。

（3）比较、类比与分析。比较、类比与分析是一种联动性思维，不仅可以激发人们的情感，还可以启发人们的智慧，以提出独特性的方法。

作为科学认识的方法，由个别认识一般的思维方法是归纳，通过一般进一步认识个别的思维方法是演绎，通过个别认识个别或通过一般认识一般的思维方法是类比。归纳、演绎和类比是科学认识中最为广泛运用的逻辑思维方法。

通过对相关知识进行比较、类比与分析，按照"发散→聚合→再发散→再聚合"和"感性认识→理性认识→具体实践"的认知过程，培养创造力。

（4）定性分析与定量分析。定性分析是对研究对象进行质的方面的分析，运用归纳与演绎、比较、类比与分析以及抽象与概括等方法，主要凭借分析者的直觉、经验，对获得的各种材料进行思维加工，从而对分析对象的性质、特点以及发展变化规律做出判断的一种方法。

定量分析是通过统计调查法或实验法，建立研究假设，收集精确的数据资料，进行统计分析和检验的研究方法。在聚合思维的过程中，可以利用定性和定量的分析方法对单个创意进行分析，也可对一组创意进行评价。

（四）逻辑思维在实验学习法中的应用

逻辑思维是人脑的一种理性活动，运用概念先进行判断，然后再推理，从而产生新的知识和认识。市场营销实验过程的本质是逻辑思维中的定量分析。市场营销实验的意义在于，通过"操纵"与"控制"营销变量，观察、比较因变量的变化，进而推断市场因素，这其中就体现了逻辑思维的运用。例如：通过与其他市场营销实验进行比较、类比与分析来确定本实验所要操纵的自变量以及其操纵原则；运用归纳与演绎的方法，通过实验结果判断哪一种市场策略是相对最优的，并得到科学的决策。

三、方向性思维

（一）方向性思维的含义与特点

3对主要的方向性思维的含义和特点分述如下。

（1）发散思维与聚合思维：

发散思维又称扩散思维、辐射思维、多路思维或立体思维。发散思维是一种从不同角度、不同方向、不同途径设想来探求多种答案，最终力图使问题获得圆满解决的思维方法，它具有大胆独创、不受现有知识和传统观念局限和束缚的特征。发散思维的核心是：某一个问题可能有很多答案，以这个问题为中心，思维向周围空间发散，找出的答案越多越好。

聚合思维也叫集中思维、收敛思维或求同思维。它是以某个思考对象为中心，将与该对象相关的现象、线索、信息进行聚合，把众多信息和可能解决问题的方法引导到条理化的逻辑序列中，形成合理的问题解决方案。聚合思维是创新性的整合，是有目的的评价、选择和重组的过程。

发散思维和聚合思维是对立统一关系。没有发散思维的广泛征集和多方搜索，聚合思维就没有加工对象；没有聚合思维的整理、加工和统合，发散思维结果无法形成有意义的创新结果。

（2）正向思维与逆向思维：

正向思维是在对事物的过去、现在进行充分分析的基础上，推知事物的未知部分，提出解决方案。正向思维与时间的方向一致，随时间推进，符合事物的自然发展过程和人类的认识过程。正向思维特点是：符合事物发展过程和人类认识过程；发现和认识符合正态分布规律的新事物及其本质；解决常规问题效率高。

逆向思维也称求异思维，主张从事物的一方面想到与之对立的另一方面，对司空见惯的、似乎已成定论的事物或观点反过来思考，反其道而行之，让思维向对立面发展，从问题的相反面深入以探索以实现创新。例如，微博的兴起，是逆向思维的成果。微博不同于博客，博客对字数没有限制，博主可以想写多长就写多长；但微博限制字数为140个，迫使使用者写出短小精悍的文字。微博不同于微信，微信是封闭的人际关系，用户之间须是好友，是双向的；微博是开放的人际关系，陌生的人也可以关注，是单向的。因此，微博的兴起是社交媒体的一次基于逆向思维的颠覆性创新。

逆向思维具有新颖性、批判性的特点。逆向思维不是主张人们在思考时违背常规，而是训练一种小概率的思维模式，在思维活动中关注小概率的可能性的思维。司马光砸缸是典型的逆向思维：有人落水，正向思维是将人从水中救起，人离开水；司马光砸缸是让水离开人，是逆向思维。

逆向思维如果具体到思维对象，可以分为功能反转、结构反转、因果反转和状态反转等多种方式。

（3）横向思维与纵向思维：

横向思维是截取历史的某一横断面，研究事物在不同环境中发展状况，通过与周围事物相互联系、相互比较，找出该事物在不同环境中的异同。

横向思维从多角度入手，改变解决问题的常规思路，拓宽解决问题的视野，把研究对象放到事物的相互联系中考察，在横向对比中发现不同，解决难题。横向思维突破问题的结构范围，是一种开放性的思维方式。

纵向思维是从事物自身的过去、现在和未来的分析对比中，发现事物在不同时期的特点和前后联系，把握事物本质。

纵向思维对未来推断具有预测性，通过对事物发展规律的把握来预测未知的情况，是在指导人们的行为、决策和规划方面具有重要应用的思维模式。

（二）方向性思维在实验学习法中的应用

通过发散思维设计市场营销实验的多种不同的实验方法，应用聚合思维，将发散思维所得到的多种设想进行整理、分析、选择、综合，选出其中最有可能实现的部分设想，也即对多种设想进行可行性分析、价值分析，最终聚合成一条符合逻辑、条理清晰的实验路线。实验设计先散再聚，在前一步的发散思维思考之后，遵循已有的逻辑经验，将构思的内容统合于整体框架之中。

通过正向思维，在市场营销实验中学习规律性的理论和知识；通过逆向思维，在市场营销实验学习中探索未知，发现实验中出现的意外现象，提出新的实验课题。

市场营销实验学习中横向思维的应用通常是通过对比同时存在的场景，改变不同的变量，研究营销现象的差异；纵向思维的应用是通过不同时点的相同实验，研究环境变化给营销活动带来的影响。

四、批判性思维

批判性思维必须以一般性思维能力（如比较、类比、分析、综合、抽象和概括等）为基础，同时还要具有一些特定的批判性思维技能。

（一）批判性思维的含义

现代批判性思维之父约翰·杜威（John Dewey）认为，批判性思维是"个体对于任何信念或假设及其所依据的基础和进一步推导出的结论所进行的积极、持久和周密的思考"。批判性思维是一种理性的、反省的思维，它用于分析各种论争、识别各种谬误和偏见，根据证据得出结论，做出明确的判断。批判性思维是人类应具有的基本思维能力，以判别、纠正各种错觉、欺骗、迷信。批判性思维是一种独特的思维方式，是人类思想独立和观念创新的重要前提。

（二）批判性思维的本质特征[4]

（1）批判性思维是一种基于问题解决的认知过程。作为一种基于问题解决的认知过程，纽曼（Newman）等整合了加里森（Garrison）和亨利（Henri）的观点提出了批判性思维的五阶段模型及每一阶段所需要的主要技能，包括：识别问题（初步澄清技能）、定义问题（深入澄清技能）、探索问题（推理技能）、评估／应用问题（判断技能）、整合问题（策略形成技能）。批判性思维也被认为是一种元认知或二阶认知过程，通过有目的的、反思性的判断增加获得对于一个论点或一个问题合乎逻辑的结论或解决方法的可能性，主要包括分析、评价、推理能力。

（2）批判性思维是结果。批判性思维作为一种结果或产品，更多是从个人的视角出发来理解，指个体获得有意义或深度理解的程度以及基于特定内容的批判性探究能力、技能和倾向。具有批判性思维能力的人通常能够在各种环境中有意识地使用这些技能，而不需要任何提示或激励。强批判性思维者能看到问题的两面，对否定自我想法的新证据持开放态度，冷静地推理，要求主张有证据支持，从现有事实中推断结论、解决问题，等等。作为一个结果或产品，批判性思维主要通过个人批判性思维任务的完成来判断。

（3）批判性思维是技能、能力和倾向。批判性思维技能、能力和倾向融入批判性思维的过程和结果中。批判性思维要求人们全面地、有目的地、深思熟虑地专注于手头的问题，全面评价其复杂性、具有挑战性的主张和论点的各个部分。批判性思维是理性的、反思的、负责任的和有技巧的思维。批判性思维是审慎地判断是非和正确地决策的能力，是集知识、价值和思维方法于一体的综合能力和品格，其要素包括理性、怀疑、独立、责任和思维自觉。

（三）批判性思维的方法

（1）苏格拉底方法。苏格拉底方法或"助产术"是苏格拉底所倡导的一种探究性质疑。通过苏格拉底提问，人们被要求澄清他们思考或研究的目的，区分相干和不相干的信息，然后检验其可靠性和来源，质疑他们自己和他人所言包含的假设，按照合作的精神，从不同的视角进行推理，探查他们自己和他人所思考的后果，整理他们知道或以为知道的东西的理由和证据，也对他们面前的证据和理由保持敏感。通过提问，揭示习以为常、理所当然的信念背后的假设所包含的不一致性，以探求新的可能答案。

（2）反省性思维。反省性思维是对任何信念或被假定的知识形式，根据其支持理由以及它所指向的进一步的结论，予以能动、持续和细致的思考。

反省，意味着搜寻发展某个信念的其他证据、新事实，或者证实该信念，或者证伪。反省性思维意味着，在进一步的探究期间，判断被悬置。反省性思维是假说的系统检验，有时也称为"科学方法"。它包括问题的定义、假说的提出、观察、测量、定性和定量的分析、实验、解释、用进一步的实验检验暂时的结论。反省性思维关注思维的因和果。

（3）元认知。"元认知"是对认知的认知，强调对认知的监控和调节。批判性思维中的"自我校正"明显属于元认知。批判性思维是为改善思维过程而对思维进行思考，通过元认知的方法进行批判性思维。

（四）批判性思维在实验学习法中的应用

批判性思维核心能力包括分析、评估和推论，这也正是实验学习法中所需要掌握的能力。例如：基于市场营销学某些现有的理论或研究方法，构建出新的批判性思维结构来进行市场营销实验；适当使用反思怀疑来考虑面临的市场问题，可以得出娴熟的、有技巧的合理思维，这种思维对情境变化保持敏感。批判性思维也是一种调查研究，其目的是探究一种情景、现象、问题或难题，以达到一个整合所有可利用信息的效果，这一内在逻辑与实验学习法高度契合，所以使用批判性思维可以帮助研究者更好地整体把握市场营销实验，并有利于在现有理论基础与实验方法中进行创新。

五、系统思维

（一）系统思维的含义

客观事物是多方面相互联系、发展变化的有机整体。系统思维是人们运用系统观点，对对象互相联系的各个方面及其结构和功能进行系统认识的一种思维方法。

系统指由两个或两个以上元素相结合的有机整体，系统整体不是其局部的简单相加，而是有机的结合。系统论作为一种普遍的方法论成为人类的一种高级的思维模式。根据系统论的观点，系统由多个子系统组成，并通过子系统间的相互作用实现一定的功能。系统之外的高层次系统为超系统，系统之内的低层次系统为子系统，当前所要研究的系统为当前系统（简称系统）。例如，把汽车作为系统，轮胎、发动机、方向盘是子系统，交通系统是超系统。

（二）系统思维的特点

（1）整体性。整体性原则是系统思维方式的核心。这一原则要求人们立足整体，从整体与部分、整体与环境的相互作用过程来认识和把握整体。

系统思维方式的整体性是由客观事物的整体性所决定的，整体性是系统思维方式的基本特征，存在于系统思维过程的始终，也体现在系统思维的成果中。整体性建立在整体与部分之间辩证关系的基础上。整体与部分密不可分。整体的属性和功能是部分按一定方式相互作用、相互联系所造成的。而整体也正是依据这种相互联系、相互作用的方式实行对部分的支配。

（2）结构性。系统思维方式的结构性，是把系统科学的结构理论作为思维方式的指导，强调从系统的结构去认识系统的整体功能，从中寻找系统最优结构，获得系统最佳功能。

（3）立体性。系统思维方式是一种开放型的立体思维，以纵横交错的现代科学知识为思维参照系，使思维对象处于纵横交错的交叉点上。在思维过程中，把思维客体作为系统整体来思考，既注意纵向比较，又注意横向比较；既注意了解思维对象与其他客体的横向联系，又能认识思维对象的纵向发展，从而全面准确地把握思维对象的规律性。

（4）动态性。系统的稳定是相对的，任何系统都有其生成、发展和灭亡的过程。因此，系统内部诸要素之间的联系以及系统与外部环境之间的联系都不是静态的，都与时间密切相关，会随时间不断地发生变化。这种变化表现在两个方面：一是系统内部诸要素的结构及其分布位置是随时间不断变化的；二是系统具有开放的性质，总是与周围环境进行物质、能量、信息的交换。因此，系统始终处于动态演化之中。

（5）综合性。系统思维方式的综合性，是更为高级的综合，有两方面含义：一是任何系统整体都是以这些或那些要素为特定目的而构成的综合体；二是对任何系统整体的研究，都必须对它的成分、层次、结构、功能、内外联系方式的立体网络做全面的、综合的考察，才能从多侧面、多因果、多功能、多效益上把握系统整体。系统思维方式的综合是非线性的综合，它对于分析由多因素、多变量、多输入、多输出的复杂系统的整体是行之有效的方法。

（三）系统思维的方法

（1）整体法。整体法是指在分析和处理问题的过程中，始终从整体来考虑，把整体放在第一位，不让部分凌驾于整体之上。

（2）结构法。在进行系统思维时，注意系统内部结构的合理性，结构合理指组成系统的各部分间组织合理，是有机的联系。

（3）要素法。每一个系统都由各因素构成，其中具有重要意义的因素被称为构成要素。只有发挥各要素的作用，才能使整个系统实现最佳运行。

（4）功能法。考察和调整系统内部各部分的功能和作用，使整个系统发挥最大作用。在此过程中，可能是使所有部分都向更好的方面改变，从而使系统状态更佳；也可能为了求得系统的全局利益，以降低系统某部分的功能为代价。

（四）系统思维在实验学习法中的应用

在市场营销实验中，可以通过系统思维，将实验所研究的对象作为系统来识物想事的思维模式，就是用联系的眼光看待研究对象系统内部的组分，结合研究对象系统进行全面的、多角度的分析。在实验中建立模型可以帮助研究者透过现象，从本质上认识不同变量间的关系。通过建立模型把不同因素组织到一个概念结构中，运用系统思维对模型整体进行分析，再对模型内部的合理性进行检验，从而构成市场营销实验所需的系统性模型。

第三节 创新基本方法

一、设问检查法

创新的关键是能够发现问题、提出问题。设问检查法是对拟改进创新的事物进行分析、展开、综合，以明确问题的性质、程度、范围、目的、理由、场所、责任等情况，从而使问题具体化以缩小需要探索和创新的范围。

设问检查法的特点，首先是以提问的方式寻找发明创新的路径，抓住事物普遍意义的方面进行提问。其应用范围广泛，可用于技术上的产品开发，也可用于改善管理等。其次，设问检查法从不同的角度、多个方面进行提问，思维方式变换灵活，利于突破框架。

设问检查法的适用范围包括各种类型与场合的创造活动，它能帮助人们突破思维与心理上的障碍，从多方面、多角度引导创新思路，从而产生大量的创造性设想。

（一）检核表法

亚历克斯·F·奥斯本（Alex Faickney Osben）原是一位广告创意人员，后来成为头脑风暴技巧研究方面专家。奥斯本创建了一个问题清单，目的是在已有想法中产生新想法，创意人员可借助一个又一个问题，一步一步地深化自己的想法。该检核表引导主体在创造过程中对照 9 个方面的问题进行思考，以便启迪思路、开拓思维想象的空间，促进人们产生新设想、新方案。奥斯本的检核表如表 5-1 所示。

表 5-1 奥斯本的检核表[5]

检核项目	含义
能否他用	现有产品有无其他用法；保持不变能否扩大用途；稍加改变有无其他用途；对产品加工还是原样
能否借用	能否引入其他创造性设想；能否模仿别的产品；能否从其他领域、产品、方案中引入新的元素、材料、造型、原理、工艺、思路
能否改变	现有产品的颜色、声音、味道、样式、花色、品种、音响、意义、制造方法等能否改变；改变后效果如何
能否扩大	能否扩大适用范围；能否增加使用功能；能否添加零部件，延长使用寿命，增加长度、厚度、强度、频率、速度、数量、价值
能否缩小	能否体积变小、长度变短、重量变轻、厚度变薄，以及拆分或移除某些部件（简单化）；能否浓缩、省力、方便、缩短路程
能否替代	能否使用其他的人或事物；是否可以使用其他元素、流程、方法；能否用其他材料、元件、结构、力、设备、符号、声音等替代
能否调整	能否变换排列顺序、位置、时间、速度、计划、型号；内部元件可否交换
能否颠倒	能从里外、上下、左右、前后、横竖、主次、正负、因果等相反角度颠倒来用
能否组合	能否进行原理组合、材料组合、部件组合、形状组合、功能组合、目的组合

（二）5W1H 法-吉卜林的检查清单

1902 年，鲁德亚德·吉卜林（Rudyard Kipling）在其著作《原来如此》中提出他的 6 个忠实的"仆人"："什么"（what）、"为何"（why）、"何时"（when）、"怎样"（how）、"何地"（where）和"谁"（who）。通过这 6 个疑问词制作清单，能够以一种系统的方法来研究工作内容，这成为营销创新的一种基本方法，该方法也称为 5W1H 法。吉卜林的检查表如表 5-2 所示。

表 5-2 吉卜林的检查表[6]

检查项目	含义
什么	我们真正销售的是什么，我们到底能给予消费者什么东西？ 我们的目标人群真正想要的是什么？ 我们的顾客面临哪些问题？他们还有哪些需求尚未得到满足？ 他们对于品牌抱有怎样的看法？ 我们想让他们对于品牌抱有怎样的看法？ 我们想通过这则广告达到什么效果？ 竞争对手的做法是怎样的？我们可以采取什么方法才能做到别出心裁？ 我们通过什么样的手段才能让消费者讨论这个品牌并形成舆论
为何	人们为什么会选择这个品牌？ 人们为什么不选择其他品牌？ 对于我们想要传达的讯息，对方为什么耐着性子听完
何时	我们什么时候推出这则广告？ 我们展示使用产品的情景、时间应该怎么设置？是过去、现在还是将来？还是某些特别的场合或重大事件？ 什么时候是我们最需要这个产品的时候？什么时候我们缺了这个产品就不行？ 什么时候是我们最不想看到这个产品的时候

续表

检查项目	含义
怎样	目标顾客对该产品有怎样的看法？对该品牌有怎样的看法？ 竞争对手对我们有怎样的看法？ 我们怎样才能以最好的方式展现出品牌的优势？ 我们怎样才能以一种出人意料的方式使用媒体？ 我们怎样才能以一种与众不同的方式来展现产品
何地	我们可以把广告放置在什么地方？ 我们可以选择何地作为展示品牌或介绍品牌的场所？ 人们认为最没有可能看到这种产品广告的地方是哪儿？ 人们认为最没有可能看到这种产品的地方是哪儿？ 产品在哪个地区会有惊人的表现？ 大家认为在哪些地方产品的功能会受到影响？或根本不会发挥作用
谁	我们真正要把产品信息传递给谁？ 我们的竞争对手有哪些？ 到底哪些人真正喜欢这个品牌？又有哪些人对该品牌有消极印象？ 我们在广告中可以设定哪些人物或角色？ 如果将这个品牌比作人，那么这个人会是谁

二、组合创新法

组合创新法指利用创新思维将已知的若干事物合并成一个新的事物，使其在性能和服务功能等方面发生变化，产生新的价值。组合创新法包括主体附加法、异类组合法、同物自组法、重组组合法和信息交合法等。

（一）主体附加法

主体附加法是指以某事物为主体，再添加另一附属事物，以实现组合创新的方法。在琳琅满目的商品市场上，可以发现大量的商品是采用这一技法创造的。例如，在电风扇中添加香水盒，在奶瓶上添加温度计，在摩托车后面的储物箱上装上电子闪烁装置等，这些采用主体附加法创造的商品都具有美观、方便又实用的特点。

（二）异类组合法

异类组合法是指将两种或两种以上的不同种类的事物组合，产生新事物的方法。

（三）同物自组法

同物自组法是指将若干相同或相近事物进组合，以图创新的一种方法。例如：在两支钢笔的笔杆上分别雕龙刻凤后，一起装入精制考究的笔盒里，称为"情侣笔"；把3支风格相同、颜色不同的牙刷包装在一起销售，称为"全家乐"牙刷。同物自组法的创造目的，是在保持事物功能和意义的前提下，通过数量的增加来弥补不足或产生新的意义和新的需求，从而产生新的价值。

（四）重组组合法

任何事物都可以看作是由若干要素构成的整体。各组成要素之间的有序结合，是确保事物整体功能和性能得以实现的必要条件。有目的地改变事物内部结构要素的次序，并按照新的方式进行重新组合，以促使事物的性能发生变化，这种方法就是重组组合法。在进行重组组合时，首先要分析研究对象的现有结构特点；其次要列举现有结构的缺点，考虑能否通过重组克服这些缺点；最后要确定选择什么样的重组方式。

（五）信息交合法

信息交合法是建立在信息交合论基础上的一种组合创新方法。信息交合论有两个基本原理：其一，不同信息的交合可产生新信息；其二，不同联系的交合可产生新联系。根据这些原理，人们在掌握一定信息基础上通过交合与联系可获得新的信息，实现新的创造。

三、TRIZ 创新方法

TRIZ 是"发明问题解决理论"（Teorija rezhija inzhenernyh zadach）的俄文简称，中文译名为萃思、萃智。TRIZ 创新方法由苏联发明家根里奇·阿奇舒勒（Genrikh Altshuller）提出的创新型问题的解决办法。这种创新方法萃取前人思想中的智慧，是富有创造性地解决问题的理论，能够进一步提升和改进人们解决问题的能力。阿奇舒勒研究了大量的发明专利，认为人们在解决发明问题的过程中，所遵循的科学原理和技术进化法则是一种客观存在，大量发明所面临基本问题是相同的，其所需要解决的矛盾从本质上也是相同的。同样的技术创新原理和相应的解决问题方案，会在后来的一次次发明中被反复应用，只是使用的技术领域不同而已。因此，将那些已有的知识进行整理和重组，形成一套系统化的理论，可以指导后来者的发明和创造。基于此，阿奇舒勒与苏联其他科学家一起，对数以百万计的专利文献和自然科学知识进行研究、整理和归纳，建立起一整套系统化的、实用的、解决发明问题的理论和方法体系。TRIZ 的来源与内容如图 5-3 所示。

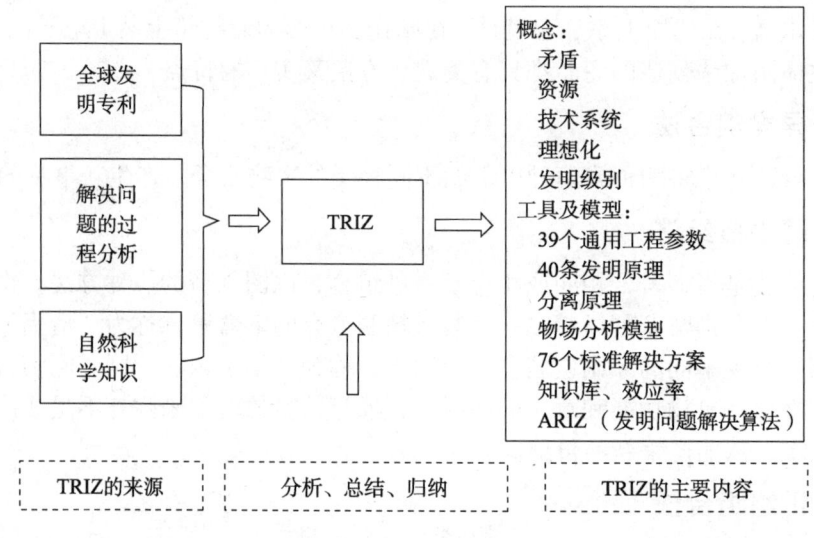

图 5-3　TRIZ 的来源与内容

创新规律和技术系统进化发展到现在，TRIZ 理论体系已经成为一个创新的平台，而非用于某个单一应用领域。利用它可以解决技术问题，产生创新的解决方案；可以规避或者增强专利，进行专利布局，可以用于新产品规划布局；等等。[7]

TRIZ 理论强调技术系统一直处于进化之中，即一直处在不断地更新和发展变化之中。不论人们是否真的了解技术系统，技术系统始终都在客观地进化着、变化着。了解和掌握技术系统的变化特点，对于设计者进一步开发出更加先进的技术产品很有帮助，能够进一步提升产品的核心竞争力。同样，对于一个具体的技术系统来说，人们对其子系统或元件不断地进行改进，可以提高整个系统的性能，这是个不断改进的过程。

本章知识点

1. 创新思维的发展要素：发散思维、直觉思维、形象思维和批判性思维。
2. 创新思维的培养方式：具身体验式学习、动态系统化学习和创造性参与式合作学习。
3. 实验学习法的特点：探索性、实践性、动态性和综合性。
4. 创新思维基本方法：形象思维、逻辑思维、方向性思维、批判性思维和系统思维。
5. 创新思维基本方法在实验学习法中的应用。
6. 创新基本方法：设问检查法、组合创新法和 TRIZ 创新方法。

思考题

1. 在实验学习法中创新思维的重要性体现在哪些方面？
2. 如何培养批判性思维能力？
3. 在实验学习法中应用形象思维的优点是什么？
4. 举例说明组合创新法的应用。

小训练

背景：浙江某民营集团公司下属商贸分公司，经营超市 5 家，经营品种以生鲜食品、传统食品、日用日化品为主，总营业面积 15 000 m^2；百货 1 家，主要经营业种为服装针织、皮具、皮鞋、化妆品、小吃，营业面积 500 m^2；正在筹备中的购物中心 20 000 m^2。

问题 1：经过统计，商贸公司 2022 年 9 月至 2023 年 3 月的销售，总体毛利率不到 8%，注意此毛利率是在公司无低毛利的家电以及百货毛利率近 20%的基础上产生的总体毛利率。相对于市场状况以及竞争对手来讲，此毛利率偏低，从中反映了占销售比重近 80%的超市经营毛利不正常。

问题 2：经过进一步的市场调查，针对超市每个业种安排如表 5-3 所示数量的市场调查（按销售数量排名），得出以毛利率数据比较值。

表 5-3 中，甲连锁店为一国营零售企业，在本地有 34 家连锁店，拥有诸多食品、日化产品的代理批发权；乙连锁店为一民营连锁零售企业，现有 18 家分店，拥有部分食品、日化产品的批发代理权；丙为一家 200 m^2 左右的便利店。

表 5-3　市调毛利率数据分析表

业种	市调数量/个	超市/%	甲连锁店/%	乙连锁店/%	丙便利店/%
生鲜	150	3.3	4.5	5.2	8.6
食品	200	4.8	6.2	6.8	7.2
日用日化	200	5.3	6.3	7.8	8.9
整体毛利率	—	5.5	8.3	8.9	12.5

将市场调查数据进行进一步分析，发现价格问题——进价比竞争对手售价高的情况如表5-4所示（先忽略在正常供价基础上零售价格异常状况）。

表 5-4　单品价格比较表

业种	单品/个	比甲高/种	比例/%	比乙高/种	比例/%	比丙高/种	比例/%
生鲜	150	12	8	7	4.7	0	—
食品	200	41	20.5	22	11	6	3
日用日化	200	25	12.5	12	6	3	1.5

意识到问题的严重性，公司紧急召开了采购人员的专项会议，要求各采购主管在规定时间内（一周）针对以上问题做出解释并及时与供应商谈判，希望能得到实质性的解决。一周过去后，供价问题依然没有得到明显的改善，高出比例依然居高不下，总结各采购主管的解释，主要如下。

（1）甲、乙对手拥有诸多敏感商品的控制权，近水楼台先得月，他们有权利及有实力进行降价。

（2）公司政策对于供应商的通道利润要求过高，厂商在无奈情况下，只有提高供价，保持其基本利润，如果要求供应商降价，只有舍弃部分通道利润才可行。

（3）公司要求的经营方式过于呆板，竞争对手部分商品是从批发市场上进行铲货来冲击市场，而公司没有此先例，都是以正常方式进行经营。

（4）公司的付款方式问题：由于现金进货与押款进货的供价有区别，但是公司最低的付款要求为7天付款，因此在价格上没办法降低。

（5）竞争对手的恶意竞争行为：牺牲利润，亏本赚吆喝。

针对以上解释，公司明确回复：如果在有把握的情况下，以上由公司自身原因造成供价高的问题，可以放宽尺度与供应商进行交涉。但以上问题是主要的原因吗？还是有其他更重要的原因？

鱼骨图分析方法训练：利用鱼骨图，分析这个问题产生的根本原因。

本章参考文献

[1] 董黎明，焦宝聪. 创客教育中创新思维发展要素模型构建[J]. 开放学习研究，2020，25(5)：14-22.
[2] 王容花. 具身创造力的内在理路与培养样态：以大学生创造性思维训练为例[J]. 现代大学教育，2021，37(2)：24-30.

[3] 黄蔚.《市场实验设计》课程的创建：论现代实验设计技术在市场研究中运用的理论化与体系化[J]. 统计教育，2002(5)：20-22.

[4] 刘萍，等. 行政管理学[M]. 北京：经济科学出版社，2008.

[5] 谭俊华. 营销策划[M]. 2版. 北京：清华大学出版社，2017：16-17.

[6] 马洪. 创意思维[M]. 北京：中国青年出版社，2012：92-93.

[7] 周蕾. TRIZ创新方法融入高校创新创业教育的路径探析[J]. 创新创业理论研究与实践，2020，3(19)：154-155.

第六章

环境与市场分析实验——基于问卷调查信息分析

本章概要：

本章目的在于通过进行改变环境与市场要素变化的各种小实验，实践相关理论和方法的应用。同时，进一步梳理并加深对应用过程的理解和记忆，身临其境地感受应用过程中场景变化的多因素交织的复杂性，并分析研究方法和工具使用的有效性等。

第一节 环境与市场分析基本要素概述

一、环境与市场概述

（一）环境的概念

环境是指主体周围的地方、事物、情况和条件等，这些地方、事物、情况和条件不同程度地影响和制约主体的生存和发展，即为影响主体的外部因素的总和。这个主体可以是一个人、一个公司、一个国家，或是一个市场等。站在微观市场营销管理的角度来看，公司的市场营销环境是指与营销管理活动有关的各种影响因素的集合。

扩展阅读 6-1

在进行营销管理决策时，根据环境与公司关系的紧密程度可以分为外部环境（包括宏观环境和微观环境）和内部环境。外部环境的客观存在，不以人的意志为转移。宏观环境也称为间接环境，微观环境也称为直接环境或是市场环境，通常宏观环境通过微观环境发挥影响公司内部环境的作用。环境间关系可以用图6-1来表示。

扩展阅读 6-2

（二）市场的概念

对市场概念的认识和理解是进行营销决策与管理的首要基础问题。随着生产力的发展、社会分工的专业化及商品生产和交换的推进市场逐渐产生和发展。市场不仅是商品经济运行的载体，也是其现实中的表现，主要体现在相互联系的4个方面：①商品交换场所或领域；②产品的所有现实买主和潜在买主的总和；③买主与卖主力量的结合（即商品供求双方的力量相互作用的总和）；④商品生产者和商品消费者之间各种经济关系的总和。

市场可以根据管理决策的需要，使用不同的分类标准，得到不同的类型，常见的分类见表 6-1。当然，划分标准还可以组合使用，形成更多的分类情况。例如：按照国域+地理位置对中国市场进行分类，可以得到中国的东部市场、西部市场和中部市场等；按照洲域+地理位置对亚洲市场进行分类，可以得到东亚市场、南亚市场、中亚市场和西亚市场等。

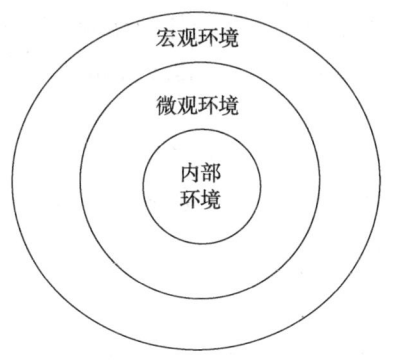

图 6-1 环境间关系示意图

表 6-1 常见市场类型

序号	划分标准	类型
1	地理位置	南部市场、北部市场、东部市场、西部市场等
2	洲域	亚洲市场、欧洲市场、美洲市场、非洲市场等
3	国域	中国市场、俄罗斯市场、英国市场、南非市场等
4	竞争状况	完全竞争市场、完全垄断市场、垄断竞争市场、寡头垄断市场
5	购买者	消费者市场、生产者市场
6	产品物质性	有形产品市场、无形产品市场
7	商品属性	一般商品市场（消费品市场、生产资料市场）、特殊商品和服务市场（金融市场、技术市场、劳动力市场等）
8	商品功能功效	汽车市场、服装市场、家电市场、通信市场、珠宝市场、医药市场等
9	经营产品组合	综合市场、专业市场
10	渠道长度	一级市场、二级市场、三级市场、四级市场等

站在市场营销管理决策的角度，还可以认为市场是具有特定需求（需要和欲望），且愿意并能够通过交换来满足这种需求的全部顾客（包括现实顾客和潜在顾客）。那么，市场应该是由 3 个主要要素所组成：

市场 = 人 + 购买力 + 购买欲望

由此可见，无论是哪种类型的市场，都是由人所组成，都应该是由想买东西并具有购买力的人所组成。人的购买行为过程和结果显示了市场的绝对动态性和相对静态性。人的购买力和购买欲望不断地受其身所处的环境影响而发生变化，导致了市场的千变万化。

二、市场营销环境与市场分析基本要素

公司为了更加有效地制定营销战略与策略，即利用内部环境条件去影响顾客的购买需求，就必须系统分析和了解宏观环境和微观环境是如何影响顾客需求变化，以及顾客

的需求变化会因为外部环境的影响朝着哪个方向变化,环境中哪个要素起到了主导作用等。因此,常见 PEST 分析和 SWOT 分析,其根本在于找到影响顾客需求变化的重要影响因素。

市场营销宏观环境可以从人口环境、经济环境、自然环境、科学技术环境、社会文化环境和政治法律环境六大类去系统考虑,每个宏观环境下又有许许多多影响因素所构成,见表 6-2。

表 6-2 市场营销宏观环境影响因素

序号	大类	因素
1	人口环境	总规模、增长速度、年龄结构、性别结构、家庭结构、受教育程度结构、城乡结构、地理分布或密度和流动性等
2	经济环境	社会经济发展水平、经济发展阶段、人均国民收入、个人可支配收入、个人可任意支配收入、消费支出结构和储蓄或信贷等
3	自然环境	自然资源禀赋、地理位置、气候条件、地形地貌和环境保护等
4	科学技术环境	生产力水平、技术研发能力、研发投入和专利转换效率等
5	社会文化环境	语言、文字、民族特征、风俗习惯、喜好、教育水平、价值观、宗教信仰和伦理道德等
6	政治法律环境	政治制度、政局稳定性、政治态度、政府间关系、政府机构设置、国家政策、法律法规和压力集团等

市场营销微观环境的影响因素可以从供应商、营销中介、竞争者和公众等方面加以认识。其具体的影响因素见表 6-3。其中,营销中介包括物流公司、广告公司、调研咨询公司、银行等。当然,市场营销微观环境中还包括消费者和中间商,但是这两者正是需要研究受影响后其变化情况的对象。

表 6-3 市场营销微观环境影响因素

序号	划分标准	类型
1	供应商	数量、规模、资源拥有、信誉、生产能力、盈利能力和技术水平等
2	营销中介	业务范围、信誉、盈利能力、技术水平和砍价能力等
3	竞争者	竞争地位、竞争结构、竞争程度和产品或服务的差异性等
4	公众	态度、偏好、关系和影响力等

根据以上所述内容,可以得到影响需求的各个因素。例如,人口环境中的人口总规模可以显示影响需求的总体体量大小,人口地理分布或密度可以影响需求量的地理分布差异。自然环境中的气候条件可以影响需求内容,雨季防雨的商品需求增加,如雨伞、雨鞋等,甚至是房屋防渗漏商品等。营销中介中的物流公司服务质量的好坏会影响消费者购买决定。例如,网购中经常发生的快递公司服务不好导致消费者撤单或是退货等。公众的态度也会影响消费者的决定,这就是电商平台非常注重购后的评价信息的原因。因此以下通过设计几个小实验,以便加强对环境影响消费需求的认识体验。

第二节　大米消费需求影响实验设计

经济环境中影响消费需求的因素有许多，如表 6-2 所示，包括社会经济发展水平、经济发展阶段、人均国民收入、个人可支配收入、个人可任意支配收入、消费支出结构和储蓄或信贷等。在不同的环境条件下，这些影响因素既可以单独起作用影响消费需求，从而影响市场规模和结构等；也可以是多个因素共同作用、综合影响。

同时，虽然经济环境中的各个影响因素可以独立发挥作用，但是往往又会与人口环境中的因素结合共同发挥作用。例如，一般来说，个人可支配收入越高其购买能力越强，但是这是在家庭人口总数和有收入的人数一定的情况下才成立，因为家庭中人口越多或家庭结构情况可能稀释个人可支配收入。而家庭中有收入的人越多，往往个人可支配收入就越高。因此家庭个人人均可支配收入是直接影响消费需求的因素。

扩展阅读 6-3

经济发展阶段或者社会经济发展水平，不仅可以通过国内生产总值（gross domestic product，GDP）等宏观经济指标情况来体现，也可以用社会消费者需求量、投资量和价格水平等变化来说明。后者更能直接体现消费需求水平的变化。一个社会的物价水平不仅可以体现经济周期阶段特征，也可以从侧面显示个人可支配收入水平。根据恩格尔定律，随着家庭总收入的增加，用于家庭生活必需品的支出占总收入的比重（恩格尔系数）会下降。在物价上涨，而个人可支配收入不变的情况下，消费者会感觉似乎个人可支配收入在下降，消费欲望下降，消费购买力也下降。

扩展阅读 6-4

消费者需求量与价格水平往往遵循"需求法则"。因此，本节通过设计小实验，获取某一大众商品的需求量（在此为消费量）的影响因素特征，从而找到该商品价格调整或是新产品推入市场定价的依据。

一、研究背景

中国是世界人口第二大国，是全球大米产量和消费量第一大国。大米已经成为 14 亿多中国居民生活中不可或缺的商品，属于生活必需品中的快速消费品。据腾讯新闻报道，世界上最贵的大米，不是日本的金芽米，也不是泰国的香米，而是中国的景阳富硒米。中国的顶级大米有 5 种：首先是景阳镇的富硒米一年一季，使用山泉水灌溉，独特的自然气候使得该地的大米售价高达 8400 元/斤，成为世界顶级大米终结者；其次是万年贡米，经过拍卖高达 6900 元/斤；再次是御田胭脂米，原产于河北丰南王兰庄，如今几乎灭绝，作为稀有品种，上市价格 2000 元/斤；然后是北大荒"头米"，在黑龙江的竞拍现场被以 1888 元/斤的价格拍下；最后是响水贡米，在唐代以来作为皇帝专用，价格为 500 元/斤。常见的大米价格在 3 元/斤上下波动，高价大米的产生，体现了居民大米消费需求日益多样化，居民越来越注重大米消费的质量而非价格。根据中商情报网公布的数据显示，2020年，中国大米的产量和消费量分别为2.12亿吨和2.04亿吨，其中居民消费1.49万吨。生产量连年波动，消费量总体呈现逐年上涨趋势，见表6-4。其中，消费量包括居民消费量、饲料消费量和工业消费量，居民消费量占稻谷消费总量的70%以上。

表6-4　中国稻谷生产及消费量　　　　　　　　　　　单位：亿吨

年份	生产量	消费量
2014	2.10	1.82
2015	2.12	1.83
2016	2.11	1.85
2017	2.13	1.91
2018	2.12	1.92
2019	2.10	1.94
2020	2.12	2.04

资料来源：中商情报网 www.askci.com2021

随着居民收入的增加，人民生活水平的不断提高，大米消费量增速呈现逐渐下降态势。其主要原因是居民的粮食消费结构发生改变，尤其是千禧一代消费观念的变化。同时，中国的畜牧业强力发展，已经成为世界猪肉、鸡肉和鸡蛋最大的生产国，奶业、水产业也长足发展。这种消费观念和生产结构上的变化，导致大米消费需求减少，而猪肉、鸡肉、鸡蛋、奶和豆制品的人均年消费量逐年增加。

根据《中华人民共和国国家标准：大米（GB 1354—2009）》，将中国产水稻分为籼米、粳米和糯米三大类。根据其播种期、生长期和成熟期的不同，又可分为早稻（125天以内）、中稻（125～150天）和晚稻（150天以上）三类。根据米质黏性大小的不同，可以分成粘稻和糯稻。大多数粘稻的胚乳中含有15%～30%的直链淀粉和70%～80%的支链淀粉；而糯稻中则只有支链淀粉，不含或很少含直链淀粉。支链淀粉含量越高，直链淀粉含量越低，其米质黏性越大，口感越好。籼米和粳米中都分别有粘稻和糯稻品种，因此籼型糯性稻和粳型糯性稻的大米是受居民消费喜好的大米类型。

中国的水稻种植地理范围较广，包括了从东北的黑龙江到西北的新疆，以及中部的河南到南部的海南等地区，而且往往以其原产地命名（表6-5）。不同地方出产的大米口感、口味和营养物质含量等差异较大。

表6-5　中国大米及产地

序号	产地	品名	特点
1	黑龙江省五常市	五常大米	色泽清透、饭粒油亮、口感香糯
2	辽宁省东港市	柳林贡米	优质晚粳稻，国产越光大米
3	河南省原阳县	原阳大米	蛋白质、铜、铁、钙等微量元素含量高于泰国香米
4	新疆米泉县（现米东区）	米泉大米	各种营养素含量较高，出口中亚地区
5	河北省丰南王兰庄	御田胭脂米	稀有、暗红色、清香、细腻油亮、口感弹软滑嫩
6	辽宁省盘锦市	盘锦大米	晶莹饱满、胶稠度高、饭粒油润、口感清香滑腻
7	宁夏回族自治区	宁夏珍珠米	油润、富含蛋白质和脂肪等，饭粒晶莹、口感香粘

续表

序号	产地	品名	特点
8	云南省允午村	遮放米	稀有、清香怡人、口感软糯
9	黑龙江省渤海镇	响水贡米	绿色食品
10	江西万年县	万年贡米	细长如梭、米色似玉、饭粒质软浓香、蛋白质含量高、富含维生素B等微量元素
11	河北省涿州市	涿州贡米	富含蛋白质、脂肪、氨基酸及锌、铁、钙、磷等，饭粒香甜软滑黏
12	江苏省北部	苏北软香稻米	饭粒软糯、细腻柔嫩、爽滑黏而不腻
13	广东省增城县（现增城区）	南方丝苗米	饭粒香气浓郁、口感柔软、软硬适中、油脂丰富
14	广东省曲江县马坝（现曲江区）	岭南油粘米	米粒细长、饭粒香滑软熟、口感柔韧、油性十足

二、研究目的

虽然中国的稻谷年产量高于需求量，如表6-4中显示，2019年生产量为2.10亿吨，消费量为1.94亿吨。但是随着居民收入的增加和生活水平的提高，中国对大米品种的需求也逐渐增多。例如，做扬州炒饭要用软香稻米，一般焖饭要用东北五常大米才有最佳口感。同时，质量要求不断提升，以保证口感的优质、营养的均衡。因此，大米的进口也成为品种的补充，如泰国香米等。近年来中国大米的进口量变化情况见图6-2。

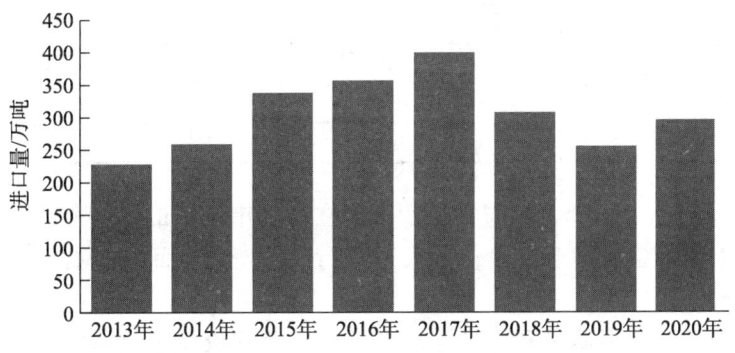

图6-2 中国大米进口量变化情况

从图6-2可见，2017年以后，中国大米进口量下滑，但是3年平均仍然达到254.6万吨。根据中国海关信息资料显示，从进口额来看，排前5进口国为泰国（3.5亿美元）、越南（2.4亿美元）、巴基斯坦（2.3亿美元）、缅甸（2亿美元）和柬埔寨（1.71亿美元）。

近年来，中国大米市场上的消费需求出现了前所未有的新变化，大米不再仅仅是为了填饱肚子而购买的生活必需品，而是显示出消费群体之间差异和不同生活方式的迹象，预计未来大米消费市场将呈现出不同档次的消费趋势。

本研究的目的在于得到目前影响日常生活消费的必需品（大米）消费需求的因素特征，尤其是大米消费在被赋予了现实生活方式的需求后，厘清其影响因素与消费量关系呈现的新规律。

三、研究问题

日本产优质大米就是大米的高端商品代表。在中国政府解除了日本农产品进口的禁令以后，中粮集团与日本全农（Japan Agricultural Co-operatives，JA）联手合作，将日本的优质大米重新大规模引入中国市场，以满足中国居民不断提高的生活水平需求。

据调查显示，线下和线上零售店均有日本产大米销售。实验利用京东和田子坊瀛之粮品平台，收集了具有代表性的大米品种销售信息资料（包括中国产优质米代表和目前在中国市场上销售的日产较多的品种）。对大米零售价格整理发现，同一品牌的大米，新陈程度等不同零售价格差别很大，当然这也与大米的品种、质量和口感等有着密切的关系。从包装来看，国产大米包装为 5000 g 以上居多，进口的日本大米大多呈现小包装 2000 g 的形式，详情见表 6-6。

表 6-6 大米零售价格比较

产地	品名	价格/元·kg^{-1}
黑龙江省五常市	五常大米	12.5～25.8
辽宁省盘锦市	盘锦大米	22.5～33.0
江苏省北部	苏北软香稻米	11.0～12.8
广东省增城县	南方丝苗米	6.6～19.3
广东省曲江县马坝	岭南油粘米	7.2～14.0
日本新潟县	越光米	67.5～216.5
日本秋田县	秋田小町	78.0～159.5
日本三重县	瀛之光	99.0～109.0
日本北海道	梦美人	163.5～214.5

由表 6-6 可知，中国产大米与日本产大米在中国市场上的销售零售价差别很大。那么，中国市场上的消费者对于高价位的大米进行高消费的空间究竟有多大？这是一个非常有趣而现实的问题。

在"价位"下隐含了质量和品牌等因素，研究不同价位下消费需求的变化规律，还应该包括价值观等影响因素。

四、实验设计

（一）实验准备

（1）组织准备。将学习者分成 3～6 人一组，至少形成 3～5 个实验组，获得对照组，以便检验实验的误差是否符合要求。

（2）实验假设。国家统计局公布的中国城镇和农村居民的人均可支配收入数据显示，2020 年均值分别为 43 834 元和 17 131 元，中位数值分别为 40 378 元和 15 204 元，除湖北和港澳台地区以外平均

扩展阅读 6-5

年增长速度为5.61%（3.88%、7.35%），因此假设：

Ⅰ目前的家庭（个人）人均可支配收入下购买不同价格区间大米的量（意愿）；

Ⅱ家庭（个人）人均可支配的收入增加10%购买不同价格区间大米的量（意愿）；

Ⅲ家庭（个人）人均可支配的收入增加20%购买不同价格区间大米的量（意愿）；

Ⅳ家庭（个人）人均可支配的收入增加30%购买不同价格区间大米的量（意愿）。

（3）问卷设计。问卷主要包括3个组成部分：一是问卷说明，二是被调查者基本情况，三是大米消费需求在不同的假设条件下的购买量或意愿。

（二）实验过程

（1）实验过程总体描述。实验过程包括12个步骤。即确定实验主体、确定实验主要内容、确定实验对象、调查问卷设计、调查平台选择、预调查、正式调查、实验合格判定、统计描述、调查检验、数据分析直至撰写出实验报告。具体流程见图6-3。

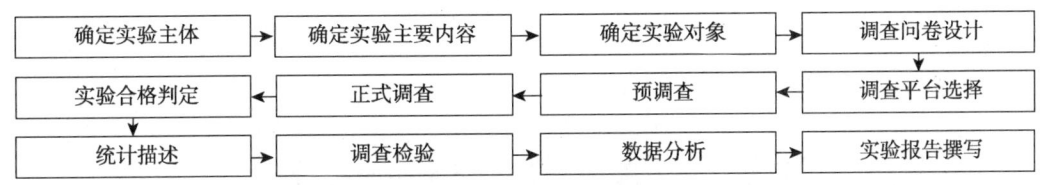

图6-3　实验过程流程图

（2）确定实验主体。大米是生活必需品中的快速消费品，其消费总量呈逐年上涨趋势。随着居民收入的增加和人民生活水平的不断提高，粮食消费结构发生改变，尤其是千禧一代的消费新观念大行其道，居民的大米消费量增速呈现逐渐下降态势。因此选择大米作为实验主体进行研究。

（3）确定实验主要内容。实验的主要内容为调查研究影响大米消费需求的因素，以及各因素的影响基本情况，同时会得到大米消费群体的统计描述性特征。

（4）确定实验对象。本实验调查的对象为22周岁以上且有固定收入的人群。一方面，处于该年龄段的人群较有可能参与到个人或家庭的物资采办过程中；另一方面，有着固定收入会倾向于自行采购如大米之类的生活必需品，有着对家庭消费情况的基本把握。

（5）调查问卷设计。调查问卷分为四大部分，即被试者筛选条件、被试者所站角度、被试者基本信息和大米消费影响因素（详见本章附录）。根据实验对调查对象的要求，确定筛选条件和作答角度的题项设计；主要从家庭结构、月均收入、地理位置等方面了解被试者基本信息。在每个影响因素下从不同角度和层面设置题项，形成探究各因素对大米消费的影响研究系统。

（6）调查平台选择。首先，要考虑调查研究获得信息的地理范围。本次研究在全国范围选择实验调查对象。其次，要考虑调查平台对调查对象的控制质量，以保证调查对象对调查工作的负责程度。因此，本实验选用见数（Creator of Data and Model，Credamo）平台进行。

（7）实验预调查和正式调查。第一步，进行预调查，以获得相关调研经验，有助于对调查过程控制方案和问卷内容设计等进行优化。第二步，进行正式调查。

（8）实验合格判定。该步骤是对获得的问卷进行合格判定。第一，对不符合本次调查对象选择设计范围的问卷进行剔除。例如，年龄和收入范围是否有不符合要求项等。第二，检查回答结果的逻辑性。例如，在回答"无论家庭/个人的收入提高多少，都不会购买价格更高的大米"时选择的是"非常同意"选项，则在回答其他有关收入提高不同幅度的问题时都应当选择"非常不同意"或"比较不同意"选项。再如，在进行价值观因素的选择时，如果出现两个以上"非常同意"等相同选项者视为不合格问卷。

（9）统计描述。这一步骤是对获得的调查数据进行统计性描述。可以利用表格或者饼状图、直方图等形式展示出被试者基本特征，详见本章第三节。

（10）调查检验。调查检验是对调查问卷和获得的数据资料进行检验，判断调查获得的信息资料误差是否控制在可接受范围内。一般包括对被调查者基本情况部分的检验和调查主要内容的检验。常用列联分析、KMO 检验和巴特利特球形检验等。详见本教材第四章第四节。

（11）实验数据分析和报告撰写。对实验数据进行分析是获得研究结果的重要工作。可以根据研究要求选择不同的分析方法和模型。详见本教材第四章第一节和第二节。

第三节 大米需求影响情况分析

一、调查样本基本特征分析

预调查，首次发放、回收和分析了 50 份问卷。根据预调查的过程控制、调查获得信息数据满足实验预期等情况，对问卷内容和调查过程控制方案进行调整优化形成正式调查方案。

正式调查共发放问卷 383 份，回收 383 份，回收率为 100%。通过剔除逻辑性等问题的无效问卷后，本次调查获得合格问卷 304 份，合格率为 79.37%。

（一）区域特征

本次调查的样本来自全国 26 个省、自治区、直辖市，如图 6-4 所示。

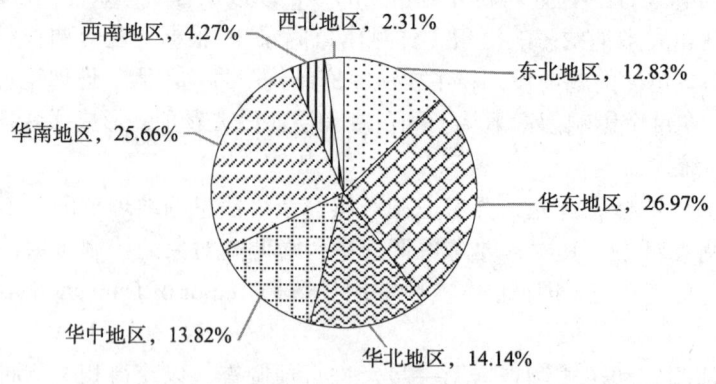

图 6-4　调查样本区域分布统计

从地理区域角度看，调查样本分布于东北、华北、华东、华中、华南、西北、西南七大区域，其中华东地区的样本量占比为 26.97%，华南地区占比为 25.66%、华北地区为 14.14%，华中地区为 13.82%，东北地区为 12.83%，西南地区为 4.27%，西北地区为 2.31%。

（二）个人特征

被调查者的职业特征分布如图 6-5 所示。国家所公布的职业分类八大类别中，本次实验的调查样本包括七大职业，军人职业除外。其中社会生产服务和生活服务人员、专业技术人员两类职业占比较高，分别为 38.82% 和 35.53%。因此调查样本中的职业主要分布于社会生产和生活服务和专业技术中，而办事人员和相关人员、不便分类的其他人员较少。

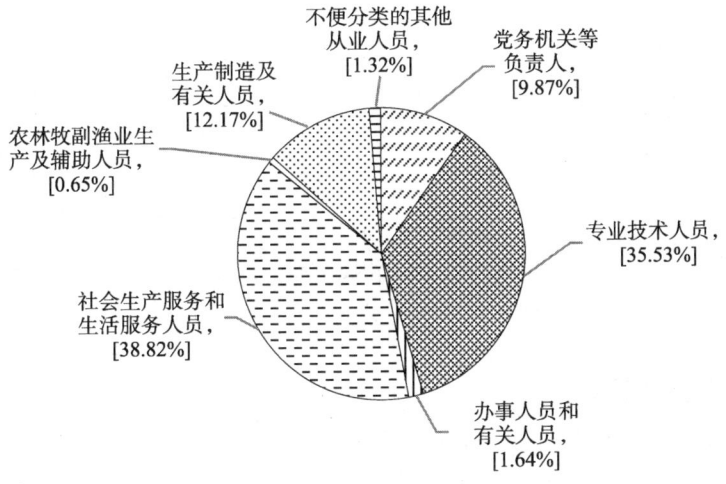

图 6-5　职业特征分布

被调查者的性别结构显示，男性占样本总数的比例为 63.82%，女性占比为 36.18%，因此本次调查中男性多于女性。年龄特征分布见图 6-6，样本被调查者的年龄基本分布于各个阶段，但是以 30～39 岁的中青年人数居多，占比为 55.59%。其他年龄段中，20～29 岁为 118 人，占比 38.82%；40～49 岁为 12 人，占比 3.95%；50～59 岁为 5 人，占比 1.64%。

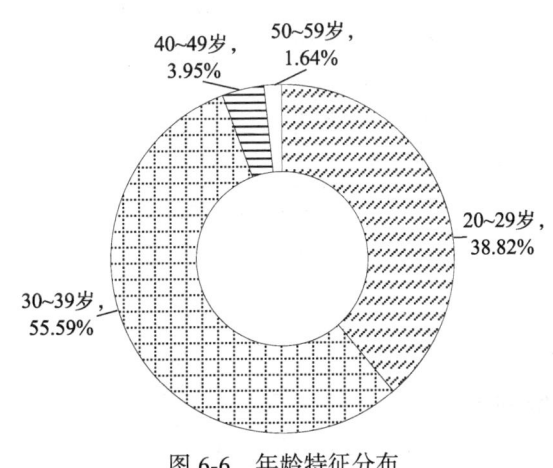

图 6-6　年龄特征分布

(三)收入特征

被调查者的收入水平(图6-7),5000元及以下的有34人,占比为11.18%;5001~10 000元的有120人,占比39.47%;10 001~15 000元的有59人,占比为19.41%;15 001~20 000元的有43人,占比为14.14%;而月均收入为20 000元以上的被调查者数量较少,共48人,占比合计为15.8%。因此,大部分被调查者的收入处于5001~15 000元的范围内。

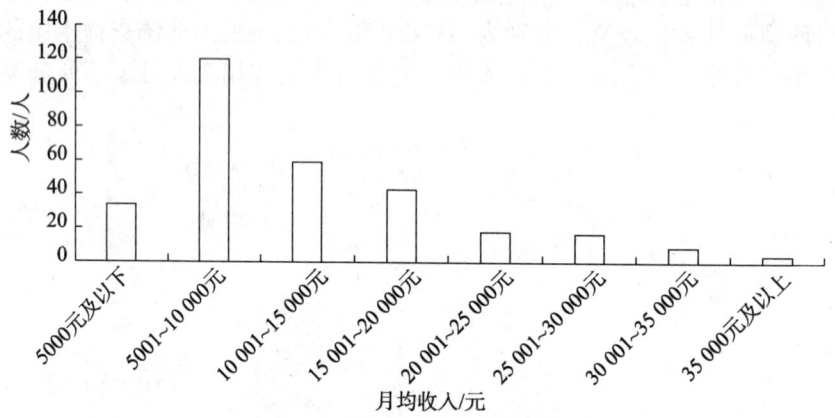

图6-7 月均收入的人数分布统计

(四)大米消费特征

在调查月消费大米量占粮食总消费量的比例中(即月消费大米程度,后简称),"基本没有大米消费"的人数为零,说明大米是粮食消费中的必要选择;而且全部以大米为主食的占比也较小,显示出中国居民主食品种的多元化消费特征。具体情况如图6-8所示。

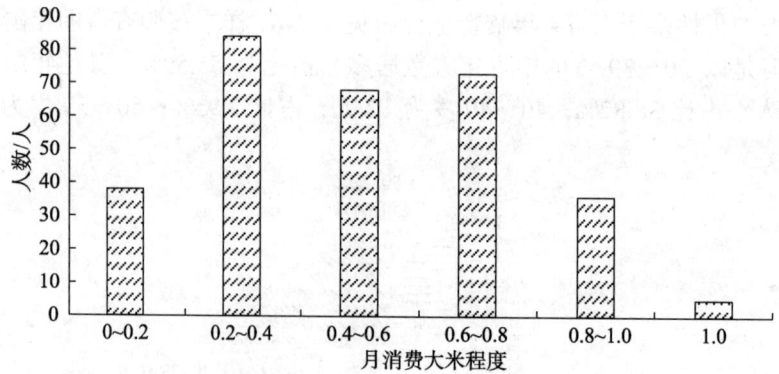

图6-8 月消费大米量占粮食总消费量的人数分布特征

二、实验数据检验

(一)量表信度检验

通常情况下,由量表题项的调查问卷必须进行信度分析和效度分析,以证实调查可靠有效，确保调查问卷的质量。

根据通过合格判定的数据，需对其进行信度分析，来检验收集的数据的可靠性。常用的信度分析的测量方法为克隆巴赫系数。

对样本数据中22个题项的总体信度进行检验，整体克隆巴赫系数为0.795（见表6-7），说明各题项内部一致性较好，数据具有良好的可信度。

表6-7 数据整体信度评估结果

克隆巴赫系数	项数
0.795	22

对样本各分量表的信度进行检验。首先，价值观的克隆巴赫系数为0.352（见表6-8），内部一致性最差。进一步分析发现，价值观的测量问题中"V2：经常会购买更便宜实惠的大米"同其他题目的内部一致性较差，因此在设计价值观量表时，应保证题目设计或被调查者的选择逻辑具有一致性。其次，可以看出产地的克隆巴赫系数为0.447，主要由于"L3：会经常购买日本进口优质大米（如梦美人、越光米等）"和"L4：会经常购买东南亚进口优质大米（如泰国香米、柬埔寨香米等）"两个问题，设计了被中国居民较早且广泛了解的特定产地的大米的经常购买程度两个问题，两个指定地区的问题的内部一致性差异较大，导致产地的克隆巴赫系数较低，详见表6-9。

表6-8 各分量表的信度评估

类别	克隆巴赫系数	项数
产地	0.447	4
绿色	0.697	5
收入	0.742	7
包装	0.573	2
价值观	0.352	4

表6-9 产地各问题的方差

类别	克隆巴赫系数
L1	0.441
L2	0.633
L3	1.424
L4	1.502

对样本数据中22个题项的整体信度进行检验，结果如表6-10所示。从中可以看出，删除特定题项后的克隆巴赫系数同整体的克隆巴赫系数无明显差异，因此无须对原问卷题项做改变。总体信度大于0.7，说明该样本数据可用于进行后续分析。

表6-10 整体信度检验表

序号	题项	校正题项与总体相关性	题项删除后克隆巴赫系数
1	L1：会考虑大米的产地差异或大米类型	0.327	0.789
2	L2：会经常购买某一特定国内产地大米	0.157	0.796
3	L3：会经常购买日本进口优质大米（如梦美人、越光米等）	0.373	0.786
4	L4：会经常购买东南亚进口优质大米（如泰国香米、柬埔寨香米等）	0.365	0.786
5	G1：会关注大米的食品安全问题	0.272	0.791
6	G2：对安全食品分类有一定的了解（如有机、绿色、无公害等）	0.193	0.794
7	G3：经常购买通过有机认证的大米	0.506	0.779
8	G4：经常购买通过绿色认证的大米	0.432	0.784
9	G5：经常购买通过无公害认证的大米	0.366	0.787
10	I1：如果家庭/个人的收入提高10%，会购买价格更高一个价格区间的大米	0.506	0.777

续表

序号	题项	校正题项与总体相关性	题项删除后克隆巴赫系数
11	I2：如果家庭/个人的收入提高20%，会购买价格更高一个价格区间的大米	0.568	0.773
12	I3：如果家庭/个人的收入提高30%，会购买价格更高一个价格区间的大米	0.657	0.768
13	I4：如果家庭/个人的收入提高40%，会购买价格更高一个价格区间的大米	0.629	0.769
14	I5：如果家庭/个人的收入提高50%，会购买价格更高一个价格区间的大米	0.532	0.776
15	I6：无论家庭/个人的收入提高多少，都会偶尔购买价格更高的大米	0.191	0.795
16	I7：无论家庭/个人的收入提高多少，都不会购买价格更高的大米	−0.275	0.819
17	P1：大米外包装的美观很重要	0.426	0.782
18	P2：大米外包装的便携性很重要	0.485	0.780
19	V1：经常购买高品质的大米	0.404	0.784
20	V2：经常会购买更便宜实惠的大米	0.310	0.791
21	V3：愿意接受他人或相关机构的推荐	0.071	0.802
22	V4：非常关注大米的产地及品牌	0.090	0.801

（二）量表效度检验

效度是指所测量到的结果反映所想要考察内容的程度。效度分析的目的是研究题项是否有效地表达研究变量而进行的检验。

效度分析通常用 KMO 检验和巴特利特球形检验进行。因此，本实验对样本数据中 22 个变量进行 KMO 检验和巴特利特球形检验。如表 6-11 所示，问卷所有题项的 KMO 值为 0.794，巴特利特球形检验 $P = 0 < 0.05$，说明问卷整体具有良好的效度。

表 6-11　KMO 检验与巴特利特球体检验结果

KMO 检验	巴特利特球形检验		
	近似卡方	自由度	显著性
0.794	2328.408	210	0.000

三、各因素间影响情况分析

（一）各因素间关系分析

大米需求受到产地（local）、绿色（green）、收入（income）、包装（pack）和价值观（value）的影响，且各因素间也存在相关关系。结构方程模型是一种建立、估计和检验因果关系模型的方法，可同时处理多个因变量，广泛应用于心理、行为、教育和社会科学等学科领域。多种不同类型因素影响着居民大米需求，为探究各因素间的关系，构建了大米需求的结构方程模型。

首先设计了初始的大米需求结构方程模型，详见图 6-9。然后将收集到的 304 份数据代入结构方程模型，利用 Amos 21.0，因数据呈正态分布，所以采用最大似然估计法进行计算。运算后，发现虚线部分的路径显著性最差，将虚线剔除后，得到最终模型。

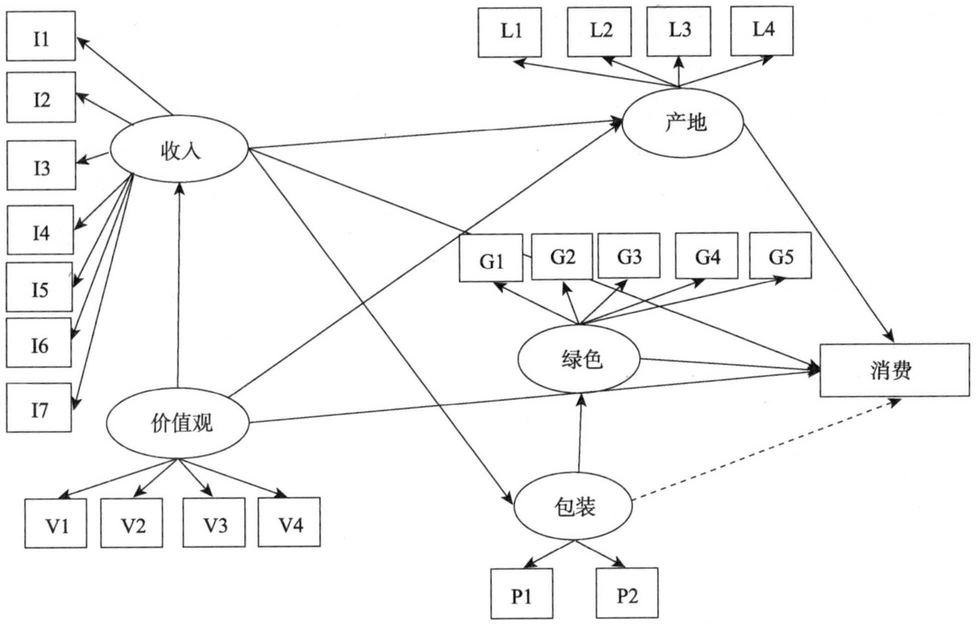

图 6-9 初始大米需求的结构方程模型

模型修正后再次导入 Amos 21.0 进行运算,得出观测变量的非标准回归系数,详见表 6-12。从表中看出,除价值观到消费需求的路径的显著性大于 0.05 外,其余路径的显著性均小于 0.05,表明路径系数基本通过了显著性检验;从模型适配度指标看,卡方值与自由度比超过 5,表明模型需要修正;适配度指数大于 0.8,略小于 0.9,在合理范围内,表明模型适配度尚可(见表 6-13)。

表 6-12 非标准回归系数表

变量	路径	变量	Estimate	S.E.	C.R.	P
Income	←	Value	−0.122	0.062	−1.969	0.049
Pack	←	Income	−1.359	0.315	−4.316	***
Local	←	Income	−0.231	0.094	−2.456	0.014
Green	←	Pack	0.199	0.046	4.363	***
Consumption	←	Local	2.677	1.218	2.199	0.028
Consumption	←	Green	2.44	0.755	3.232	0.001
Consumption	←	Value	0.49	0.307	1.596	0.11
Consumption	←	Income	1.221	0.544	2.243	0.025

注:P 为***,表明显著性小于 0.001。

表 6-13 模型适配度统计量

适配度指标	数值	适配度检验标准
适配度指术 GFI	0.864	>0.9,越大越好
卡方值与自由度比 CMIN/DF	21.441	(1,3)表示模型有简约适配程度,(5,+∞)表示模型需要修正

对模型进行适配度分析后,得出各条路径的标准回归系数,详见表6-14。价值观对收入有正向影响,一般认为经济基础决定上层建筑,但在大米消费上,是价值观影响收入。当价值观因素每提高1个单位时,收入因素将降低0.09个单位,大米需求将增加0.054个单位;当收入因素增加1个单位时,包装因素将降低0.511个单位,产地因素降低0.419个单位,大米需求增加0.182个单位;当包装因素增加1个单位时,绿色因素增加0.689个单位;当产地因素增加1个单位时,大米需求增加0.22个单位;当绿色因素增加1个单位时,大米需求增加0.28个单位。

表6-14 标准回归系数

变量	路径	变量	路径系数
Income	←	Value	−0.09
Pack	←	Income	−0.511
Local	←	Income	−0.419
Green	←	Pack	0.689
Consumption	←	Local	0.22
Consumption	←	Green	0.28
Consumption	←	Value	0.054
Consumption	←	Income	0.182

(二)因素差异性分析

收入、包装、产地、绿色和价值观5个因素对大米需求的影响路径和影响程度均不同,详见表6-15。收入和价值观因素对大米需求有直接和间接的影响;包装通过对绿色因素的影响,间接地影响大米需求;产地和绿色因素对大米需求均有直接的影响,绿色因素对大米需求的影响程度最大。

表6-15 各变量对大米需求的影响系数

变量	直接影响系数	间接影响系数	总影响系数
收入	0.182	−0.191	−0.009
包装	0.000	0.193	0.193
产地	0.220	0.000	0.220
绿色	0.280	0.000	0.280
价值观	0.054	0.001	0.055

包装、产地和绿色因素对大米需求的影响程度相当,详见图6-10,且当对产品的包装进行改善,增加绿色和有机认证标记,并提高包装的美观和便捷程度时,将会增加大米的消费需求。居民大米消费越来越关注大米产地的差异,同时居民越来越注重绿色因素,安全、有机、无公害和绿色认证的大米受到居民的广泛欢迎。大米产地多样化营销,宣传推广绿色认证的大米,将会提到大米消费需求。

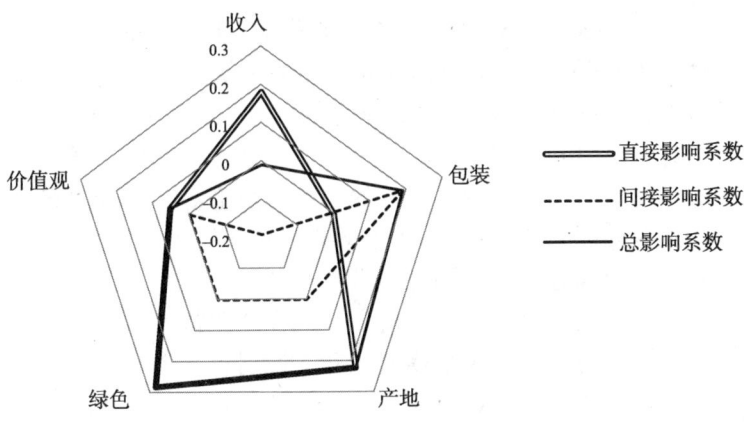

图 6-10　各变量对大米需求的影响系数差异图

收入对大米消费需求有直接和间接的双重影响。收入提高，在一定程度上会直接增加大米的消费量，但同时收入提高，会对包装和产地带来负影响。收入提高，居民更愿意购买高价位的大米，高价位大多意味着高质量，因此包装和产地反而不再给高收入群体带来正影响。

价值观与收入一样，对大米消费需求有直接和间接的双重影响。价值观因素提升给大米需求带来正影响，为居民提供高价位、高品质、产地多样化的大米，并针对居民进行精准推荐，将会增加大米的消费需求。价值观还通过影响收入来间接影响大米需求，影响程度不高，且价值观对收入有负影响，这表明无论收入是否提升，居民均更愿意购买高价位的大米。

收入和价值观对大米消费需求带来直接与间接的双重影响，二者对大米消费需求的影响较为复杂，需进一步探究。

四、收入对大米需求影响分析

通过调查收入提高不同比例对购买更高价格大米的态度结果显示（图 6-11），收入提高程度的不同对购买更高价格大米的态度差异较大。

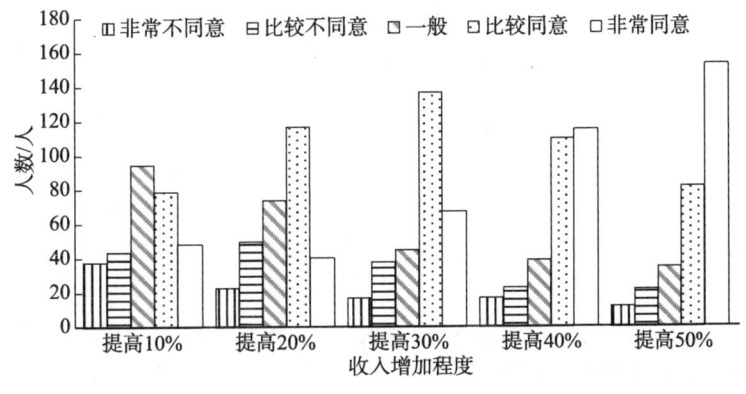

图 6-11　收入增加的影响度

当收入提高 10%时，大部分人对于选择更高价格的大米保持中立的态度，说明收入提高的幅度较小时可能不会促使消费者购买更高价格的大米；当收入提高 20%时，比较同意和非常同意购买更高价格大米的人数增加了 30 人；而当收入提高 30%时，非常同意购买更高价格大米的人数由 40 人增加至 67 人，同比增加 67.5%；当收入提高 40%时，比较不同意和非常不同意购买更高价格大米的人数有所降低，比较同意和非常同意的人数达到 225 人，占样本总量的 74.01%，此时说明大部分人更愿意选择更高价格的大米；当收入提高 50%时，比较同意和非常同意的人数达到 235 人，占样本总量的 77.30%。

本次实验发现，随着收入比例的不断提高，选择"非常不同意"和"一般"的人数逐渐降低，而选择"非常同意"的人数逐渐上升，说明收入提高的比例越高人们越倾向于选择更高价格的大米，结合收入对大米需求的直接影响系数为 0.182，表明收入提高，对大米需求量会增加，这也论证了实验设计环节的假设。

同时，在调查过程中还发现一些个人、家庭无论收入提高多少都会偶尔购买价格更高的大米，人群占比达到 71.05%。由此可见，大米作为生活的必需品，总会有家庭或个人偶尔选择更高价格的大米，收入的提高也会促使人们选择购买更高价格的大米。而且不同地区、职业和收入的居民收入提高选择不同价位大米的态度与总体情况一致。

五、价值观对大米需求影响分析

从价值观来看，不同的价值观对不同价位大米购买态度的影响，得出如图 6-12 所示的结果。

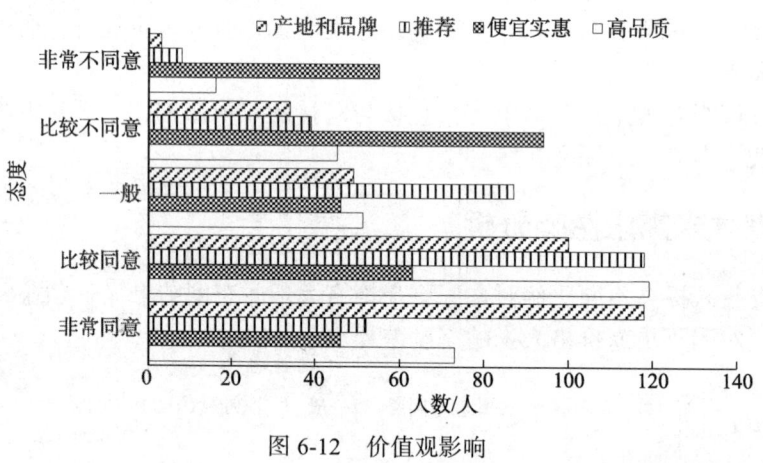

图 6-12　价值观影响

由图 6-12 可知，在对大米品质的选择上，大部分人会经常购买高品质的大米，表明人们普遍重视所吃食物的品质；在对大米价格的选择上，可能基于价格与质量成正比的心理，多数人不会经常去购买便宜的大米；在对购买大米时是否愿意接受他人或相关机构的推荐上，多数人会选择接受他人推荐，表明消费者在大米这种生活必需品的选择上，还是愿意通过推荐的方式来购买到适合自己的大米；在对购买大米时是否非常关注大米的产地及品牌上，多数人表示会关注产地及品牌，因为消费者会根据自己日常了解及使用对不同地区及品牌的大米有不同的喜好，会根据自己的喜好去选择。所以总体来看，消费者在购买大米时的价值观是：高品质、高价位、高推荐、高关注。

分职业来看,除党务机关等负责人,这类人在购买大米时不会参考他人意见,其他人群都与总体情况一致。

分收入来看,除月均收入在 1 万元以下的消费者在购买大米时会倾向于购买价位低的大米,其他人群都与总体情况一致。

分地区来看,除西北和西南地区的消费者在购买大米时会倾向于购买价位低的大米,其他人群都与总体情况一致。

本章知识点

1. 市场营销环境分析,主要内容包括宏观环境和微观环境内容。
2. 市场与购买者分析,包括市场类型、消费心理与行为分析和顾客让渡价值分析等。
3. 定性分析方法,如波士顿矩阵图法等。
4. 定量分析方法,如结构方程模型等。

思考题

1. 企业进行环境与市场分析的根本目的是什么?
2. 环境与市场信息数据收集的方法各有哪些优势与劣势?
3. 数据处理的基本环节有哪些?
4. 研究市场营销环境因素间的相互影响应该注意哪些问题?

小训练

Levis 公司有专门机构负责市场调查,靠市场调查,公司的生产与销售计划同市场上实际销售量相差无几,获得良好的竞争优势。在调查时应用心理学、统计学等知识和手段,按不同国别,分析消费者的心理和经济情况的变化、环境的影响、市场竞争条件和时尚趋势等,并据此制订出销售和生产计划。公司对联邦德国市场的调查表明,多数顾客首先要求合身,因此随即派人到德国对个人和工厂进行合身测验,一种颜色的裤子就定出 45 种尺寸,因而扩大了销路。当了解到美国青年喜欢合身、耐穿、价廉和时髦时,公司把这些需求特征作为产品的主要目标,故而长期占领美国青年人的市场。后来,又发现许多美国女青年喜欢穿男裤,公司经过精心设计,推出了适合妇女需求的牛仔裤和便装裤,使女装的销售额不断上升。

市场调查关键信息提取训练:根据已有的市场调查需求和信息资料,选取一种统计学方法,将其关键信息有效提取出来。

本 章 附 录

第七章

消费行为分析实验——基于访谈信息分析

◆ **本章概要:**

本章目的在于通过设计各种消费行为小实验,实践消费行为相关理论、方法和工具的应用,同时进一步梳理并加深对实验过程所体现出相关理论的理解和记忆,身临其境去应用数据收集和分析用的方法和工具,如数据收集的访谈法、分析研究的定性研究法等。

第一节 消费行为理论及访谈基本流程概述

一、消费者购买行为理论概述

随着中国经济和社会的发展,不仅顾客的消费需求不断提高,而且消费的购买行为也随之变化。对于市场中发生的这些新变化,企业营销决策者必须及时了解和掌握,以便进行营销管理新决策的设计。因此,获得这些新变化信息,甚至推断这些新变化的未来走势,已经成为各个企业关注的焦点。

扩展阅读7-1

虽然顾客的消费购买行为直接影响着企业的营销决策实施效果,但是还需要注意消费心理支配着消费者的购买行为活动。消费心理受着人的"需要"和对外界刺激"感觉"的影响,也因为人的个性的差异而造成消费行为的不同。这可以用"消费者购买行为模式"(见图7-1)来说明其从外界刺激、心理过程到行为表现的变化过程和规律。

扩展阅读7-2

消费者的购买行为可以有不同的类型。用不同的分类指标可以得到不同的分类领域下的类型。例如:从心理角度,可以用"性格"和"价值观"等进行分类;从行为表现,可以用"购买新产品时间早晚"和"品牌忠诚"等进行分类。通过研究这些差异可以获知其企业营销策略实施结果不同的原因,以便有的放矢地制定营销管理对策。

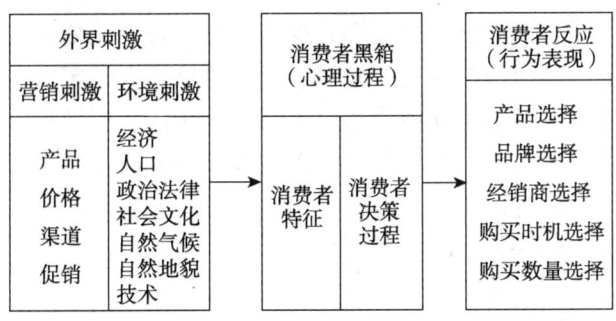

图 7-1 消费者购买行为模式

顾客的消费行为是一个动态变化的过程,主要包括 5 个阶段,即引起需要、收集信息、制定和评价方案、做出决策以及买后感觉和行为。在这个过程中,其扮演的角色也是不容忽视的一个重要影响消费行为结果表现的因素。

总之,顾客的消费行为表现与其个体及存在的群体有密切联系,也与企业采取的营销策略直接关联,如产品策略体现出的产品象征意义、促销策略创造的购买氛围、渠道提供的方便程度等。

二、访谈调查法概述

访谈是一种研究性的交流活动,具体是通过访谈者与被访者之间进行沟通、互动而获得调查信息资料的调查方法。访谈与日常交流有所不同,其更具有目的性、可控性,研究者常用访谈法进行调查研究。

(一)访谈调查法类型及选择

根据不同的分类标准,访谈调查法可以分为不同的类型。因此,在进行访谈前,访谈者应当明确访谈背景,再选择适合的访谈方法。

1. 按访谈者对被访者的控制程度划分

(1)结构性访谈。结构性访谈也称为标准式访谈,具有一定的步骤要求,需要由访谈者按照提前设计好的访问调查提纲依次向被访者进行提问,并要求被访者按照规定的标准进行回答,严格按照拟定的计划进行,其最大特点是标准化。访问计划通常包含:访谈的具体流程、分类方式、提问方式与记录表格等。这种访谈方式适用于较为正式或较大范围的调查。一般来说,关于量的研究通常采用结构性访谈进行。

(2)非结构性访谈。非结构性访谈也称为自由式访谈。非结构性访谈事先不制订完成的调查问卷和详细的访谈提纲,也不规定标准的访谈程序,而是由访谈者按照大致的访问提纲或某一主题与被访者进行交流,访谈双方具有很大的自由度,访谈者也能根据需要灵活变换访谈的方式或问题顺序,以便于得到更深入、丰富的调查信息。通常关于质的研究较多采用非结构性访谈。

（3）半结构性访谈。这是介于结构性访谈与非结构性访谈之间的一种访谈方式。在半结构性访谈中，既有严谨与标准化的题目，又留给被访者一定的自由表述空间，并且访谈进程可以及时调整。半结构性访谈兼具了结构性访谈与非结构性访谈的优点。通常在关于质的研究初期，多采用非结构性访谈来了解被访者的关注点与态度；随着研究的逐步深入，逐渐进行半结构性访谈，对关键内容进行深入提问。

2. 按调查对象数量划分

（1）个别访谈。即访谈者对每一位被访者进行逐一单独的访问。访谈者直接接触被访者，并有更多的交流机会，同时也给予被访者更强的重视感与安全感，有利于访谈更深入地进行下去。

（2）集体访谈。即由一名或数名访谈者召集多名调查对象进行集中访谈，其优点在于可以通过集体访谈的方式，集思广益，相互启发与探讨，在短时间内能够得到更全面的调查信息资料。

3. 按人员接触情况划分

（1）直接访谈。直接访谈也称为面对面访谈，它是一种访谈双方通过面对面的直接沟通来获取信息资料的访谈方式，是一种最常用的收集资料的方法。在直接访谈中，访谈者能够观察到被访者的表情、神态与肢体动作，有助于其深入了解调查内容。

（2）间接访谈。间接访谈是一种访谈双方不直接见面，而是利用相关通信工具进行交流、沟通来获取信息资料的方式。它主要包括电话访谈和网上访谈两种形式。电话访谈是通过通信设备实现访谈者与被访者之间的信息交流，不仅可以节省时间与空间成本，还可以提高访谈效率。但是相较于直接访谈，间接访谈灵活性较低，弹性较小，不易控制访谈进程。网上访谈是指访谈者与被访者之间通过文字进行交流的调查方式。相较于电话访谈，网上访谈不仅更节约访谈成本，并且书面交流便于资料的记录与日后的分析。网上访谈虽高效便捷，但也存在着无法控制访谈环境、不易观察被访者的非语言行为的局限性。而且会因被访者使用设备的能力与设备物质条件有所差异，在一定程度上限制部分访谈的对象。

（二）样本选择及访谈准备

访谈多数采用随机抽样形式进行样本抽选，样本选择通常受到较多因素的制约，如调查的性质、总体指标的变异程度、调查精度、回答率、项目经费和时间等。一般来说，需要针对不同的情况考虑样本选择的问题。

访谈准备大致分为6部分。

第一，设计访谈提纲与问题。结构性访谈需要设计详细的访谈提纲以及标准化的访谈问卷，而非结构性访谈需要设计粗线条型的访谈提纲并具体化访谈问题。

针对访谈样本对象设计访谈问题，这些问题应当与访谈背景相结合，以能够获取调查结果为最终目的。设计问题注意以下原则：内容上由浅及深、时间上由近及远、程度上由易到难、敏感性话题留待访谈结尾问，过程应当循序渐进，建立访谈双方的信任，提升访谈的真实性与有效性。

第二，多方面了解被访者基本情况。结合访谈调查目的，尽可能多了解被访者的年龄、性别、职业、文化程度、性格、习惯等基本信息，有利于访谈者选择适合的访谈方式进行访谈，灵活获取更具价值的访谈结果。

第三，选取适合的访谈的具体时间、地点与场合。考虑被访者的状态，应选择被访者感到放松、舒适且便利的时间、地点与场合，访谈时间不宜过长，一般控制在 1 h 左右。

第四，访谈者的素质条件。访谈是一个互动交流的过程，访谈者在访谈中起到主导作用，在一定程度上决定了访谈质量的高低。访谈者应当具备良好的个人素质与控制访谈过程的能力，能够做到公平公正，对待访谈具备热情与责任心等。

第五，建立良好的访谈关系。在访谈前应当主动地与被访者协商有关访谈的事宜。访谈者在访谈前应如实进行自我介绍与研究调查说明，向被访者做出明确的访谈内容保密承诺。访谈所用语言尽可能以被访者习惯为主，鼓励被访者积极主动发言，引导被访者表达观点。

第六，确定访谈记录的方式。访谈记录方式应在事前与被访者进行协商，征求其意见再进行记录。记录方式有录音、录像与现场笔录等。

（三）访谈过程

访谈过程中应当有访谈组织者、访谈者、访谈记录员以及被访共同参与。一般来说，访谈的过程包括 7 个步骤，见图 7-2。

图 7-2　访谈的过程

接近是第一步，是访谈者与被访者之间互动交流的接近行为，目的是建立相互的信任关系。在正式访谈前，访谈者进行自我介绍并向被访者说明调查的内容、目的与意义，使被访者对访谈有初步的了解，为访谈做良好的铺垫，便于后续开展进一步调查研究。接近的技巧有多种。例如：求同接近，即从某种活动或相似经历中寻找共同点来接近被访者；友好接近，即通过给予被访者关怀、帮助来建立信任与感情接近被访者；隐蔽接近，即以某种伪装身份或目的接近被访者，并在对方无察觉的情况下展开调查。后者仅适用于特殊殊访谈对象或特殊访谈情况。

提问是访谈者根据调查内容提出实质性问题或者功能性问题。实质性问题是指关于事实、行为、观念与态度方面的问题。功能性问题是对被访者造成某种影响的提问，带有接触、试探、自然过渡或检验真实性等目的性。访谈者在提问时应当注意结合问题的性质与特点选择合适的提问方式，并在考虑被访者的性格与表达能力等因素后再提出问题。

倾听是访谈者对被访者回答的听取。访谈者在倾听时应全神贯注，充分理解被访者的观点，并不打断其阐述。

回应是在访谈过程中访谈者对被访者的表达给予的信息反馈。访谈者的回应不仅可以采用言语，还可以采用能够表示肯定的肢体语言以示鼓励，如点头、微笑、赞同的目光与手势等。此外，访谈者对被访者观点的重复、总结，或是通过对其观点产生共情等亦能给予被访者积极回应。

引导是访谈者对在访谈过程中引导被访者正确理解与回答所提出的问题，避免访谈出现障碍或偏离主题的情况。

追问是在被访者未按照调查要求完整地回答所提出的问题时，或者想得到更多信息时进行的补充性提问。

结束访谈是在达到访谈预期目的时选择的结果。若未到达预期目的，根据实际情况也可斟酌访谈结束。例如，访谈时间超过过长，或者访谈气氛不宜再进行下去，或者被访者的专注度下降等。注意，在任何情况下结束访谈时，都应对被访者表示感谢，并再一次强调遵守调查研究前所作出的承诺。

（四）访谈记录及分析

访谈记录为访谈后续的信息分析与总结所用。因此，确保访谈信息的真实性与有效性被记录下来是非常重要的工作。访谈过程可以使用多种记录方式，如文本记录方式、录音记录方式和录像记录方式等。一般常用文本记录方式。注意，记录用语和用词是信息得到真实性反映的关键。而且为了记录能够被保存和方便以后的调用等，需要对记录进行编码，也为后续的调查报告写作提供便利。

对访谈记录进行分析，首先要根据所记录文本中的信息进行关键词的整理，其次按照逻辑顺序进行列举，最后绘制出被访者画像。在研究消费者行为访谈时，根据访谈文本记录摘取关键词并进行逻辑梳理，即可绘制顾客（被访者）画像，以获得客观性结论。

第二节　全职妈妈消费行为特征访谈实验设计

一、研究背景

女性一直以来都是消费的主力军。她们不仅拥有庞大的消费基数，而且愿意花时间去追求个性化和时尚的美丽，同时也是感情丰富的消费中坚力量。《2020 女性品质生活趋势洞察报告》显示，中国市场女性网民超过 4 亿人，中产新女性消费趋势指数为 130 点，远高于全国整体平均水平的 115 点，目前中国女性消费市场规模已经超过 10 万亿人。其中，25～45 岁的女性数量占据全国人口总数的近 1/5，约 2.7 亿人。她们具有强烈的消费意愿，且有足够的稳定收入作为支撑。

在这庞大的女性群体中，全职妈妈是不容忽视的特殊的消费者群体。她们时间富余，有丰厚的家庭收入，掌握着家庭经济命脉；而且购物频率高，购买产品品种多，上到老人用的保健品下到婴儿用的奶粉都在其考虑的范围内。尤其在业态迭代更新的新消费场域，这一群体更是凭借巨大的购买力影响着社群电商、直播带货、团购拼购的业绩。因此研究全职妈妈的消费行为特征具有实际意义。

二、研究问题

面对工作和家庭的双重压力，一部分女性没有工作或毅然选择放弃工作回归家庭，在家里照顾一家人的衣食起居。面对"全职妈妈",人们对其评价褒贬不一。一些人认为全职妈妈就是女人逃避工作、享乐主义的借口;另一些人认为全职妈妈也是一份正经的岗位,在照看孩子的同时还需要包揽烦琐的家务。

全职妈妈这一特殊的群体,拥有自由和足够的时间,家庭日常开支由她们做主,有自己的兴趣爱好和社交朋友圈,几乎每天都要为家庭添置物品(食物、日用品或其他)。她们在掌握家庭消费主导权的同时,也潜移默化地影响着整个消费市场的走向。艾媒咨询数据显示,从不同代际妈妈群体来看,"90后"和"95后"的全职妈妈比例相对较高,分别为21.8%、19.7%;"70后"和"80后"的全职妈妈占比则相对较低,分别为8.9%、12.6%。以"95后"为代表的新生代逐步成为全职妈妈群体的主流,其受教育程度和生活水平较以往都有大幅提升,这使得她们在育儿的观念和行为、消费观念及消费行为方面出现了新的特征,这将影响并推进母婴市场的升级变革。因此,选取全职妈妈群体作为研究对象,利用访谈方式获取相关信息,依此绘制全职妈妈的顾客画像,描绘出全职妈妈的消费行为特征,可以为相关公司营销策略的优化提供决策依据。

三、实验设计

(一)研究方法选择

为了进一步探寻全职妈妈的消费行为特征,并进行顾客画像,该研究拟用访谈法和定性分析法。

(1)访谈法。为深入了解全职妈妈消费行为特征,为全职妈妈制定了访谈提纲,通过面对面访谈或者网络访谈等方式深入开展研究。

(2)定性分析法。本研究之所以选择采用定性分析法,是因为难以获取全职妈妈的消费量化记录。可以通过访谈信息提取符合消费行为特征的关键词,再进行故事描绘,从而制定符合目标消费人群的购买决策。

(二)样本选择

该研究首先从身边的朋友获取样本。通过了解符合"全职妈妈"条件的只有5个。然后扩大范围寻找更多样本。

扩大范围寻找样本,即寻找被访者,可以利用"滚雪球"方式扩大范围,或者通过朋友介绍、进新的交友群等途径不断辐射出去。因此,本次寻找被访的全职妈妈首先以身边朋友这5位为核心,通过她们使用"滚雪球"方式,在她们的朋友"圈子里"获得更多"全职妈妈"的支持。另外,还可以通过在小红书平台注册,发布招募访谈对象为全职妈妈的相关信息,获得更加广泛的支持者。

(三)访谈前准备

1. 访谈说明语设计

开头语应说明本次调查的目的和意义及访谈的大致过程和时间,还包括守信的承诺和礼貌的致谢词。

范例:各位宝妈们好,最近我在做一项关于全职妈妈的消费行为调查的项目,目的在于了解全职妈妈这一消费群体的品牌偏好和购买体验。在访谈过程中,真诚希望您可以最大限度地和我分享您的想法,整个访谈会持续 10~15 min,采访过程中全程匿名,不会对您产生任何不良的影响,感谢您的参与!

结束语应对被访者的参与和帮助给予肯定,并再次表示感谢。

范例:您的回答为我的研究提供了莫大的帮助,非常感谢朋友们的配合,祝您生活愉快,万事顺意!

2. 访谈提纲与设问

由于是访谈获得信息形式,问题是开放式,因此为了将调查时间控制在 15~20 min 之内,题项不能太多。本次访谈提纲见表 7-1。主要从被访者的基本生活状态、兴趣爱好、消费行为基本特征 3 个方面进行。

表 7-1 访 谈 提 纲

序号	问题	备注
Q1	您的生活状态	可以描述一个生活场景小故事
Q2	您平时的兴趣爱好	可以不止一种
Q3	您最愿意推荐的产品或品牌	可以是自己使用的,也可以是孩子或家人使用的
Q4	您对推荐的产品或品牌的感受	即最愿意推荐的理由
Q5	您在挑选商品时看重的因素	一般情况下购买商品时最看重的
Q6	您最经常使用的社交平台或者购物平台	说明使用这个平台主要目的是社交还是购物

3. 被访者样本特征信息

即被访者的年龄、受教育程度、家庭孩子数与每月可支配的家庭收入等,如果可能获得的话也可以包括姓名,否则用编号显示。

4. 访谈组织设计

访谈时间:与访谈者沟通,提前获得访谈确认的时间,以便提前做好相应准备。另外,也可以考虑将时间相同的被访者(2~3 人,不宜过多)安排在一起,以提高访谈效率并增强访谈的活跃氛围。

访谈地点:线下访谈选择有着优雅、轻松的生活环境之处,如茶屋、咖啡厅或是私家花园;线上访谈可以是虚拟会议室或者微信平台等。

访谈准备:奶茶、糕点、小红包等烘托气氛的小礼物或是消磨时间的物品。

访谈人员:形成小组,包括主谈人员、记录人员等。线下和线上分别进行,需要设计主谈人员和辅助人员。

5. 记录方式

记录访谈信息的方式可以是文本记录、录音记录、录像记录等。一般用文本记录方式,以便减少被访者的疑虑。

(四)访谈过程

主持人进行自我介绍,向被访者介绍来意和访谈目的,简要说明本次访谈的背景以及可能会涉及的话题。本次访谈定义为轻松的谈话，采用引导、启发的方式询问被访者，尽可能收集更多的宏观信息，挖掘核心问题，捕捉被访者语句中的蛛丝马迹，并不断扩展，层层深入。

记录人员负责如实记录好被访者的文本，如果遇到问题不能完全记录下来的情况，提取关键词并礼貌向被访者求证并致谢。

访谈结束后，再分析被访者的心理过程，根据词汇的组合来推导故事情节，进行顾客画像的绘制并提出相关营销策略建议。

（五）访谈记录

访谈记录是要把访谈过程中每一位被访者对每一个问题的回答信息完整地记录下来，包括语言及特殊的语气表达和形体语言等。

（六）结果分析与总结梳理

包括被访者基本情况分析和各自的消费行为特征分析，最后给出本次被访者人群的基本特征结果情况。

第三节　全职妈妈消费行为特征分析

通过身边的朋友及她们的"朋友圈"共获得 20 位表示愿意接受线上访问的全职妈妈，在小红书平台上也有 15 位全职妈妈愿意接受线上访问。

全职妈妈的家务较多、孩子小等问题造成时间安排冲突，最后得到了时间允许的 10 位全职妈妈的支持。

一、被访者基本情况分析

通过访谈获得的 10 位全职妈妈的基本情况信息统计见表 7-2。

表 7-2　被访者基本情况统计

被访者编号	年龄/岁	学历	孩子数/个	可支配家庭收入/（元/月）
01	26	大专	2	5000
02	38	本科	2	6000
03	34	本科	1	4500
04	28	大专	2	4000
05	30	大专	1	3000
06	33	高中	1	6000
07	27	本科	1	3600
08	37	本科	2	5500
09	33	大专	3	5000
10	40	本科	2	7000

将被访者人群以可支配家庭收入分类，可以分为较低（4000 元/月以下）、中等

（4000~6000元/月）和较高（6000元/月及以上）3类人群。其各自的占比见图7-3。

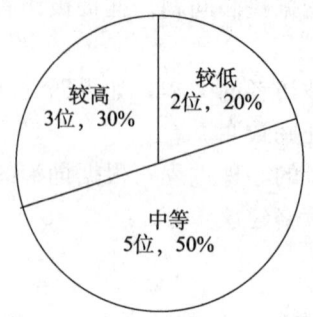

图7-3　可支配的家庭收入分类

依据被访者的家庭孩子数，可以看出2个孩子所占比例最高为50%（见图7-4），只有一个家庭有3个孩子。

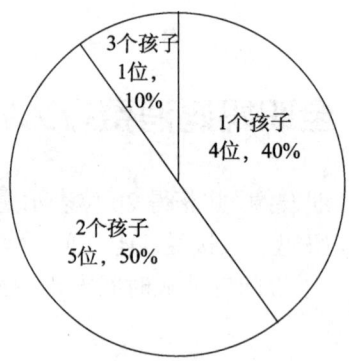

图7-4　家庭孩子数量分类

家庭收入较高的全职妈妈以及家里有老人或者保姆帮助照顾小孩的妈妈，没有其他家庭负担，兴趣爱好也比较广泛，社交能力强。

家庭负担比较重的全职妈妈，脱离社会时间较长，更多时候忙碌于家庭的琐事，兴趣爱好较少。

二、被访者个人特质画像

通过观察和访谈，可以得到每一位被访者的基本情况，包括观察得到的外表、言行信息以及访谈中得到的表述信息（见本章附录）。将这些信息归纳整理即可得到被访者特质画像。

（一）外表信息描述及初步整理

外表信息记录的完整性和系统性将会影响到研究资料的丰富性和研究结果的准确性。注意记录用语用词的准确性。

范例：几位穿衣打扮非常精致的被访者，在自家别墅的花园里悠闲地喝着下午茶，不远处是孩子嬉笑玩闹的身影。

02号被访者的纤细手指上戴着一枚硕大的翡翠戒指，一条玛瑙手链系在手腕上，红色的钻石耳钉在太阳底下发出璀璨的光芒。01号被访者身姿妙曼，手如柔美，肤如凝脂，容貌甚是秀丽。10号被访者年纪较大，但是却有着一番成熟的韵味。她们看起来是那么光鲜亮丽，脸上洋溢着的是自信的笑容。

此时，她们正讨论着随着年龄的增长如何保持姣好的容貌。女人最担心的就是衰老，特别是生了孩子的女人。虽然她们都是全职太太，不需要出去风吹日晒，但是时间是公平的，不会因为一个人富有或是贫穷就会得到不同的眷顾。眼角皱纹的加深、黄褐斑的出现以及痘痘的肆意蔓延都是她们的心病。为了时刻体现不同的身份，她们绝不允许这些破坏美的小玩意儿出现。但是，仅仅是涂抹护肤品是满足不了深层次护肤需求的，因为当皱纹出现时，涂抹护肤品仅仅只能维持现状不让皱纹加深，却无法在短时间内改善和修复。她们更加需要的是一款丰富且安全的产品或服务，并能持久地维持下去。

根据以上的描述情景，可以给出这3位被访者的画像用词。外貌描述即是精致、光鲜亮丽和颜值等，气质描述即是自信、温和和典雅等，生活方式描述即是悠闲、舒适和安心等。

（二）被访者个人特质信息统计

根据以上的办法，可以归纳整理出本次访谈的10位被访者的个人特质信息汇总情况，见表7-3中的描述用词。

表7-3 被访者个人特质信息描述统计

描述类型	描述用词
外貌	光鲜、亮丽、颜值、闪亮、精致
气质	温和、高贵、典雅、自信
心情	愉悦、轻松、阳光
生活方式	悠闲、自在、舒适、安心、解放双手、丰富、高贵、忙碌

三、被访者消费行为特征画像

从该访谈获得的信息中首先可以发现，全职妈妈们在购买产品时都注重选择品牌知名度高、质量有保障、用起来方便快捷的产品。她们在购买母婴产品时最看重的也是天然的、安全的属性。

另外，可支配家庭收入较高的全职妈妈在购买商品时，价格因素不在首位，更在乎产品品牌、外观和产品附加的属性；可支配家庭收入较低的全职妈妈，在购买产品时更注重性价比和操作的简易性。

而且，可以得到被访者购买需求信息用词为潮流、丝滑、便捷、天然、持久、实惠、永恒、多功能、安全和简易等。

由以上信息可以将本次被访者分为两大类。

第一类是高品质生活型、追求品牌时尚的全职妈妈，其画像见图7-5。

图 7-5　高品质生活型全职妈妈画像

第二类是经济实用型、追求性价比高的全职妈妈,其画像见图 7-6。

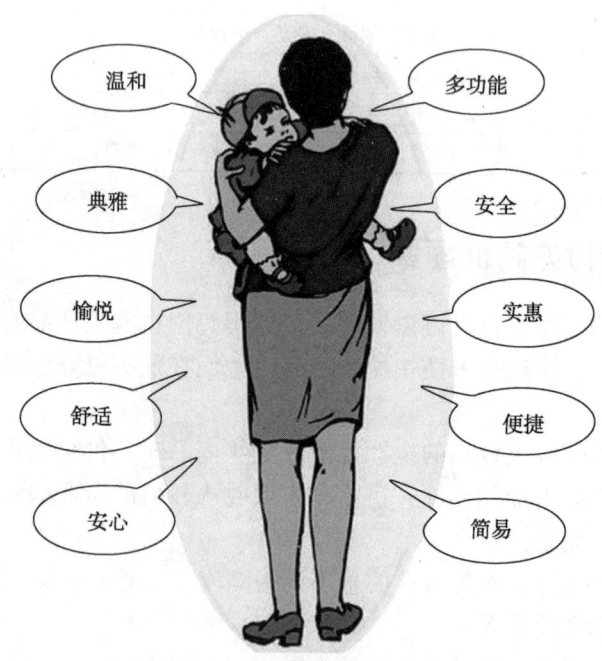

图 7-6　经济实用型全职妈妈画像

四、研究结论及营销建议

（一）研究结论

本次调查通过访谈，获得的信息反映了全职妈妈的基本特征和消费行为特征。总体看可以分为两大类。第一类是高品质生活型、追求品牌时尚的全职妈妈；第二类是经济实用型、追求性价比高的全职妈妈。

第一类全职妈妈消费行为的顾客画像关键变量是产品要体现高贵的气质，具有丰富的功效，且使用起来安心舒适，并能持久地维持下去。

第二类全职妈妈消费行为的顾客画像关键变量是产品需要有安心的材质，具备多功能的特征，且价格实惠，能满足舒适的生活。

（二）营销建议

第一类高消费水平的全职妈妈，她们在兼顾家庭的同时更希望自我提升，特别注重个人形象管理方面。她们不在乎产品的价格，非常看重产品能带给自身的价值。她们空闲时间多，有自己的社交圈，并且喜欢时常在网上分享。

此时，可以考虑以下策略：推荐使用高档全套 SPA 皮肤管理产品，即那种一向被誉为延缓肌肤老化的专家，并且非常符合被访者高贵气质的产品。全套 SPA 皮肤管理包括面部检测，可根据目前的皮肤状态找出皮肤问题的原因，再针对性进行项目选择。而且 SPA 店的环境有着五星级服务的高级感，通常在独立的房间中进行，并有水果和茶饮享用，房间里面还有超大的圆形浴缸等。一边安心做护理，一边享受优质的服务体验，完全满足了第一类被访者的需要。同时，可以通过各种线上线下平台进行宣传，突出产品的高端和环境的奢华，并且关注顾客间的交流和分享，打造第一类全职太太圈的爆款产品。

第二类中等消费水平的全职妈妈，她们生活的重心更多在家庭和孩子身上，购物时间充裕但较为零散，需要方便购买有质量保障、性价比高的产品。

此时，可以考虑以下策略：如推荐功能齐全的调奶器。该产品一机多用，是集养生壶、消毒锅、辅食机、暖奶器和调奶器为一体的五合一多功能调奶器。它可以满足新手妈妈多种需求，而且占地面积不大，适合厨房面积不大的小户型。如果单独购买 5 种小家电，不仅占地方，而且价格不菲，但这款五合一调奶器只需要三百多元。从功能上来看，首先，它拥有左右双区，双区可以同时工作，更省时、快捷；其次，它具有 48h 的 45 ℃恒温功能，实现即冲即饮，一次没喝完的奶可以保存，下次使用时直接加热即可；最后，它还具有高温蒸汽消毒的功能，宝宝的奶瓶、餐具均可消毒。考虑了夜晚使用问题，这款调奶器还拥有柔光夜灯的设计，不需要担心开灯影响宝宝的睡眠，更加满足了妈妈的需求。这款调奶器在宣传时，应该更加突出产品的安全性、多功能、便捷性、性价比高的特点和优势，以便满足这类消费者对舒适生活的追求。

注：上述案例资料来源于广西大学 MBA 学生陈建伶实践所得。

本章知识点

1. 消费者购买行为分析，如消费者心理与行为分析。
2. 定性分析方法和访谈法。

思考题

1. 消费者心理与行为分析的目的是什么？
2. 消费行为研究过程大致分为几步？
3. 访谈法的目的及步骤是什么？
4. 影响访谈资料信息提取的因素有哪些？

小训练

日本的环球时装公司，通过在全国 81 个城市顾客集中的车站、繁华街道开设侦探性专营店，陈列公司所有产品，给顾客以综合印象。售货员的主要任务是观察顾客的采购动向。事业部每周安排一天时间全员出动，3 个人一组、5 个人一群分散到各地调查。有的甚至到竞争对手的商店观察顾客情绪，向售货员了解情况，找店主聊天。调查结束当晚回到公司进行讨论，分析顾客消费动向，提出改进工作的新措施。

发散思维应用训练：根据案例信息，利用发散思维方式系统梳理观察法使用注意事项。

本 章 附 录

第八章

消费者行为分析实验——基于文本信息挖掘分析

本章概要：

本章目的在于通过获取反映各种消费体验的评价数据进行文本挖掘（Text Mining，TM），实践消费者体验的相关理论，并应用文本挖掘的方法和工具。同时，进一步梳理并加深对实验过程中，相关理论的理解和记忆，身临其境去应用文本挖掘和分析所需的方法和工具，如文本数据的获取、Python 的 Jieba 分词、基于 WordCloud 的词云绘制、基于 SnowNLP 的情感分析、Excle 中数据透视表的使用等方法。

第一节 消费者体验及文本挖掘的基本理论

一、基本理论

消费者体验指消费者在使用产品过程中建立起来的一种主观感受，可以是这个产品用起来好不好用，或者方不方便。ISO9241-210：2019 标准将消费者体验定义为"人们对于针对使用或期望使用的产品、系统或者服务的认知印象和回应"。即消费者在使用一个产品或系统之前、使用期间和使用之后的全部感受，包括情感、信仰、喜好、认知印象、生理和心理反应、行为和成就等各方面。有学者称消费者体验为用户体验或顾客体验。

消费者体验可以通过对消费者评论的文本信息进行挖掘和分析来获得。尤其是近年来，消费者在各大平台上购买商品或服务后留下了大量的评论文本信息，反映了消费者在购买产品或服务之前，或者购买产品或服务期间，抑或是使用产品或服务之后的感受。通过对这些文本信息的挖掘，可以了解到消费者对产品或服务的感受情况，包括情感、信仰、喜好、认知印象、生理和心理反应、行为和成就等各方面。

互联网特别是移动互联网技术的发展和应用的推广，为网络零售企业提供了越加丰富的经营模式。例如，线上到线下（Online to Office，O2O）模式的出现就是由此技术支撑而发展起来的交易模式。

O2O 模式是线上和线下的融合交易模式。消费者可以线上下单，线下体验，以促进消费者体验的升级。随着移动互联网的发展和普及，O2O 模式拥有了更大的消费者群体和使用场景。

外卖 O2O 是餐饮企业交易的一种新的应用场景，它满足了消费者足不出户享用餐食又最大限度节省时间的愿望。对于餐饮企业来说，外卖行业是它们在不增加成本的情况下，提高消费者数量、增加营业额的重要途径。2020 年春节以来，新冠疫情的暴发，使得许多餐饮企业无法继续堂食营业而被迫关门，但也有餐饮公司利用外卖 O2O 模式进行自救，尽可能地弥补损失。

随着疫情防控新政策的实施，餐饮企业陆续复工，外卖需求量也随之急速上升，业务量不断增加，外卖 O2O 市场迅速发展。然而，影响消费者口碑的因素也在增多，各种问题接连出现。例如，餐饮企业在餐品方面出现的问题，包括餐品系列丰富度、味道一致性、服务态度、食品卫生等；配餐与平台展示描述的符合性问题，无法满足消费者增加或减少某些主食或配料要求的问题，或者赠送的餐具有误或数量不够等；配送骑手本身也存在问题，包括按时送达、餐品完整性、个人卫生和接打电话态度等，还有站点对骑手的管理等问题。这些都可以通过文本挖掘，获得影响顾客满意度的因素，以分析消费者的痛点，寻找提升消费者体验的手段。

二、文本挖掘法概述

文本挖掘的方法是近年来数据挖掘领域新兴的一个分支。其基本思想是首先利用文本切分技术，抽取文本特征，将文本数据转化为能描述文本内容的结构化数据，然后利用聚类、分类技术和关联分析等数据挖掘技术，形成结构化文本，并根据该结构发现新的概念并获取相应的关系。具体流程如图 8-1 所示。

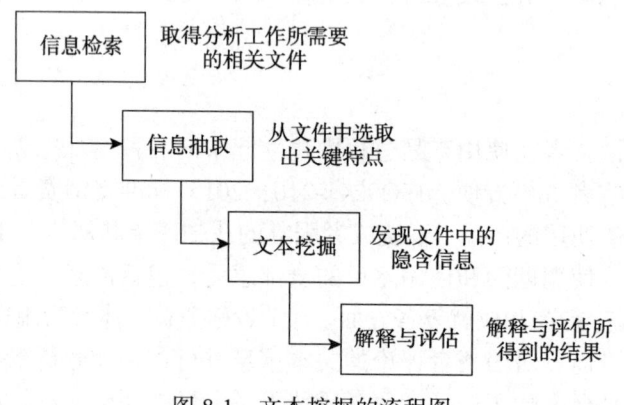

图 8-1 文本挖掘的流程图

（一）文本挖掘的信息获取

一般来说，文本挖掘的信息获取可以来自两个渠道。一个渠道是分析者可以从平台的后台导出消费者的评价信息；另一个渠道则是用相应的爬虫工具去爬取消费者评价的文本信息。

（二）文本挖掘的信息处理

从后台获取或通过前台爬取的信息往往包含大量网页标签信息、特殊符号、表情和图片等，因此需要对文本信息进行数据清洗，进行中文分词（可用 Python 里的 Jieba 包进行）、去停用词和词性标注，去除情感表达矛盾或不明显的评论，去除反复贴和注水贴，而后把处理后的信息存储成 txt 格式文件，每一行对应一条评论，得到短文本情感分析的语料集。

（三）文本挖掘的数据分析

首先，分析者对可以利用清洗后的文本信息，通过高频词统计得到网络舆情的高频关键词及权重。其次，可以调用 WordCloud 库设置词云图样式，并将经过 Jieba 分词器处理的评价信息生成词云图展示。再次，可以使用 SnowNLP 进行情感分析，判断弹幕数据中积极、消极、中性情感的比例，并进行相应分析。最后，可以基于相关的主题模型得出焦点主题。

第二节　根据某外卖平台评价提高消费者体验的实验

一、背景与任务

外卖 O2O 平台于 2013 年正式上线，已覆盖北京、上海、天津、沈阳、厦门、宁波、武汉和昆明等城市，并迅速扩张至三四线城市。在运营过程中，随着业务量的增加，影响消费者口碑的因素在不断增加的同时也在发生变化。该城市的运营经理发现近期消费者对骑手的投诉增多，另外消费者的差评也有上升趋势。

本次实验任务在于利用消费者一段时间的评价信息数据，聚焦消费者差评，通过对产生差评的站点、骑手和餐饮企业等评价信息进行文本挖掘，找到产生差评的原因，并探寻能够进一步减少差评和改善消费者体验的方法。

二、研究思路

本文研究设计思路分为四步。首先，进行消费者评价文本数据采集和数据清洗；其次，使用中文分词组件 Jieba 进行文本数据的分词、去停用词以及高频词统计，得到网络舆情的高频关键词及权重；再次，调用 WordCloud 库设置词云图样式，并将经过 Jieba 分词器处理的评价数据生成词云图展；最后，基于 SnowNLP 进行情感分析，判断评价文本数据中的情感状况。

三、实验设计

（一）研究方法选择

使用文本挖掘的方法，首先利用 Python 调用第三方 Jieba、WordCloud 库实现高频词统计与信息可视化,同时用 SnowNLP 对文本进行情感分析并绘制负面情感词汇词云,以更直观地发现消费者选择差评的原因以及影响消费者满意度的因素。

(二)实验前的准备

信息选取及信息处理:数据来自"饿了么"平台的消费者对外卖送餐的评价信息。

(三)分析过程

1. 高频词统计与数据可视化

在完成信息选取及信息清洗后,调用第三方 Jieba、WordCloud 库实现高频词统计与信息可视化,具体步骤如下 3 步。

(1)Jieba 分词、去停用词以及高频词统计。

(2)WordCloud 词云图绘制。

(3)情感分析。

2. 分析思路

针对某三线城市的某外卖平台近期消费者对骑手投诉增多问题,本研究希望找到差评原因并减少差评的分析目标,通过信息分析初步可以判断是外卖配送环节出现问题,导致消费者对骑手的投诉增加。分析内容可以从消费者、骑手、餐饮企业 3 个角度出发。具体分析思路如图 8-2 所示。

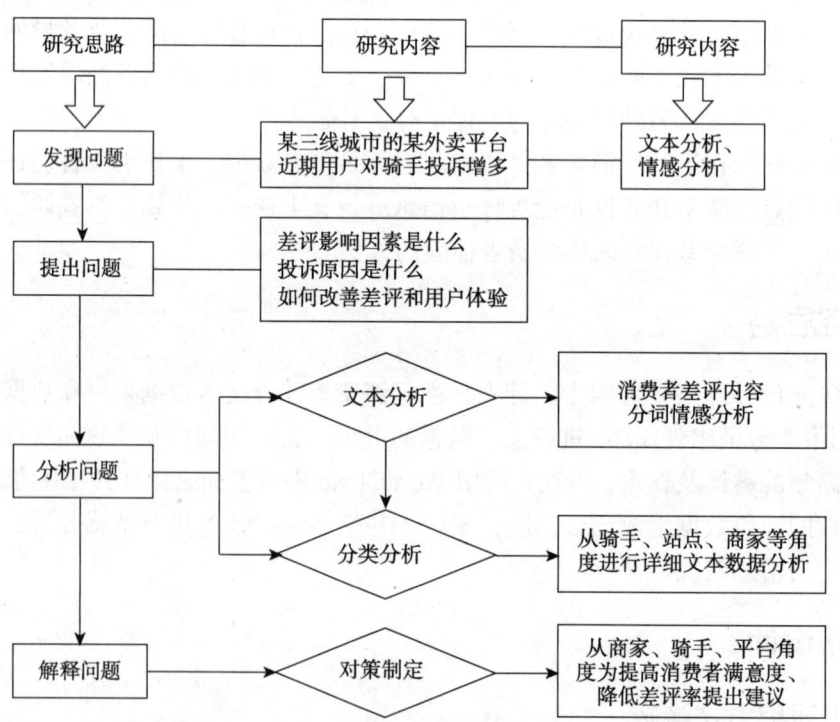

图 8-2 对外卖平台消费者评价的分析思路框架图

四、结果分析与专家的点评

分析结果可以从消费者、骑手、餐饮企业角度进行。了解消费者对餐品以及配送过程在哪些方面不满意以及不满意程度，据此对骑手和餐饮企业提出改进建议。同时根据消费者评价中的建议完善配送过程，迎合消费者需求，改善差评、提高消费者体验。

由于根据外卖平台评价信息进行文本挖掘，分析思路和使用方法可以不同，因此专家可以从平台角度对同学的实验过程、方法和结论进行点评。

第三节 某外卖平台消费者评价文本信息挖掘分析

一、消费者评价内容文本分析

（一）文本分词及词云绘制

通过 Python 对处理后的数据绘制词云图，如图 8-3 所示（过程详见本章附录）。

图 8-3 消费者评价内容词云

由图 8-3 可见，"超时""态度"和"骑手"等词出现频率较高。由此可以推断，消费者差评主要与骑手的态度和送达时间有关。进而可以初步判断消费者对骑手送餐服务的送达时间、骑手态度、餐饮包装质量等比较重视，这也是影响顾客满意度的主要因素。

（二）消费者评价文本情感分析

对评论情感倾向进行分析，以避免因打分与评价内容不符的情况，而影响数据分析结果。而且，一般基于词表的情感分析方法，分析的效果往往与情感词表内的词语有较强的相关性。如果情感词表内的词语足够全面，并且词语符合该案例场景下所表达的情感，那么情感分析的效果会更好。

对情感词进行匹配，可以采用词典匹配的方法。使用 2007 年 10 月 22 日知网发布的"情感分析用词语集（beta 版）"，包括"中文正面评价""中文负面评价""中文正面情感"和"中文负面情感"等词表。将"中文负面评价""中文负面情感"两个词表合并，并给每个词语赋予初始权重–1，作为本案例的负面评论情感词表。

针对本案例场景，由于只涉及差评内容，因此在知网提供的词表基础上进行负面词汇优化。例如，"超时""迟到""撒汤"和"态度"等词只有在外卖评论上才会频繁出现，只需根据词语的情感倾向添加至对应的情感词表内，将"迟到""超时""恶劣"等词加入负面情感词表。读入正负面评论情感词表时，将正面词语赋予初始权重–1，负面词语赋予初始权重–1。最后，绘制负面情感词汇词云，结果如图8-4所示，其中"态度""不好""太慢"和"超时"等词出现频率较高（见图8-5），由此可推断出消费者出于对骑手配送服务感到不满意而打低分。

图8-4　消费者评价内容负面情感词汇词云

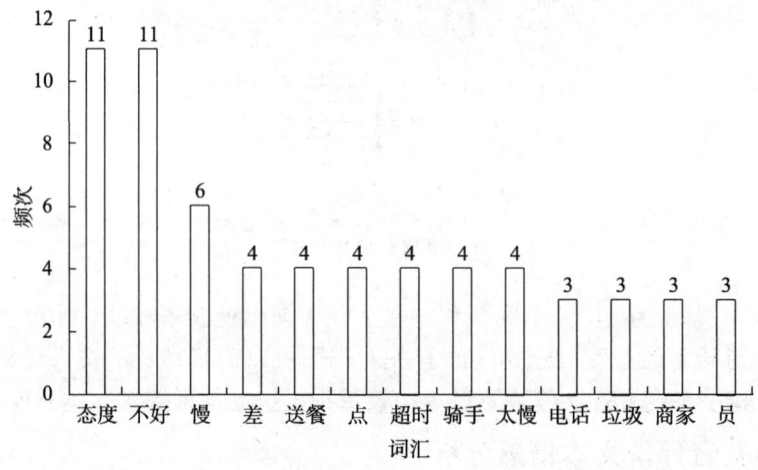

图8-5　消费者评价内容各词汇出现次数

（三）消费者差评标签选择分析

通过以上数据处理后可知，消费者选择差评因素来自多方面，但主要由骑手而引起。通过消费者差评标签的选择占比，可以知道消费者差评的具体原因，以及消费者以外卖方式就餐会在意哪些方面。因为消费者在评价时可以选择多个评价标签，部分差评并不是单一评价标签的选择，因此经数据处理后，原数据中仅剩余654条有效准确的评价数据。

1. 消费者差评单个标签选择

从单个评价标签来看，差评中有 248 条选择"送达超时"标签，151 条选择"态度不好"标签，142 条选择"其他原因标签"，110 条选择"少餐/洒餐"标签，47 条选择"送达不通知"标签，31 条选择"仪表不整"标签，23 条选择"送错餐品"，8 条选择"骚扰威胁"标签。其所占比例见图 8-6。

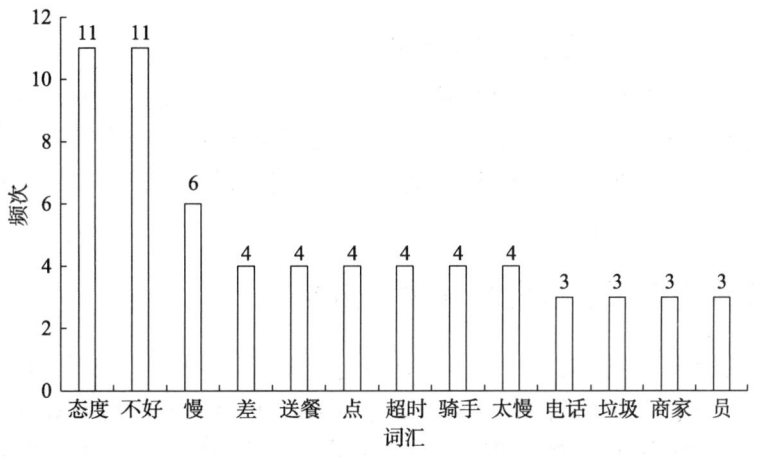

图 8-6　消费者差评中单个评价标签分布

2. 顾客差评标签具体选择及其主要组合

还可以从消费者在差评时对标签具体选择及其主要组合角度来分析影响消费者所给差评的主要影响因素。

如图 8-7 所示，消费者最在意"送达超时"，只选择"送达超时"单个标签有 177 条，占 654 条差评数的 27%，再次说明消费者在外卖平台点外卖仍然是最在意外卖送达时间。

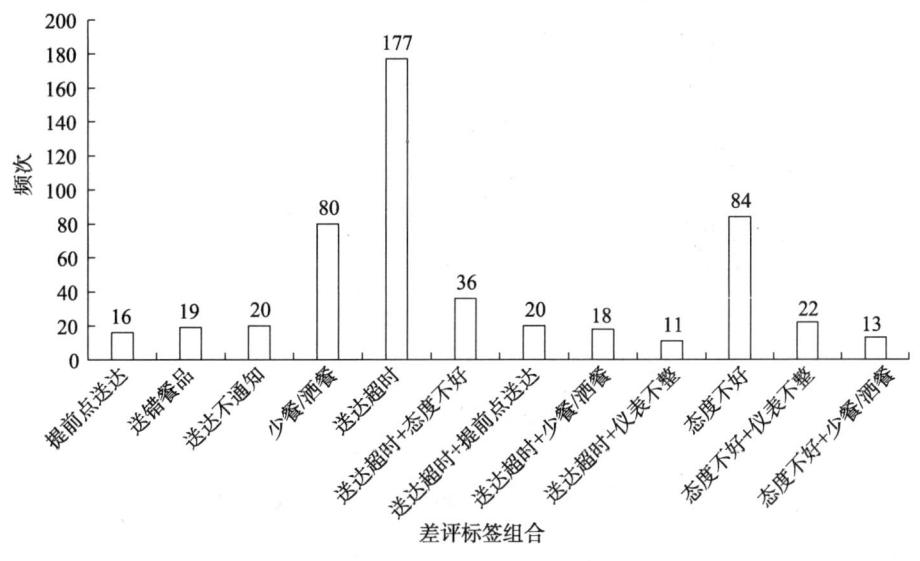

图 8-7　顾客差评组合评价标签选择

在消费者选择送达超时标签组合的差评中，可以知道外卖在送达超时的同时还可能存在骑手态度不好、提前点送达、少餐/洒餐、骑手仪表不整等问题。消费者差评中选择"态度不好单"标签有 84 条，在总差评中所占比重为 12.8%，说明骑手个人态度不好单个原因就对消费者选择差评影响较大。"骑手态度不好"+"仪表不整"的差评组合选择有 22 条，而骑手仪表不整选择的总数为 31 条，由此可以推断仪表不整的骑手更可能对消费者的态度不佳。

3. 消费者差评选择"其他"标签的具体差评原因

通过对 142 条"其他"标签的消费者评价具体内容的关键词提取，消费者选择差评的原因除了以上标签的差评原因外，还有骑手未把餐品送达指定位置，随意放置外卖甚至放在地上，骑手表达能力差导致消费者与骑手之间沟通困难，对餐品口味和价格不满意等。

二、消费者评价与餐饮企业相关内容分析

在总的评价内容中，除去 389 条空白评价与 7 条无效评价后，仅有 50 条评论与餐饮企业有关，除去非差评和无效差评，剩余的有效差评 45 条，从消费者对餐饮企业评价内容的关键词分布即图 8-8 可知，餐饮企业的菜品食品味道、菜品分量、菜品配餐、食品用具以及包装 4 个方面是影响消费者用餐满意度的主要因素，菜品本身"难吃""有怪味""油多"等问题在餐饮企业有关差评中占比 33%；餐饮企业"少配餐""配错餐"和配餐"分量少"的问题占比 33%；餐饮企业配餐时"无餐具""未满足备注要求""包装问题"占比 18%。

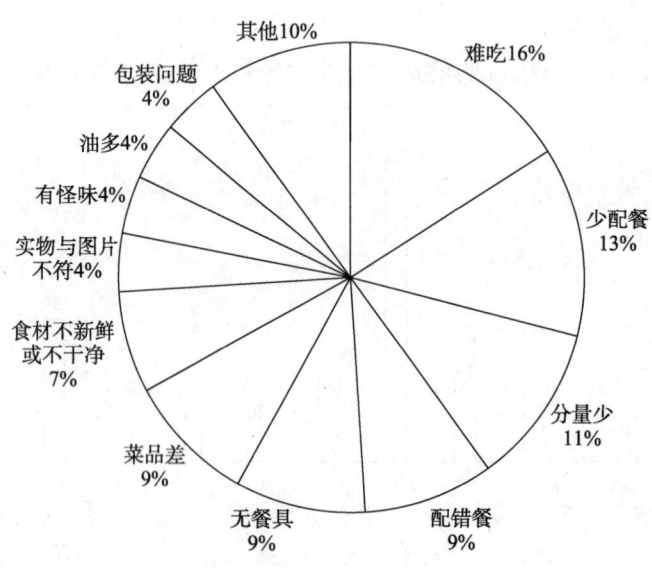

图 8-8 消费者对餐饮企业的评价内容的关键词分布

因此，餐饮企业在进行食品外卖配送时，应注意以下 3 个方面：

（1）食材的选用应当新鲜，油盐等调料的使用应当量化并做到标准化。
（2）配餐时应当严格按照订单要求，减少非菜品本身问题的差评比例。
（3）注意订单备注用餐人数和备注要求，提高包装质量，改善消费者的用餐体验。

三、站点角度分析

如图8-9所示，在消费者差评中，站点C与站点A获得差评数额较多，占比高达26%与18%，其次是站点B与站点I，占比达16%与10%。

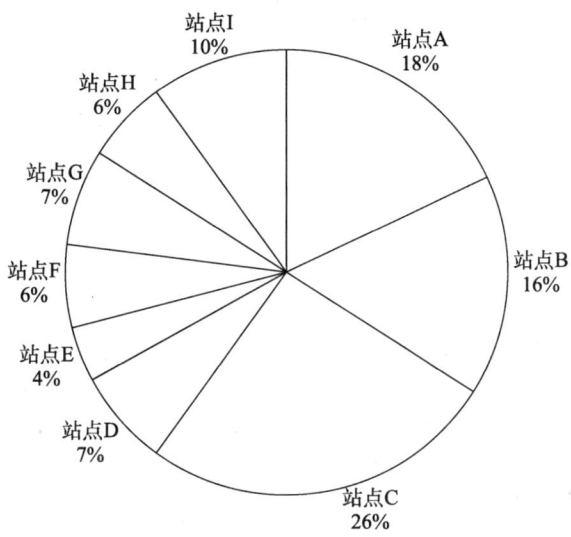

图8-9　差评站点分布情况

对各站点的差评情况进一步分析，为了使研究突出重点，选择了差评数量较多的站点C、A、B、I进行分析研究。

在站点C中，消费者差评选择最多的是"送达超时"标签，有87个；其次是"态度不好"标签，有50个。而有关站点A的差评选择标签内容有着一定的差异，其中"态度不好"标签有43个；"送达超时"标签有44个；"少餐/洒餐"标签有33个，具体情况如图8-10所示。由此可以发现，总体上"送达超时"和"态度不好"是消费者选择差评的主要原因，但可能不同站点得到差评的原因存在一定差异。其中，站点C骑手得到差评的主要原因为"送达超时"，由此推测骑手送餐可能由于受站点C附近区域交通环境影响而耽误时间；站点A骑手因"态度不好"而得到差评的比例较大，由此站点A应当加强对其站点骑手个人素质的教育与培训。

四、骑手角度分析

在餐饮企业接单后，骑手需到达相应餐饮企业处，并通过软件上报"到店"；接着骑手等待餐饮企业准备好外卖，并通过软件上报"取餐完成"；之后骑手前往消费者所在地，并在快到达时通知消费者；到达之后，骑手需要完成交付或者等待消费者取餐，最后通过软件上报"确认送达"。在整个配送过程中，外卖点餐软件上会显示预计送达时间和剩余时间。

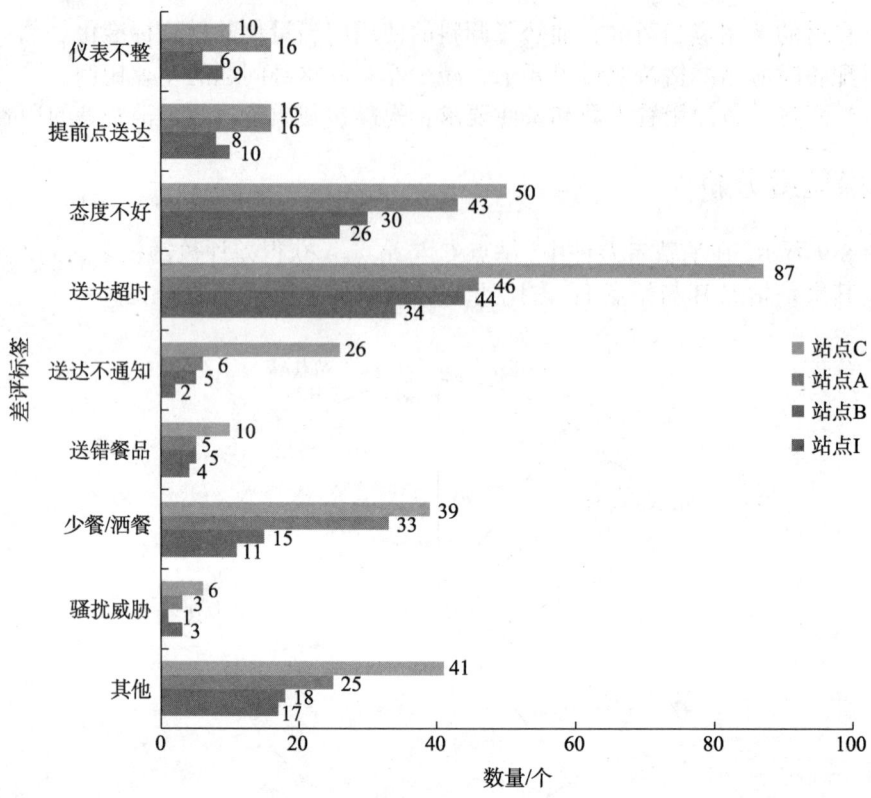

图 8-10　差评数排前四的站点差评标签数量图

虽然骑手的配送流程是一系列"流水线任务"和"标准化操作"的组合，但在实际工作中，作为"持续性移动工作者"，需要不断地流动并与他人相互沟通与协调，因而会受许多不可控因素影响，导致无法在规定时间内完成配送。平台管理骑手的标准是唯一的，即以消费者的评价作为奖惩依据，而骑手也朝着无差评这个目标而努力。

本次研究获得的总计 654 条评价信息，差评频次分布如图 8-11 所示。其中，收到差评的骑手，2 次以下的 107 位、2 次的 80 位、3 次的 20 位、4 次的 1 位、5 次的 5 位，收到 6 次、8 次和 9 次差评的骑手各有 1 位。

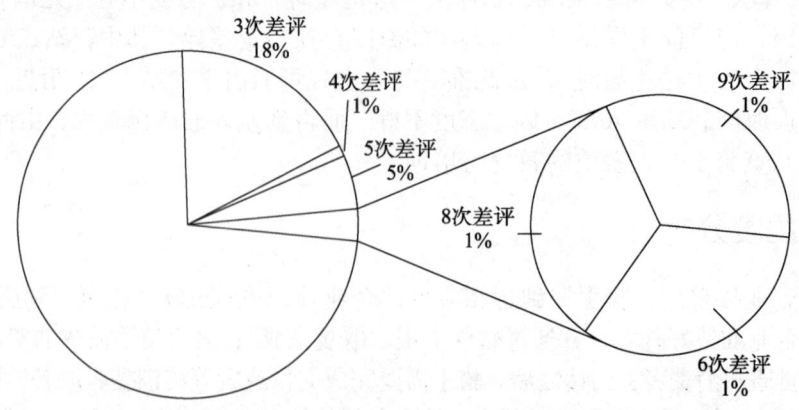

图 8-11　骑手受差评数量情况

9次差评是本次研究中收到差评发生频率最高者，消费者差评的原因主要集中在"态度不好"和"送达超时"两方面，可以推断骑手的个人素质较低、业务水平不足等。收到8次差评且"送达超时"，应该是骑手送餐速度较慢。有6次低分评价，且"提前点送达"而导致消费者差评3次、"超时送达"差评2次，说明骑手业务能力不足。5次差评的骑手，有3次为"提前点送达"，2次为"送达超时"，可能是该骑手时间意识不强。

由此可见，骑手个人素质会对消费者满意度产生影响，且送达时间不准确与骑手态度较差成为消费者打低分的最主要原因。但仍存在部分骑手收到差评的原因为"少餐""送错餐品"等，这些因素很明显与骑手个人无关，但由于消费者无法区别评分，导致将餐饮企业的过错归咎于骑手。

虽然消费者评价机制在一定程度上能够约束骑手行为，提升骑手的服务质量，而且平台可以了解消费者的需求和感受，但是这一机制是建立在消费者是否满意这种主观判断基础之上，会极大地受情感因素影响。可能会出现同样水平的服务，因消费者不同而给出的评价不同。总之，服务质量、消费者的气度、当天的心情、时间敏感度、以往的配送遭遇等因素都会影响消费者对骑手的评价结果。同时，骑手是消费者直接接触到的服务提供者，因此也可能出现消费者将对餐饮企业的失误迁怒到骑手身上，甚至归咎为骑手的问题。除此之外，即使是消费者不经意乱点或错点了差评，系统也会认定为差评，这种情况下即使骑手申诉也无法撤销。

五、总结与建议

从以上分析可见，外卖配送工作充满着双重不确定性。即送达时间的不确定性和消费者评价因情绪导致的不确定性。因为外卖具有"即时性消费"的特征，消费者点外卖就是为了满足自己的即时性需求。在快速送达的同时，外卖骑手的服务态度也很重要，这直接关系到消费者的用餐体验。因此，准时送达和获得好评几乎可以说是外卖行业金科玉律一般的准则，超时和差评则是外卖平台必须想方设法杜绝的现象。但具体而言，在配送过程中，又可能存在人为因素、外部不可抗力因素和系统因素等诸多影响因素，这些因素导致骑手无法按照平台的时间要求准时送达。在外卖送达后，消费者的评价是一种较为主观的判断，受到骑手的服务质量、餐饮企业菜品质量、消费者的气度和心情、时间敏感度、以往的配送遭遇等许多因素的影响，这导致骑手仅凭服务质量无法确保避免差评。由此，可以从多个角度考虑减少消费者差评。

（一）外卖平台方

1. 建立资金存管机制和惩戒机制

目前，外卖平台都是消费者先点餐付款后，餐饮企业接单，然后由平台的骑手配送至消费者的手中。但是，先付款后消费的机制往往使消费者处于被动地位，基本权益得不到有效的保障。因此，外卖平台可与第三方支付平台如支付宝、微信支付等达成合作，创立合法的资金存管机制和惩戒机制。消费者在下单订餐时先把支付的钱转入外卖平台专门设立的资金存管处，等消费者收到餐后再根据其评价，按等级将钱转给餐饮企业。一旦平台成了外卖供应方与外卖客户之间交易的中间人，既能约束外卖供应方的行为、提高其服务水平，也能提高顾客的消费满意度，从而拓展顾客群。

2. 配备标准监控系统并实时联网

餐饮外卖供应方与消费者之间存在信息不对称，导致相关的道德风险问题。消费者对餐饮企业所提供的食品安全和质量没有确切的认识，往往只能通过图片和其他人的评价来选择。同时，很多入驻店家仅存在于网上交易，其外卖加工场所简陋，卫生状况堪忧。外卖平台可要求每一个入驻的餐饮企业配备公司发放的标准摄像头，将视频入口链接至手机客户端，以供消费者随时随地查看餐厅后厨的情况。这样既能约束餐饮企业的行为规范，同时也能让消费者买得放心、吃得安全，从而提高顾客的满意度。外卖平台还可定期组织消费者去餐饮企业进行定点考察和监督。

3. 区别化地制定消费者打分制度

由于骑手是消费者直接接触到的服务提供者，部分消费者会将对餐饮企业的失误迁怒到骑手身上，甚至归咎于骑手的问题。在分析中，有45条差评与餐饮企业提供的产品或服务有关，但消费者在平台进行评价时，可能将此归结于骑手的原因，平台会因此对骑手实施惩戒机制，所以平台应建立与骑手工作任务完成情况、劳动强度相匹配的科学收入分配机制，建立消费者区别化打分制度，将餐饮企业因素与骑手因素对消费者满意度影响的差异体现出来，从而避免骑手为餐饮企业背黑锅。

4. 技术和算法更新

将餐饮企业出餐时间从平台设置的骑手配送时间中去除。在目前的系统设置下，餐饮企业出餐时间直接影响骑手配送时间。如果餐饮企业出餐慢导致骑手没有准时送达，消费者可以通过评价体系对骑手进行惩罚，但餐饮企业却不用承担任何责任，这是不合理、不公平的。平台应该将餐饮企业出餐时间和骑手配送时间分开计算，既能帮助消费者做出合理评价，也能减少骑手时间焦虑来源以及由其引发的不安全行为。

（二）餐饮企业方

除了在上文中已经提到的措施：食材的选用应当新鲜，油盐等调料的使用应当标准化并做到量化；配餐时应当严格按照订单要求，减少非菜品本身问题的差评比例；注意订单备注用餐人数和备注要求，提高包装质量改善消费者的用餐体验。通过本文的分析，为了减少客户差评，餐饮企业还可以通过以下几种方式来改善自身提供的服务与产品，并改善与骑手之间的交互关系。

1. 提高并保证出餐速度

把保证出餐速度放在最前面，是因为出餐速度对能否按时顺利配送至关重要。餐饮企业的一个单子延迟，就意味着骑手的其他订单都被连带挤压了时间，这在无形中将提高骑手按时配送的难度。如果高峰期订单多，但是出餐速度又很难提高，餐饮企业一方面应该考虑增加人手；另一方面可以根据以往订单数据，科学预判提早备餐，以提高速度。对于同时兼顾堂食的餐饮企业来说，最好安排出专门负责外卖订单业务的人员，专人专事，提高效率。

2. 优化外卖包装

外卖包装要做到以下几个方面。

第一，结实。首先要确保包装盒的结实，不要使用材质薄、易碎的包装盒，尤其是那些分量大且重的米线、酸菜鱼等外卖，以免配送颠簸造成包装盒破损。外面的打包袋也应使用材质厚并牢固结实的，以免骑手提着外卖爬楼梯或者挤电梯时造成包装袋破损。

第二，规则。餐饮企业选择的包装除结实之外，还应形状规则，使用方形或者圆形的打包盒，避免使用如心形、六边形等形状不规则的打包盒。一方面不利于打包，另一方面也不方便在骑手的配送箱里摆放。

第三，密封。包装盒要扣紧密封，有条件的再贴上标贴。水分多、汤多的菜品，如麻辣烫、酸菜鱼、米线、疙瘩汤等，应在包装盒封口处再用保鲜膜加固，防止在运输中汤水的洒漏。咖啡、奶茶和果汁类，应先密封再装袋。

3. 提供取餐通道、创造取餐便利

专门给取餐的骑手们开辟取餐通道，一方面方便骑手进出，提高效率；另一方面也不会因为骑手在堂食通道穿梭给消费者带来不便。或可以把外卖集中放在一张桌子上，按照平台和号码顺序排好，用记号笔把单号写在外卖单上，不仅方便骑手取餐，同时也能避免拿错。

（三）骑手方

1. 上报异常，延长送餐时间

送餐过程中常出现一些意外情况导致送餐超时，因此在出现意外的情况下，骑手可以上报异常。例如，餐饮企业接单后 15 min 仍未出餐，骑手可以上报异常，平台会延长订单剩余时间，骑手可以据此获得灵活调整的机会。另外，骑手也可以联合消费者利用这一制度抵抗外卖平台控制。当某顾客的订单快要超时时，骑手会提前联系消费者，说明原因，在征得消费者同意后，上报异常。或者遇到餐撒了的情况，骑手会让消费者点击已收货，并私下对消费者进行补偿。这样骑手就可以避免该订单超时被投诉、差评和罚款。

2. 通过平台申诉机制维权

对于外卖平台的扣款或者消费者的投诉，外卖骑手可以向平台客服反映情况，说明原因。然而，这仅仅是一种形式上的权利。大部分外卖骑手反映申诉机制根本没用，即使申诉了也改变不了结果，只能接受平台的处罚。

3. 开展同伴互助模式

骑手可以以站点为单位，建立自己的微信群。骑手可以在微信群中交流送餐技巧，如餐品如何摆放、路线如何规划、讨要好评话术等。通过以上内容的交流，骑手之间形成互助，以提高送餐效率和减少差评。另外，骑手还可以通过提前沟通后转单等方式互助，以争取劳动过程的主动性。全职骑手转单次数有限，若不与其他骑手联系很可能造成转单失败，浪费转单机会。因此，当全职骑手不想送某笔订单时，可提前与同站点其他骑手联系帮忙送餐，接受转单的骑手则获得该笔订单的送餐费。这样就形成了骑手之间的互助，增强了送餐的灵活性和自主性，除此之外，骑手之间还可开展询问路线、分享信息等互助方式。

4. 提升自我工作成就感

尽管工作枯燥乏味，且自主性受到诸多隐性约束，骑手仍可在重复性的工作中寻找到价值，并建立自身的身份认知，维护自己的主体性完整。这样，骑手可以避免因为工作枯燥而情绪低落，进而避免因为骑手态度不好而导致消费者打低分的行为。尽管工作内容单一，骑手仍可以在单量排名、高峰期挂单数量和路线熟悉情况方面获得成就感。外卖平台对骑手的送单数量、骑行距离、好评数量进行量化排名，骑手可以看到本站点内部所有人的排名。与落后于自己的骑手相比，排名靠前的骑手能够因此获得优越感和成就感。

本章知识点

1. 消费者体验的内涵。
2. O2O 模式。
3. 文本挖掘的流程及工具。
4. 数据分析报告的内容及基本结构。

思考题

1. 什么是消费者体验？企业通过对反映消费者体验的文本数据进行挖掘、分析后可以获得哪些信息？
2. 文本挖掘需要用到哪些工具？
3. 你觉得文本挖掘中情感倾向的分析重要吗？为什么？
4. 外卖 O2O 的文本数据中反映了外卖 O2O 中有哪些参与方？

小训练

"5W2H"方法训练：结合你所在地区情况，运用 5W2H 法，研究提高外卖骑手工作质量的方法。

本章参考文献

[1] 孔锐，高孝伟，韩丽红，等. 市场营销：大数据背景下的营销决策与管理[M]. 2 版. 北京：清华大学出版社，2022.
[2] 胡华江，杨甜甜. 商务数据分析与应用[M]. 北京：电子工业出版社，2018.

本 章 附 录

第三篇

实 训 篇

本篇是为借助相关软件进行"情境嵌入"式学习而撰写,以便帮助创设一个市场营销管理情境之下的虚拟仿真活动的组织与控制。这种虚拟仿真模拟是在实验室里,借助相关软件平台进行的自循环虚拟场景模拟。在每一轮实训活动结束后,虚拟市场和企业场景发生新变化,产生了一个新训练场,由此而进行新的一轮市场营销管理相关决策。这种循环往复、多轮开展的"情境嵌入"式实训活动,可以在短时间内,仿真市场活动的发展变化、竞争场景的变幻莫测,从而调动学习者探索问题的学习积极性,刺激其学习兴趣。

第九章

"情景嵌入"式模拟实训基本思想

本章概要：

本章介绍了"情景嵌入"式模拟实验即实训的核心思想、基本要求、基本流程、组织方式、模型构建以及实验效果评价等方面的内容，为开展"情景嵌入"式模拟实训的软件准备和组织提供了基本的思路和方法。

第一节 "情景嵌入"式模拟实训核心思想及基本流程

一、模拟实训核心思想

"情景嵌入"式模拟实训的基本核心思想是为学习者提供集实验软件和硬件为一体的市场营销管理活动体验环境，是在充分进行实训教学环境创设的基础上，极大地给予学习者有效的体验。市场营销管理决策实训软件的场景，可以强有力地冲击学习者的内心感受，产生更好的市场营销管理决策真实感；而硬件所构建的营销管理活动景象，通过视觉再联想，与其行为表现相联系，可以加深学习者临场感的体验。

虚拟仿真实践教学是指利用现代计算机仿真技术、网络技术及多媒体技术，通过构建社会经济管理业务活动的数字模拟模型，为市场营销专业的"情景嵌入"式模拟实训设计提供了一个良好的管理决策实现的虚拟软件环境，能够大大提高学习者对市场营销专业知识学习的真实感及实践训练的效率。

"情景嵌入"式模拟实训还需要实验场景的硬件帮忙。利用现代空间设计和装修工艺及技术，打造逼真的公司管理视觉环境，让学习者能够自觉行动，强化市场营销管理决策活动的真切感知体验。

因此，"情景嵌入"式模拟实训，是在计算机生成的交互式多维模拟仿真市场营销管理决策世界中，进行交流和互动来体现交互性；利用对时间和空间环境超越而特有的沉浸感和实时性，实现市场营销管理决策的循环，充分体现沉浸性；运用信息科学方法，实现实时和多层次虚拟仿真的结果，以体现管理决策的"时代性"；利用融媒体等技术，提高互动的趣味性和娱乐性，吸引学习者加强对市场营销管理知识的运用和实践。

二、模拟实训基本要求

模拟实训是根据实践教学培养方案中所设定的实验课程要求而开设，或者依据创新创业训练的需要而进行。因此应该充分调动学习者参与的积极性，让每一位在模拟实训中都得到锻炼。所以在模拟实训时应遵守以下基本要求。

（1）全员参与。市场营销"情景嵌入"式模拟实训的参与者都应该参与到实践活动中来，理解理论联系实际的必要性，掌握基本实践技巧，提升理论应用的动手能力。

（2）分工负责。根据市场营销"情景嵌入"式模拟实训的虚拟企业管理需求，将参与者合理分组建设虚拟行业或企业，在企业内部秉持充分发挥各自优势的原则再进行合理分工，以便各行其责开展营销管理决策工作，深入理解市场营销相关专业知识，培养团结合作精神，提高沟通能力。

（3）系统分析。系统分析包括两部分：一是对分工以后所承担职责范围内的市场营销相关管理问题的系统分析；二是通过虚拟企业内部多种形式的交流，全面了解虚拟企业营销管理决策整体内容，达到对整体市场营销相关管理问题系统分析目的，提升分析工具和方法的应用能力。

（4）全程锻炼。通过市场营销"情景嵌入"式模拟实训中得到各个环节的训练，在人员组织与沟通、知识学习与应用、问题查找与分析、方案行文与表达等能力和素养方面得以全面提升。

三、模拟实训基本流程

模拟实训的基本流程主要包括七大阶段（见图9-1）。即明确模拟实验目的和原则、设计模拟组织管理方案、明确职能（分工）任务、分析环境和市场（行业）、设计公司管理决策方案、实施公司管理决策方案和评价公司管理决策方案实施结果。

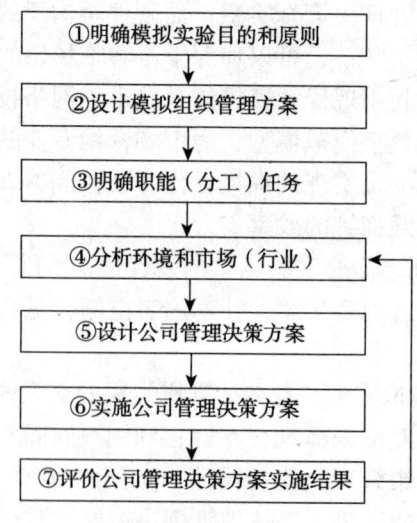

图 9-1 模拟实训基本流程

（一）明确模拟实验目的和原则

市场营销专业的模拟实验课程，可以根据专业基础课和职能课的需要而开设。例如，市场营销学、消费行为学、销售管理、电子商务和国际市场营销学等课程，可以分别开设相关的"情景嵌入"式模拟实训课程，以便对相关理论和方法加深理解和应用。不同内容的"情景嵌入"式模拟实训课程的具体目的是不一样的；而且所涉及的行业等背景的不同，还可能导致模拟实验所遵循的原则产生差异。因此，每门"情景嵌入"式模拟实训课程都需要根据课程内容和实训背景明确模拟实验目的和原则。

（二）设计模拟组织管理方案

设计模拟组织管理方案的目的在于指导今后顺利开展"情景嵌入"式模拟实训活动。从实训的整体来看，主要包括"情景嵌入"式模拟实训环境设计、虚拟公司构建、人员分工和组织、考核及过程控制方案等。

（1）"情景嵌入"式模拟实训环境设计。不仅包括虚拟公司环境内容设计，还包括实训现实环境与虚拟公司环境的应景设计。应充分考虑硬件设计得到的氛围烘托，加强"情景嵌入"式模拟的情景化。

（2）虚拟公司构建。根据"情景嵌入"式模拟实训场景需求，设计虚拟公司发展战略和目标，确定产品和服务定位，明确竞争状态，并由此给出组织架构设计等。

（三）明确职能（分工）任务

明确职能任务是人员分工和组织的关键，是为了更好地开展市场营销管理决策的"情景嵌入"式模拟实训，根据模拟实训场景需求和教学目的，在充分考虑到参加人员数量和知识结构基础上做出的组织方案。

例如，多少人为一组成立一家公司，多少家公司形成一个行业等。一般情况下，3～5人成立一家公司为宜，这样可以在分工基础上进行合作讨论等活动。公司内部的分工，既可以按照管理职能分，如财务部、市场营销部和物资管理部等，也可以按照市场管理或者产品管理分工，如按照市场地理位置区域性划分，或者按照产品线划分等，应视学习者的需求而定。

一个行业中的公司数量越多，显示的竞争程度越高。一般情况下，一个行业中的公司数不低于8～10个为宜。如果是多行业的"情景嵌入"式模拟实训，可能会受到参加人总数的制约。某些行业的公司数可以较低，当然也可以根据"情景嵌入"式模拟实训场景需求来调整。

（四）分析环境和市场（行业）

分析环境和市场（行业）基本情况是每一个参与者必须完成的实训任务，也是一个进入管理决策角色的始端，是开展管理决策的基础工作。

该项工作包括对虚拟公司所处的宏观环境和市场（行业）环境进行研究，也需要结合公司内部条件（环境）进行分析工作。该项活动是进行营销管理决策必备的基础工作，参加实训活动的所有人都有必要参与。研究分析的主要内容和方法可以参考本教材的"实训篇"相关章节，如第十一章第一节等。

（五）设计与实施公司管理决策方案

设计与实施公司管理决策方案的具体内容与"情景嵌入"式模拟实训的课程内容密切相关。可以是"市场调查与预测"，也可以是"市场营销决策""销售管理""电子商务"，或是"国际市场营销"等方面的内容。具体情况详见本教材后面各章节。

设计与实施公司管理决策方案基本流程详见图 9-2。

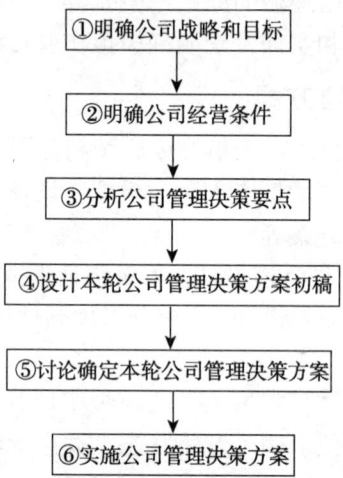

图 9-2　设计与实施公司管理决策方案基本流程

（六）评价公司管理决策方案实施结果

公司管理决策实施结果评价的目的在于明了决策计划整体的完成率，以及各关键决策指标的实现率，为进一步分析管理决策问题和下一轮决策提供依据。

决策计划整体完成率是指本次决策的所有指标为一整体的完成情况考核指标，显示本次决策综合表现水平。各个公司应该在所必要的经营业绩指标下，再根据公司战略目标实施等需要，自行设计评价指标的权重体系。然后根据公式 9-1 计算出整体决策计划完成率。

$$Y = \sum_{i=1}^{n} x_i w_i \qquad (9\text{-}1)$$

式中，Y——决策计划整体的完成率；

x_i——第 i 个指标完成率，即第 X_i 个指标的实际完成值与其计划值的比值；

w_i——第 i 个指标对整体完成率的权重值。

总之，在一个虚拟的企业管理环境中，需要体现现实的企业管理决策不是一劳永逸的，在不断往复循环的决策改进中才能提高管理水平和决策的有效性，进一步提升企业的竞争能力。因此，在前一轮的"评价公司管理决策方案实施结果"基础上，进一步根据新的公司环境进行下一轮的管理决策活动，即由第⑦步再次进入第④步（见图9-1），开展相关营销管理决策分析等工作。这样便充分体现了"情景嵌入"式模拟实训的真实性。

第二节 "情景嵌入"式模拟实训模型构建

一、模型的含义及类型

（一）模型的含义

无论实际研究对象是什么，为了使研究对象简单化以便于分析，人们总会用一些实物的或是数学的方法对研究对象进行抽象的描述以反映现象的本质属性和特征。这种对事物所进行的抽象或具体的表示即是模型。

模型可以理解为通过主观意识借助实体或者虚拟表现而构成客观阐述形态、结构的一种表达目的的物件。注意这里所说的物件并不等于物体，它是不局限于实体与虚拟、不局限于平面与立体的表示。

本节所讨论的"情景嵌入"式模拟实训的模型即是用于实验的模型，实验是科学研究的基本方法之一，是根据科学研究的目的，尽可能地排除外界的影响，突出主要因素并利用一些专门的仪器设备，而人为地变革、控制或模拟研究对象，使某一些事物（或过程）发生或再现，从而去认识自然现象、自然性质、自然规律。

根据如上定义，市场营销专业中所设计的实验即是采用一些科学的方法和手段，通过模拟营销管理活动实际过程，来揭示其本质规律的过程。

（二）模型的类型

模型的分类方法有很多种，此处仅介绍两种主要的分类方法。

1. 按照构建模型的基本方法分类

（1）实物模型。实物模型也称实体模型，即按研究对象的实际，等比例或按一定比例搭建的实物。这种模型在一般科学研究和现实生活中比较常见，如耳熟能详的太阳系模型、原子结构模型、战场沙盘模型、楼盘模型、航母模型等。实物模型是对现实事物的放大或缩小。

（2）文字模型。不同于实物模型，文字模型中没有实物构成要素，而是由诸如概念、理论、思想等构成的模型。这种模型通常表现为语言和文字，如教科书、宪法、马克思主义等，都可以认为是通过语言文字载体构建的模型。

（3）图表模型。顾名思义，图表模型就是用图或表所构建的模型，如地图、航海图、员工信息一览表、企业资产负债表等。

（4）模拟模型。主要是利用现代信息技术，通过物理方法所构建的模型，如电子游戏等电脑软件、传统照相技术和电视技术、虚拟现实技术等都是模拟模型的典型事例。

（5）数学模型。数学模型就是采用数学的方法构建的模型。这种模型通常利用文字、符号、代码等的组合来表示，是对客观事物的一种抽象的描述。

2. 按照模型对象的清晰程度分类

按照系统论的观点，任何系统均是一个将输入转化为输出的转换机构，见图9-3。而这个转换机构的内部构成要件及其关系可能是清晰的，也可能是模糊的，也可能是一无所知的，如此形成了白色系统、灰色系统和黑色系统，或称为白系统、灰系统和黑系统。

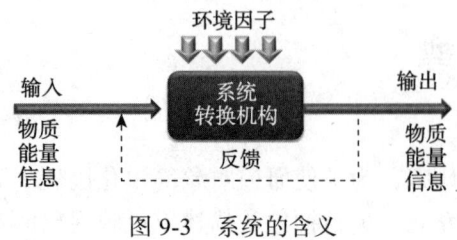

图 9-3　系统的含义

（1）白色系统模型。白色系统模型是对白色系统所构建的模型。这类模型现实中并不多见，主要原因是白色系统在现实中并不常见。

（2）灰色系统模型。介于白色系统和黑色系统之间的系统称灰色系统，对灰色系统的建模称为灰色系统模型。这类模型实际中很常见，因为此类系统是现实中的绝大多数，如统计分析模型、马尔可夫过程模型等，市场营销实验模型也多属于此类模型。

（3）黑色系统模型。所谓黑色系统，即人们对其一无所知的系统，对此类系统的建模通常采用构想法或想定法，一般会反复经历"假设—验证—修正—再验证"的过程，按此法所构建的模型为黑色系统模型。显然，现实中此类系统不常见，其模型也不常见。

二、白色系统模型构建

模型构建就是建模。建模就是对给定系统按待研究问题而建立模型的过程。模型一方面要反映所关注系统的主要特征，另一方面又要具有可操作性。

系统建模首先要界定系统边界，包括它的控制输入、干扰输入、状态、输出及它们之间的动态演化关系。其表现形式大多是一些定量或定性的数学关系式，也可以采用仿真和分析的计算机程序，或是某种具有共同特征的较简单的物理模型及它们之间的混合形式等。

白色系统模型虽然现实中较为少见，但有时对于近乎白色的灰色系统也可以采用白色系统建模的方法。

例如，在研究电压、电流和电阻之间关系时，可采用"电压 U = 电流 I × 电阻 R"的关系模型；在研究里程、速度和时间关系时，可采用"里程 S = 速度 R × 时间 T"的关系模型；在研究企业销售情况时可建立"销售额 S = 销售量 Q × 单价 p"的模型；而在研究企业利润时也可以建立"销售利润 = 销售收入 − 销售成本"的关系模型。

对于销售收入，总是可以按所有产品和业务的总销量和销售单价情况进行累计，而销售成本也可以根据各种营销费用支出情况进行累计，这些基础数据在企业的业务部门是要留存的。即使要估算企业的净利润，因为利率、税率、费率等也是有法可依的，所以在研究企业利润时，可以认为这是一个白系统。当然，所有数据未必完全占有，所以它也只是一个近似的白色系统而已。由于这类系统建模比较容易，故在此不过多阐述。

三、灰色系统模型构建

灰色系统建模是现实中最为常见的建模形式。其基本建模步骤如图 9-4 所示。

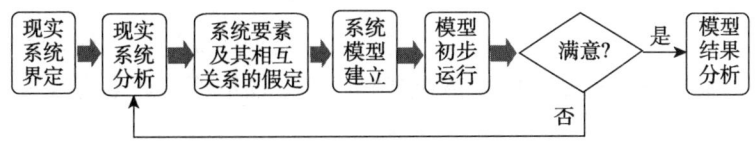

图 9-4 建模的基本步骤

（一）现实系统界定

实验模型构建的第一步就是要对现实所要研究的系统进行边界范围的界定。比如，确定研究企业的销售量还是某一品牌的销售量，对系统模型的构建的影响是巨大的。这是因为不仅外部环境要素对模型的影响可能有所差别，而且系统本身的构成要素也可能完全不同。

（二）现实系统分析

对现实系统进行界定以后，就要对现实系统所处环境及其内部构成进行深入分析。分析的对象是什么，取决于研究目的，决定了因变量是什么。为了更有效地测定因变量的变化规律和可能达成的结果，还要分析影响因变量变化的因素有哪些，在能够达成研究目的的前提下，提炼出影响因变量变化的主要因素（自变量）是本阶段的主要任务。

（三）系统要素及其相互关系的假定

对于白色系统建模，这一步骤相对容易，因为要素和关系都是明确的。但对于灰色系统建模而言，这一步骤难度较大甚至很大，因为有些要素和关系未必是明确的，这就要求基于相关理论研究或是经验，对要素构成及其相互关系做出一定的假设，这些假设是构建模型的基本依据。

（四）系统模型建立

系统模型建立就是用物理的或数学的方式将因变量的自变量之间的关系表示出来。系统是唯一的，但是描述系统的模型并不是唯一的，甚至可能存在无穷多个。这是因为自变量的选取可能不同，变量关系的表现形式也可能不同，即可能存在多种线性的或非线性的模型，模型中的自变量个数也不是唯一确定的。

系统模型的建立可以采用外描述和内描述两种形式。所谓系统的外描述模型，即只考虑系统输入与输出而建立起来的输出（因变量）与输入（一个或多个自变量）的关系模型，通常形式为

$$y_t = f(x_i, t) \tag{9-2}$$

所谓系统的内描述模型，则是在外描述的基础上，考虑了系统构成要素所处的状态，通常形式为

$$y_t = f(x_i, S_j^t, t) \tag{9-3}$$

式 9-2 和式 9-3 中，y_t 为 t 时刻的输出；x_i 为第 i 个自变量；t 为时间，S_j^t 为第 j 个要素在第 t 时刻所处的状态。

（五）模型初步运行

模型建立是要确定模型的形式和模型的参数。模型建立以后，就要对模型进行初步运行。模型运行是指设定自变量的取值而观察因变量的取值。通常自变量是给定的，而因变量则是随机产生的。

（六）模型结果分析

如果因变量的输出结果能够满足现实实际或符合理论要求，则可以对模型结果进行分析，给出最后结论；否则，则要对模型进行修正，即检查模型构建各个阶段可能存在的问题并加以解决，直到模型能够输出满意的结果，然后进行模型结果分析。

第三节　实验效果及其评价标准

一、实验效果评价

上一节讨论了模型及其构建，而且在模型的构建步骤中提到了模型是否满意。什么是满意，对于不同目的的实验或者模拟实训，判断标准可能并不相同。但是，既然是营销模拟实训，它们一定会存在一些固定的标准，或者说是基本标准。

实验效果是指实验所取得的结果与理想结果之间的差异程度。当然，效果应该是一个综合概念，除此之外，可能还包括时间效果、经济效果等，但这些效果不在本节所讨论范畴之内，本节仅基于误差的角度来讨论实验效果的评价问题。

市场营销专业的"情景嵌入"式模拟实训也需要考虑实验效果。站在教学组织者角度，实验效果可以是指根据"情景嵌入"式模拟实训教学目的，评估其结果满足教学大纲要求的程度。

二、实验效果评价标准

如上所述，实验效果是一个整合概念，那么实验效果评价的落脚点可以有很多，评价标准也就会有所不同。

如果仅从实验误差的角度来评价实验效果，则可以从绝对误差和相对误差的角度来进行。

（一）实验绝对误差

实验绝对误差是指实验结果（模型值）与实际结果（实际值）之间的差值。对于有些模型实验，实验之前可能有绝对误差的要求，绝对误差反映了实验的精度。

模型值可以通过设定自变量得出，但不同的自变量输入所得到的绝对误差未必相同；而对于一些预测类的实验，实际值却是求知的。这样可以用历史的或现有的数据，采用

平均的方式来对绝对误差做一个大致的估计。实验绝对误差可以表述为

$$实验绝对误差 = 实验结果值 - 实际值 \tag{9-4}$$

（二）实验相对误差

实际上，无法利用实验绝对误差的大小来判断实验效果的好坏，因为对于不同目的的实验，绝对误差值的大小不能说明问题。比如，在进行销售额实验时，两个实验的误差都是 100 元，并不能说误差相同，因为一个可能做的是全行业的销售额实验，而另一个做的可能是某企业的销售额实验。

实验相对误差是将实验绝对误差与其自身水平对比后而得到的相对数。有如公式 9-5：

$$实验相对误差 = \frac{实验绝对误差}{实际值} \times 100\% \tag{9-5}$$

一般的模型实验，相对误差率在 10% 以下，便可认为实验效果良好。

如果从实验结果满足教学大纲要求的程度来评价效果，往往是对每一位学习者进行多方位的评价，主要包括参与显示性、过程完整性和结果符合性 3 个主要方面。

1. 参与显示性

参与显示性是指学习者从行为、情感和思维等方面所表现出来的参与情况。因此，"情景嵌入"式模拟实训的参与显示性可以从角色扮演入境情况、学习迫切性表现、出勤率、沟通讨论积极性等方面来体现。

2. 过程完整性

"情景嵌入"式模拟实训过程是一个接受已知知识，探索未知和知识应用的完整链。因此，"情景嵌入"式模拟实训过程是一个完整的学习链，学习者的实训过程完整性是一个体现实训效果的重要方面。过程完整性可以从实验工作内容（项目）完成率、专业知识综合能力和应用能力表现，尤其是自觉地将以往所学知识、工具和方法的调用，提高实验效率和效果等方面来体现。

3. 结果符合性

"情景嵌入"式模拟实训结果的显示，可以是一组数据，也可以是一系列图或者表，或是其他方式。那么这些展示与其实训要求的符合性就成了一个教学质量管理问题。实训结果的符合性可以是诸如决策（活动）执行效果、实验结果正确率和虚拟行业或公司业绩，或是形成的文字报告（如决策报告或工作总结报告）的系统性、专业性和规范性等方面。

由于市场营销专业的"情景嵌入"式模拟实训课程设置的系列化，内容和要求差别较大，因此实验效果及其评价标准要视课程内容和参与者情况等而进行差别设计。

本章知识点

1. 模拟实训基本流程内容，包括明确模拟实验目的和原则、设计模拟组织管理方案、明确职能（分工）任务、分析环境和市场（行业）、设计公司管理决策方案、实施公司管

理决策方案和评价公司管理决策方案实施结果。

2. 灰色系统建模步骤，包括现实系统界定、现实系统分析、系统要素及其相互关系的假定、系统模型建立、模型初步运行和模型结果分析。

3. 实验效果评价内容，包括实验数据误差、实验者学习情况等。

思考题

1. 模拟实训的核心思想是什么？
2. 模拟实训基本步骤包括哪些内容？
3. 模拟实训基本流程是怎样的？
4. "情景嵌入"式模拟实训所用模型属于哪类？
5. "情景嵌入"式模拟实训效果评价包括哪些基本内容？
6. "情景嵌入"式模拟的实验效果评价需要注意哪些问题？

小训练

奥斯本检核表法训练：运用奥斯本检核表法，对你或他人所戴的眼镜进行改进方案设计，以提高其适应性。

第十章

市场调查与预测模拟

本章概要：

市场调查与预测是进行市场营销决策的基础和前提，营销决策的科学性取决于管理者对于市场动态和趋势进行的准确预测，而市场预测的准确性则又取决于市场调查方式和方法的合理性，即所获取的资料的客观性和及时性。本章介绍了市场调查与预测的基本原理，包括一般流程和具体方法，并在此基础上对市场调查和预测模拟过程进行了系统性论述。

第一节 市场调查与预测概述

一、市场调查概述

（一）市场调查的含义和基本流程

市场调查是运用科学的方法，有目的地、系统地搜集、记录、整理有关市场营销的信息和资料，分析市场情况，了解市场的现状及发展趋势，为市场预测和营销决策提供客观的、正确的资料的过程。

市场调查包括调查预备阶段、正式调查阶段、资料处理阶段和结果追踪阶段（图10-1）。

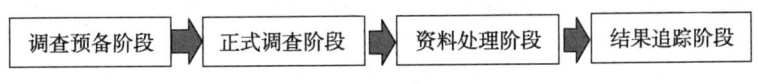

图 10-1 市场调查基本流程

1. 调查预备阶段

为了更加有序地开展市场调查工作而进行的必备的准备工作，是调查工作开展的基础。其工作包括确定调查目标、调查对象和调查项目，然后制定调查计划，进行调查准备组织工作，即进行调查员培训和其他调查资源的准备等。如果是一手资料的收集，就要进行调查问卷或者访谈提纲的设计、调查对象和样本量的确定、抽样方案的设计等；

如果是二手资料的收集，就需要进行二手资料收集条件的准备，包括选择收集的技术手段、途径或者平台，确定二手资料收集的范围及抽样设计等。抽样设计包含 5 个流程（图 10-2）。分层抽样是常用的方法，具体步骤如图 10-3 所示。

图 10-2　抽样设计实验的 5 个流程

图 10-3　抽样设计实验的分层抽样步骤

2. 正式调查阶段

该阶段是根据预备阶段设计的方案进行市场调查实施活动。这一阶段将决定获得的市场调查资料的真实性、可靠性、系统性和安全性等。

3. 资料处理阶段

该阶段是分析处理所获得市场调查资料、完成市场调查报告撰写的阶段。这一阶段将关系到市场调查工作成果的完备性、有用性、准确性等。

4. 结果追踪阶段

该阶段主要任务是将市场调查处理出来的结果加以验证和比较，检查其与市场变化的实际差距并进行及时调整等。

（二）市场调查的类型

市场调查是市场营销决策活动的起点，也是市场营销决策活动的终点。从企业管理角度来看，市场调查的目的可以是了解市场的需求，也可以是在管理决策实施以后对市场的变化状态是否朝着预期目标方向发展进行了解。市场调查活动是所有企业的营销决策与管理的基础。

市场调查可以按照不同的标准进行分类。例如：根据企业营销活动目的的不同，分为探测性调查、描述性调查、因果性调查和预测性调查；根据调查对象的不同，分为对消费者个人的调查和对用户企业的调查；根据调查方式的不同，分为资料调查、问卷调查、访问调查、观察调查和实验调查等。

扩展阅读 10-1

本书在"实验篇"中重点介绍了到"市场"中去开展实践教学活动,并体验实际的市场活动小实验;主要涉及问卷调查、访问调查和观察调查(依据调查方式不同分类的市场调查类型),也有利用大数据手段进行资料收集的调查活动。在"实训篇"中重点介绍通过建立仿真模拟模型,编制模拟实验用软件,获得较为封闭的实验场景,以实现多循环实验,来体验市场营销管理决策的"情景嵌入"式刺激;主要涉及的是利用资料调查类型,通过获得的二手资料进行诸如市场供求未来变化的分析等。

二、市场预测概述

(一)市场预测的含义和流程

预测是对事物未来的发展趋势和状态进行的事先估计和判定。市场预测则是对市场的发展趋势和状态所做的预先判断。这种判断可以凭借经验做出,也可以通过一些科学的方法定量地给出。

市场预测主要包括市场规模预测、产品供需预测、购买力预测、消费偏好预测、产品竞争力预测等。无论是做什么预测,总要经历预测目标的确定、预测范围的界定、基本数据的搜集、预测方法的选择、预测模型的构建、预测模型的求解、结果检验与分析等主要步骤,如图10-4所示。

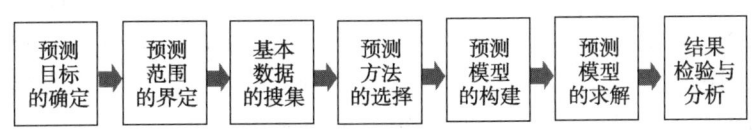

图10-4 预测的基本流程

1. 预测目标的确定

预测目标的确定包括要明确预测目的、明确预测指标和提出预测精度要求。不同的预测目的,所采用的指标则可能有所不同。例如,在进行企业竞争力研究时,采用销售增长率指标和采用市场占有率指标则有可能得出不同的结论,而市场占有率指标更能体现企业的竞争力。明确预测指标即明确要对哪个指标做预测。例如,在进行市场规模预测时,采用销售量指标和采用销售额指标时所使用的方法和数据可能有很大的区别。提出预测精度要求则是要保证预测结果的合理性和可靠性,不同的预测目的对预测精度的要求有所不同,不同的预测精度要求,也决定了依据的数据类型和采用的预测方法。

2. 预测范围的界定

预测范围包括指标范围、对象范围和地域范围。对指标范围概念的理解不同,有可能产生很大的差异。例如,在研究居民购买力时,是采用总收入、可支配收入指标,还是采用可供任意支配收入指标,对结果的影响会很大。明确对象范围则是要明确地界定预测对象。比如,是要预测某个产品的销售额,还是全部产品的销售额。明确地域范围则是要明确对哪个市场区域进行预测,是全球,还是国内,还是某个具体区划范围。

3. 基础数据的搜集

无论是采用定性的还是定量的预测技术，总不可以采用封建迷信的方式来进行，也不可以完全靠想象，总是要依据历史和现状的一些基本数据。有些数据是可以获取的，也有的数据是可以局部获取的，而有的数据则是不可能获取的，这就要求在选择预测方法之前一定要首先尝试能够获取什么样的数据。

4. 预测方法的选择

有些预测方法理论上可能是理想的，但在现实中未必是适用的。有些预测方法对数据的要求高，而有的预测方法对数据的数量和质量要求则较低。例如，定性预测方法对数据的要求不比定量预测方法要求高。有什么样的数据，决定了采用什么预测方法，而不是先确定预测方法后，再去想方设法地搜集其所需要的数据，如果没有适合的数据，理论上再好的预测方法也是不能用的。

5. 预测模型的构建

无论是定性还是定量的预测方法，都需要建立预测模型。只不过定性预测可能是一种想定模型或逻辑思维模型，而定量预测多为数学模型、物理模型或模拟模型。

6. 预测模型的求解

预测模型建立以后就要通过设定自变量的取值来对因变量进行估计和判断。自变量可以是时间（例如，在进行时间序列预测时，时间就是自变量），也可能是某个为因的量（例如，随着国民收入的增长，恩格尔系数会下降，则国民收入是导致恩格尔系数下降的原因，当国民收入为某一个值时，恩格尔系数会达到多少，可以利用所构建的两者关系模型得出预测结果）。

7. 结果检验与分析

对于预测模型所计算出来的结果未必就是最后的预测结果，还需要通过对模型的检验和修正加以必要的调整。比如，在对某产品的销售量进行预测时，依据时间序列所构建的预测模型可能是线性的，但一般产品的销售量不可能随时间线性增长，更大的可能是符合成长曲线，它在一定的范围内表现为线性成长方式，而在另一个时间段则可能表现出其他类型的成长，如此采用线性方程所进行的预测长期来看则一定是无效的，所以在实际给出预测结果和得出分析结论之前，一定要对预测模型进行必要的检验。检验通过以后，才可以依据预测结果进行相关的分析工作。

（二）市场预测方法

1. 定性预测方法

定性的预测方法就是主要依据预测者个人的经验和知识所进行的预测。因参与这类预测的人数不同，所以又可以分成个人预测法和集体预测法。

1）个人预测法

个人预测法就是凭借预测者个人的判断做出的预测。须注意，个人预测法并不一定是一个人做出，只是每个人独立做出而已。比如，要预测本公司今年的市场占有率，可以由市场部经理、生产部经理、研发部经理等分别做出，最后进行平均或采用其他平均指标进行处理后，给出预测结果。

2）集体预测法

与个人预测法不同的是，集体预测法要参考和借鉴他人的意见来做出预测。集体预测法源自专家会议法，但因其易受个人性格，领导、专家或权威等是否在场等因素的影响较大。一般目前常采用的方法有头脑风暴法（brain storming，BS）和德尔菲法等改良方法，这些方法是进行创意、决策和预测时均可采用的方法。

（1）头脑风暴法。头脑风暴法，顾名思义，是为了寻求与会者即时的智慧碰撞而提出的一种方法。这种方法既要做到相互启发，又要避免相互影响，所以有一些具体的会议规则。

①参会者选择。互相认识，要从同一层次的专家中进行选择；互相不认识，可以从不同层次的专家中进行选择。无论认识与否，每个人会前都不知道会议内容。

②参会者数量。一般参会人数以 10～15 人为宜，除非是重大项目或级别较高的项目。

③会议时间。一般控制在 20～30 min 以内。

④发言规则。在主持人简短对会议内容和要求进行简要说明后，要求每个参会者必须发言，且不超过 3 min，不可以长篇大论和念发言稿。发言时，可以肯定但不可以否定别人的意见。

以上规则的目的在于规避专家会议法的不足，让每个人都能畅所欲言，按此规则进行的会议称为直接头脑风暴法会议。畅所欲言未免会有些不恰当的意见产生，所以在进行头脑风暴会议的同时或稍后，会进行专门对此会议"品头论足"和"挑毛病"的质疑头脑风暴法会议，以去除不合理的意见。

（2）德尔菲（Delphi）法。德尔菲（Delphi），也有人称为特尔菲，是希腊的一个地名，阿波罗神殿所在地和"神谕"的起源地。美国兰德（Rand）公司提出该方法时，以此圣地为名，以显示其方法的灵验。

为避免一般专家会议法的不足，德尔菲法采用了匿名的方式来进行，会议是虚拟的形式，大家不见面，其沟通采用结果反馈的形式以集合众多专家的智慧。德尔菲法的主要特点有匿名性、反馈性和统计性，其基本流程如图 10-5 所示。

首先，就某一主题，不同专家分别展开预测，主持人要求提交预测结果的最后期限。

其次，主持人对第一轮的预测结果进行统计处理，如给出最大值、最小值、均值、众数、中位数等统计参数，将结果反馈给参会人员。

再次，要求每位专家参考其他专家意见，就此主题进行再次预测，和第一轮一样，也是给出最大值、最小值、均值、众数、中位数等统计参数，将结果再次反馈给参会的各位专家。

最后，重复如上过程，直到与会专家意见基本一致时为止，一般德尔菲法经历 3～4 轮即可实现意见的基本统一。

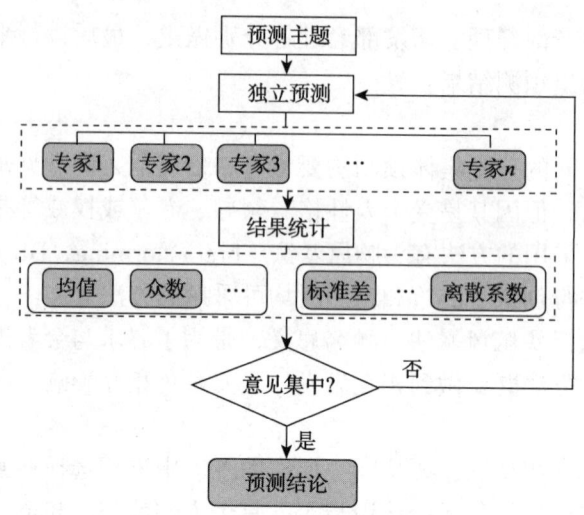

图 10-5　德尔菲法流程（示意）

2. 定量预测方法

1）时间序列预测

（1）移动平均法。移动平均法又可以分为一次移动平均法和二次移动平均法。移动平均法是采取逐项依次递移的方法将时间数列的时距扩大，计算时距扩大后的序时平均数，形成一个新的时间序列，据此新的数列构建模型、进行预测的方法。计算一次移动平均值的公式为

$$M_t^{[1]} = \frac{x_t + x_{t-1} + \cdots + x_{t-n+1}}{n} \quad (10\text{-}1)$$

式 10-1 中，$M_t^{[1]}$ 为第 t 期的一次移动平均数；x_t 为第 t 期的实际值；n 为移动期数。

建立如下的预测模型为

$$X_{t+1} = M_t^{[1]} + [(n-1)/2+1]F_t^{[1]} \quad (10\text{-}2)$$

$$F_t = (x_t - x_{t-n+1})/(n-1) \quad (10\text{-}3)$$

式 10-2 中，$F_t^{[1]}$ 是对 F_t 作的一次移动平均，F_t 的计算见式 10-3。

一次移动平均法的基本思路是用移动平均值作为预测值，尽管模型中增加了修正项 $F_t^{[1]}$，但预测结果还是相对保守，所以现实中应用得较少，而更多是采用二次移动平均法。

二次移动平均法是在一次移动平均的基础上，对数据进行二次移动平均，并基于二次移动平均值构建模型进行预测，预测模型见式 10-4。

$$X_{t+T} = a_t + b_t \cdot T \quad (10\text{-}4)$$

式 10-4 中，$a_t = 2M_t^{[1]} - M_t^{[2]}$，$b_t = \dfrac{2}{n-1} \cdot \left[M_t^{[1]} - M_t^{[2]} \right]$，$X_{t+T}$ 为第 $t+T$ 期的预测值。

（2）指数平滑法。指数平滑法是为了解决移动平均法的不足而提出的改进方法。由移动平均法预测模型的构建公式可以看出，移动平均法所建立的预测模型只用到了靠近预测期的部分数据，而无论原始数据多么多，远期数据对模型参数是没有影响的。故提出指数平滑模型如下

$$X_{t+T} = a_t + b_t \cdot T \quad (10\text{-}5)$$

式 10-5 中，$a_t = 2S_t^{[1]} - S_t^{[2]}$，$b_t = \dfrac{\alpha}{1-\alpha} \cdot \left[S_t^{[1]} - S_t^{[2]} \right]$，$X_{t+T}$ 为第 $t+T$ 期的预测值，α 为平滑系数，介于 $(0, 1)$，一般视时间序列趋势的显著性而定，趋势越明显，则 α 取值一般越大。$S_t^{[1]}$ 和 $S_t^{[2]}$ 的计算公式为

$$S_t^{[1]} = \alpha X_t + (1-\alpha) S_{t-1}^{[1]} \quad (10\text{-}6)$$

$$S_t^{[2]} = \alpha S_t^{[1]} + (1-\alpha) S_{t-1}^{[2]} \quad (10\text{-}7)$$

因为在计算第一期的指数平滑值时，$S_1^{[1]} = \alpha X_1 + (1-\alpha) S_0^{[1]}$ 要用到 $S_0^{[1]}$，一般规定 $S_0^{[1]} = X_0$。同理规定，$S_0^{[2]} = X_0$。

（3）趋势线配合法

趋势线配合法是根据给定的原始数据拟合一条趋势线方程，并据此进行预测。将原始数据导入，在 Excel 中选择"插入—散点图—选择数据—添加趋势线（选择线性、显示公式和显示 R 平方值）—添加数据标签"选项，即可得到图 10-6。

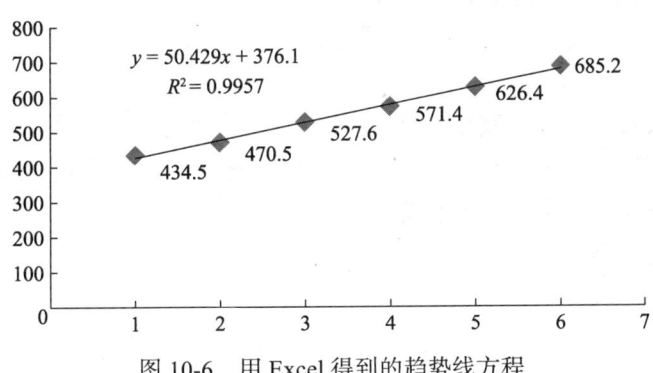

图 10-6　用 Excel 得到的趋势线方程

（4）灰色预测法

灰色理论的微分方程模型称为灰色模型（grey models，GM）。一般建模是用数列建立差分方程，而灰色建模是将原始数列作生成处理后建立微分方程。GM(1, N) 表示一阶的，N 个变量的微分方程模型，它适用于建立系统的状态模型，适合多变量的动态关联分析，并不适合预测使用，因为各变量的值在未预测出来的情况下，某变量值是无法预测出来的。所以灰色预测就是特指利用 GM(1, 1) 模型进行的预测。建模的步骤如下。

第一步，对原始数列进行级比检验。需注意，利用 GM(1, 1) 模型进行预测需要进行级比检验，即原始数据的某一期与其后一期的数值之比要落在可容覆盖之内，表达式为

$$\sigma(k) = \dfrac{x(k-1)}{x(k)} \in \left[e^{\frac{-2}{n+1}}, e^{\frac{2}{n+1}} \right] \quad (10\text{-}8)$$

第二步，对原始数列 $x^{(0)}$，计算累加生成数列 $x^{(1)}$，计算公式为

$$x^{(1)}(k) = x^{(1)}(1) + x^{(1)}(2) + \cdots + x^{(1)}(k) \tag{10-9}$$

第三步，对 $x^{(1)}(k)$ 采用最小二乘法，按式 10-10～式 10-12 确定模型参数。

$$\hat{a} = [a, u]^T = (B^T B)^{-1} B^T y_N \tag{10-10}$$

$$B = \begin{bmatrix} -\frac{1}{2}[x^{(1)}(1) + x^{(1)}(2)] & 1 \\ -\frac{1}{2}[x^{(1)}(2) + x^{(1)}(3)] & 1 \\ \cdots & \\ -\frac{1}{2}[x^{(1)}(n-1) + x^{(1)}(n)] & 1 \end{bmatrix} \tag{10-11}$$

$$y_N = \begin{bmatrix} x^{(0)}(2) \\ x^{(0)}(3) \\ \cdots \\ x^{(0)}(n) \end{bmatrix} \tag{10-12}$$

第四步，根据式 10-13 建立预测模型：

$$\hat{x}^{(1)}(k+1) = \left[x^{(0)}(1) - \frac{u}{a} \right] e^{-ak} + \frac{u}{a} \tag{10-13}$$

第五步，对预测模型进行残差检验。GM(1,1)模型通常采用残差检验。即按所建模型计算出累加数列后，再按累减生成还原，还原后将其与原始数列相比较，求出两序列的差值，通过计算相对精度以确定模型精度的一种方法。

第六步，利用模型进行预测。

2）回归分析预测

回归分析包括一元线性、多元线性、一元非线性和多元非线性 4 种形式，其中线性回归是最为常用的，而多元非线性回归的使用比较少见。

（1）线性回归分析预测

一元线性回归分析预测与前文时间序列预测中所述的直线趋势配合法原理相同，不同的是因果分析的自变量可以是时间，也可以是其他的量。

在 Excel 上进行一元线性回归模型的构建很容易。只需在输入原始数据后，按照：其他函数—统计—INTERCEPT，确定后在 Known_y's 和 Known_x's 处选择因变量和自变量所对应的区域后，单击"确定"按钮即可得到模型的截距。按照：其他函数—统计—SLOPE，确定后在 Known_y's 和 Known_x's 处选择因变量和自变量所对应的区域，单击"确定"按钮即可得到模型的斜率。

利用 Excel 进行回归分析，可以按照如下步骤进行。

第一步，打开 Excel，输入原始数据。

第二步，选择"开发工具"—"Visual Basic"—"运行"—"运行宏"选项。

第三步，在工具中，选择 atpvbaen.xls(ATPVBAEN.XLAM)--RegressQ，单击"运行"按钮后，出现如图 10-7 所示的对话框。

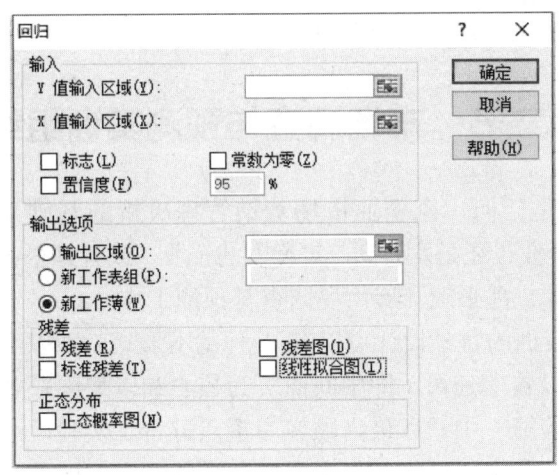

图 10-7　回归分析的对话框

第四步，在"Y 值输入区域(Y)"和"X 值输入区域(X)"输入框中分别选中 Excel 表中的因变量和自变量所在的区域，其他选项可以不选，或有目的地选择其中的若干选项。点击"确定"按钮后可以得到如图 10-8 所示的结果。

	A	B	C	D	E	F	G	H	I
1	SUMMARY OUTPUT								
2	回归统计								
3	Multiple R	0.9978448							
4	R Square	0.9956943							
5	Adjusted R Square	0.9946179							
6	标准误差	6.9362402							
7	观测值	6							
8									
9	方差分析								
10		df	SS	MS	F	Significance F			
11	回归分析	1	44503.214	44503.214	925.00297	6.96212E-06			
12	残差	4	192.44571	48.111429					
13	总计	5	44695.66						
14									
15		Coefficients	标准误差	t Stat	P-value	Lower 95%	Upper 95%	下限 95.0%	上限 95.0%
16	Intercept	376.1	6.4572882	58.244264	5.203E-07	358.1716937	394.0283063	358.1716937	394.0283063
17	X Variable 1	50.428571	1.6580786	30.413861	6.962E-06	45.82500734	55.03213551	45.82500734	55.03213551

图 10-8　回归分析结果图示

图 10-8 中包含了 3 个表格，最上面的表为输出概述。显示了回归分析中的相关系数 R，可决系数 R^2，调整后的可决系数 R^2，估计标准误差以及观测值的个数。中间的表为回归模型的方差分析，即 F 检验。最下面的表主要为回归方程的系数以及 t 检验的结果，以及回归方程的截距 Intercept 为 376.1，斜率为 50.428571。

多元线性回归分析预测的原理和方法与一元线性回归相同，故不赘述。

（2）非线性回归分析预测

非线性回归分析预测的主要方法是将非线性转化为线性的形式。例如：对于指数函数和幂函数，可以通过求对数的方式实现转化；对于抛物线，可以通过将二次方项定义为另一个变量的方式转化为双变量线性回归；等等。

第二节　市场调查与预测实训组织

市场调查与预测是任何一家企业市场营销管理决策的基础工作。无论是新成立的企业，还是发展到一定程度的企业，或者是企业考虑进入一个新市场等，都必须开展市场调查与预测工作。

扩展阅读 10-2

市场调查与预测实训的背景设计可以有 3 种基本形式，即以生产制造企业为核心、以贸易公司（即中间商）为核心和以最终顾客为核心。本书在"实验篇"中，以最终顾客为重点进行了实验设计介绍，因此在"实训篇"中不再将其作为实践教学的内容。而生产制造企业的市场调查与预测工作内容也包括对中间商（渠道）的研究。所以，本节仅介绍以生产制造企业为核心进行的市场调查与预测的实训。

一、市场调查与预测实训的目的

市场调查与预测的实训一般安排在学习完市场调查与预测的基本理论知识和方法以后进行。该实训教学活动通过多轮、不同的内容实践市场调查与预测的基本理论知识和方法的运用，获得置身于企业营销管理之中的感觉。

因此，市场调查与预测实训的目的是在满足教学的条件和要求情况下，不仅要进行市场调查与预测理论知识的应用实践，而且还要站在企业管理者角度进行市场调查与预测报告撰写的训练，以不断提升学习者的市场调查与预测理论联系实际的能力，增强实战能力。

二、市场调查与预测实训的组织管理

市场调查与预测实训教学活动是在实训软件支持的基础上而开展，因此参与者不仅有学习者、教师，还有管理员，以便对实训平台加以维护和管理。

例如，北京云泽科技有限公司的"市场调查模拟"软件的管理员系统就可以对开展实践教学的教师进行管理，包括添加、删除、修改和查询等操作功能，见图 10-9。

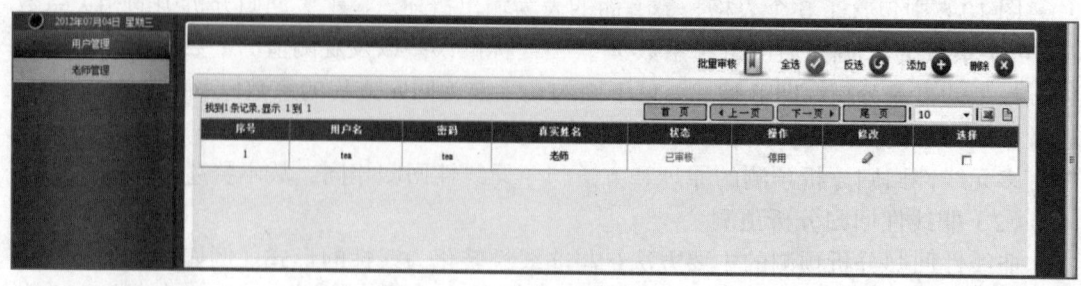

图 10-9　管理员系统页面

教师可以对参加实训的班级、人员、过程和信息进行管理，也可以对撰写提交的报告和实训基础数据等进行查看、分析或者批阅，见图 10-10。

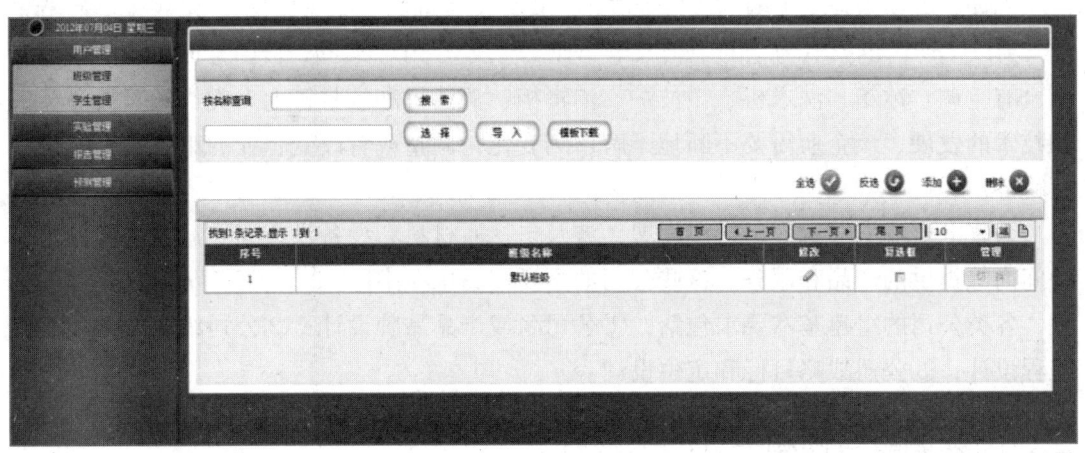

图 10-10　教师系统页面

模拟过程可以是每个学习者单独进行，也可以视模拟条件和学习者规模分为若干组，成立公司，形成行业。每个人的角色既可以是调查者，也可以是其他人或其他组的调查对象。扮演的行业还可以进行互换，开展多轮模拟。

（一）行业设计

无论哪种生产制造企业，都会涉及围绕该企业生产活动的供应商、中间商和最终顾客（消费者或组织用户）。因此，在价值链上可以形成多个行业，开展多角色扮演实训活动。

例如，在生产制造企业活动的价值链上至少可以形成四大行业。一是生产制造某一类产品的企业形成的行业，如家电行业（或通信器材行业、服装业、食品加工业等，当然在一个模拟环境中最好是一类产品的提供者）；二是供应原材料和设备的行业，如电子元器件供应商、金属板材供应商等；三是运输服务行业，如运输企业（公路运输企业、铁路运输企业等）；四是批发零售行业，即帮助家电等生产企业销售产品的中间商所形成的行业。

因此，根据市场调查与预测实训环境，可以将学习者分在这 4 种不同的行业中。为了达到一定的竞争氛围，每个行业中成立的公司不少于 10 个；每个行业中不同类型的公司数不少于 5 家。例如，批发零售行业中包括了批发商和零售商，那么批发商和零售商的公司数分别不少于 5 家，合计不少于 10 家。在这种行业背景下，至少形成 4 个行业、40 个公司，每个行业中的公司互为竞争对手。

（二）公司设计

虽然 4 个行业的公司向市场上提供的产品和服务是有差别的，每个行业中的公司所关心的行业背景、宏观环境内容等也有所不同，但是在一个"大实训"要求下，其涉及的宏观环境、行业基本情况和市场情况是统一的。同时，各个公司的组建基本要求是一致的，只是不同的企业由于规模、市场、产品和服务的差异等方面的不同，导致组织架构和业务流程的具体形式和内容不同，营销管理的重点工作也不同而已。

例如，市场调查与预测的"情景嵌入"式模拟实训的背景为中国市场，"生产制造企业"为以生产白色家电为主的中国家电企业，已成立 30 年时间，目前推向市场的家电产品已有空调、冰箱、洗衣机、微波炉、消毒柜、清洁机和灶具等七大类，随着社会经济和技术的发展，该企业需要不断地了解市场变化，调整或者改变企业的市场营销战略及策略等。

该家电企业能够有效运行和发展，涉及包括原材料和设备供应商、运输服务公司、中间商等提供的产品和服务。这些公司的主要市场也在中国。

各类公司的组建基本要求包括：①公司名或产品品牌设计；②公司组织架构和业务流程设计；③公司战略目标和定位设计。

三、市场调查与预测实训的考核办法

市场调查与预测实训的考核内容包括实训过程的参与情况、报告撰写的质量、数据分析工具使用的适宜性、分析结果的有效性等。

（1）实训过程的参与情况包括出勤情况、参与度、与公司他人工作配合情况和实践教学的主动性等。

（2）报告撰写的质量主要是指报告可读性和视觉化程度。包括语句是否通顺，用词是否规范和专业，内容结构是否完整，逻辑结构是否合理，图表使用是否恰当，对调查结果分析所形成的主要结论是否完整等。

（3）数据分析工具使用的适宜性是指数据处理和分析所选择的方法和工具与研究内容的匹配性和条件的满足性。

（4）分析结果的有效性是指调查分析和预测的结果对营销管理决策指导的有效性。这可以通过多轮实训来检验。

市场调查与预测报告是通过对调查的结果分析所形成的主要结论性文字。一般包括主要结论、相关建议、调查与分析预测过程 3 个主要部分。

（1）主要结论。这是报告的核心内容，一般要放在报告的最前面，以体现其重要性，也可以为决策者提供阅读上的便利性，因为他们对结论的关心胜过对过程的关心。

（2）相关建议。形成结论不是研究目的，研究目的通常是要解决实际问题，所以在调查报告中通常要包括相关建议的内容。这部分内容主要是为决策者提供决策参考，依据主要的研究结论而完成。

（3）调查与分析预测过程。调查与分析预测过程是形成研究结论的依据，研究结论是否可靠，取决于调查和分析预测过程是否科学合理，包括样本的产生是否合理，或者二手数据是否准确，所使用的分析预测方法是否合理。这部分内容是阅读者进一步判断研究结论和相关建议是否符合逻辑，是否具有科学性和可靠性的基础。

第三节　市场调查与预测模拟

一、公司经营及环境基本情况

公司经营基本情况包括公司规模大小、市场范围、组织及业务流程基本情况，以及过去的经营业绩等信息。

例如，企业以生产白色家电为主，服务于中国市场。目前推向市场主要有七大类35个型号的白色家电产品，目前主要有6家主要供应商提供生产白色家电产品所需的原材料和设备，通过二级中间商渠道将产品销往市场。随着社会经济和技术的发展，互联网、物联网和人工智能（artificial intelligence，AI）技术等对家电产品的渗透，以及居民人均收入的不断提高等，公司的营销管理需要不断地调整或者改变。

公司的经营环境与生产的产品、服务的市场有极大关系。例如，宏观环境中技术环境，信息化和智能化技术发展，与家电新产品开发及生产就有极大的关联性；对服装和食品等这样的产品影响较弱，对其生产和营销等管理有较大的影响。而人口环境中人口总量的变化，对服装和食品等产品市场的影响大于家电产品市场。因此，需要关注公司经营所处的宏观环境和微观环境的具体内容及过去的相关信息和数据。

例如，该白色家电生产企业服务于中国市场已有30年时间，研究其市场需求未来的变化趋势，需要获得之前10～25年的相关数据，以便进行相关预测分析使用。这些数据资料包括宏观环境中的经济数据、人口数据和新技术开发数据等，以及微观环境中的原材料和设备供应市场数据、竞争者数量和白色家电市场销售数据等。

二、市场调查与预测目的的确定

调查目的就是调查所要达成的目标或最终要解决的问题。调查目的往往取决于现实需要。比如，在进行某产品营销方案设计时，要了解宏观经济及产业发展、竞争对手、营销中介等方面的基本情况，以及最终消费者或顾客对企业提供产品或服务的基本需求。有些方面的信息可以通过文案调查法来搜集现成的二手资料，如政策、法律、宏观经济数据、产业发展数据等；而供应商、竞争对手、营销中介等企业相关方的数据有时可以通过行业协会、企业网站、上市公司披露的基本数据等途径来获取；但对于顾客的消费需求和欲望、意见或态度等方面的信息则只有通过观察、实验、询问等方式来获取，问卷调查是常用的方法之一。

调查目的是什么，一定要明确，因为它决定了调查总体范围、调查对象、调查方式和方法，调查时间、地点及调查项目设计。如果调查是个人单独进行，需要认真思考并最终确定；如果是小组集体进行，需要统一认识来最终确定。

三、市场调查方案设计与实施

（一）确定调查方式和调查方法

调查方式指的是采用全面调查还是非全面调查，非全面调查中又包括重点调查、典型调查和抽样调查等。重点调查和典型调查往往用于了解整体发展情况，因其不具有随机性，所以不能用于对总体数量和数量特征进行推断。抽样调查又分为随机抽样和非随机抽样，非随机抽样显然也不具有随机性，所以也不能用于推断总体数量和数量特征。随机抽样是最为常用的调查方式，可分为简单随机抽样、等距抽样和分层抽样等。

调查方法是指搜集资料的方法，一般分为观察法、经历法、实验法和询问法等。询问法中常见的是访谈法和问卷调查法，而问卷调查法则是最为常见的既经济又有效的方法。

例如，本次调查为重点调查，获得受新冠疫情影响较大的白色家电市场平均价格。可以通过行业协会的相关资料获得，也可以到市场中利用观察法或询问法获得。利用行业协会可以获得多时间点下的各类白色家电平均价格值；利用观察法或询问法往往是抽样进行，得到的是部分白色家电产品在部分市场中的价格水平值。

（二）明确调查总体和调查对象

调查总体是由调查目的所决定的，是所有研究对象构成的集合。它可以是公司产品所在市场的商品供应量、销售量、市场平均价格、竞争对手数量和竞争结构等，或者是供应市场原材料的供应量、价格和供应商数量等。

调查对象是参与调查的个体构成的集合。如果是抽样调查，则需要按照随机原则从总体中选出一部分；如果是重点调查，则需要找出"重点"研究对象。

例如，本次调查为重点调查，获得受新冠疫情影响较大的白色家电市场平均价格或者销售量。可以通过行业协会的相关资料获得，也可以到市场中利用观察法或询问法获得。利用行业协会可以获得多时间点下的各类白色家电平均价格值或销售量值；利用观察法或询问法往往是抽样进行，得到的是部分白色家电产品在部分市场中的价格水平值或销售表现情况。

（三）调查实施与结果分析

调查实施是获得数据信息资料的过程。可以利用问卷、访谈提纲或者其他的活动计划进行一手资料收集，也可以通过统计年鉴等进行二手资料收集。

结果分析包括描述性统计分析和推断性统计分析两大部分。

1. 描述性统计分析

描述性统计分析是对调查项目所进行的包括均值、众数、中位数、极差、方差、标准差以及标准差系数等的分析，以及用图表等手段进行的展示。

2. 推断性统计分析

推断性统计分析是利用样本信息对总体信息进行的推断，如参数估计与假设检验、相关与回归分析、方差分析、列联分析、时间序列分析、指数分析及结构方程分析等。

例如，中国的白色家电市场受新冠疫情影响，会在销售量、平均价格和竞争对手数量等方面体现出来，这不仅是白色家电生产企业所关心的问题，也是供应商、运输服务企业和中间商所关心的问题。因为白色家电生产企业的销售量和竞争对手数量等会影响其生产量，那么供应商的原材料和设备的供应量、运输服务企业的运输量和中间商的销售量也会受到影响。而价格水平与销售量、竞争对手数量与销售量之间可能也存在着不同程度的关联性。

四、定性预测

（一）头脑风暴法模拟

头脑风暴法是改进的专家会议法，是一种利用集体智慧进行预测的方法。头脑风暴法又分为直接头脑风暴法和质疑头脑风暴法，直接头脑风暴法的作用在于产生预测结果或预案等，而质疑头脑风暴法的作用在于对产生的结果或预案进行质疑。

（1）指定会议主持人，确定会议要预测的主题，如产品技术或生产技术的发展趋势、产品需求潜量或销售量、产品价格变动、促销效果、竞争态势或竞争者策略等。但会议主题事先不能告诉小组其他成员。

（2）通知小组成员会议时间和地点，会前由主持人宣布要预测的主题，说明会议的基本规则，调动与会者发言的积极性，会议时间控制在 15 min 左右。

（3）要求每人都要发言，每人累计发言总时间不超过 3 min，阐述个人观点和理由，不点评，尤其是不要批评他人观点或看法。

（4）主持人记录并汇总所有成员意见，交给另一个或事后组织的质疑头脑风暴法会议进行质疑，即针对直接头脑风暴法会议产生的结论进行评价和质疑，形成最终结论。

例如，市场调查与预测模拟时，虚拟公司利用头脑风暴法开展相关营销管理决策问题的讨论，预测产品可能未来的销售量、产品价格未来走势等，获得该公司的市场调查与预测目的和方向，或者可能的变化趋势大致范围。

（二）德尔菲法模拟

德尔菲法也是一种针对专家会议法进行的改进方法，具有匿名性、反馈性和统计性。模拟前也要类似于头脑风暴法进行分组以确定预测成员并产生主持人，但要做到成员间不互相沟通信息。例如，要进行公司第二季度销售额预测，成员确定后可按如下步骤进行。

第一步，要求参与者根据自己的判断单独就公司第二季度销售额进行预测，并规定提交结果的最后截止时间。

第二步，主持人汇总第一轮预测结果的平均数、众数、中位数、最大值、最小值等并反馈给小组成员，要求参考统计结果进行第二轮预测。

第三步，重复第二步，进行第三轮预测，再回到第二步，直到预测结论基本一致时即可结束，提交最终预测结论。

例如，虚拟公司在获得市场调查与预测相关资料后，可以利用德尔菲法，对白色家电产品的市场销售量或者市场平均价格的变化趋势分析结果进行确认。

五、定量预测

在获得相关数据后即可进行定量预测。定量预测的方法、原理见本章第一节。预测方法的选择不仅与预测的目的有关，还与获得信息资料的性质和条件有关。另外，不同的预测方法有着不同的使用条件，预测结果的精度也不一致。因此，可以采取多方法预测，最后通过德尔菲法讨论决定最后的预测结果值。

例如，虚拟公司在获得市场调查与预测相关资料后，选择使用移动平均法、指数平滑法、趋势线配合法、灰色预测法等进行预测，因此可以让公司不同的成员承担不同的预测计算方法，最后讨论获得未来市场销售量变化趋势或者市场平均价格变化趋势，以指导公司白色家电产品的生产与销售计划决策。

还可以因市场或产品项目不同，公司不同的成员以市场或产品项目分工进行市场销售量变化趋势，或者市场平均价格变化趋势。

本章知识点

问卷调查、调查问卷、问卷的信度与效度分析、描述性统计分析、推断性统计分析、调查报告、市场预测、头脑风暴法、德尔菲法、移动平均法、指数平滑法、趋势线配合法、灰色预测法、回归分析预测法。

思考题

1. 市场调查报告主要应该包括哪些内容？
2. 市场预测的主要步骤是什么？
3. 主要有哪些定性预测方法？
4. 直接头脑风暴法的会议规则主要有哪些？
5. 德尔菲法的主要流程及特点是什么？
6. 如何用一次移动平均法和二次移动平均法进行预测？
7. 如何用指数平滑法进行预测？
8. 灰色预测法的基本原理和步骤是什么？
9. 如何用 Excel 进行线性趋势方程的拟合并进行预测？
10. 如何用 Excel 进行回归分析预测？

小训练

荷兰食品工业公司，每推出一个新产品均受到消费者的普遍欢迎，产品供不应求。公司选择了 700 名消费者作为调查对象，对公司的一种老产品"色拉色斯"进行调查，消费者提出了各种期望。公司综合消费者的期望，推出一种新的色拉调料。同时，拿出预先选好的名字"色拉米斯"和"斯匹克杰色斯"供挑选，80%的人认为"色拉米斯"是个很好的名字。这样，"色拉米斯"便被选定为新产品的名字。公司解决了"色拉米斯"

变色问题后，又进行最后一次消费者试验。公司将白色和粉色提供给被调查者，根据消费者的反应来确定包装的颜色，并调查了消费者愿意花多少钱购买等，以此判定产品的销售价格水平。经过反复地征求意见，并做了改进，让"色拉米斯"新产品在市场上一举成功。

市场调查方案设计训练：根据案例，讨论市场调查方案设计的注意事项。

本章参考文献

本章参考了北京云泽科技有限公司提供的"市场调查模拟软件操作手册 V3.0"相关内容，从"市场调查模拟软件"软件获取相关内容截图。

本 章 附 录

第十一章

市场营销决策模拟

本章概要：

本章目的在于通过管理角色扮演，构建"情景嵌入"式的市场营销决策模拟活动，更加清晰地理解市场营销战略规划和策略制定的基本理论，明确市场营销战略规划和策略制定活动的关系，掌握市场营销战略规划和策略制定的基本技能，并熟知基本过程。身临其境地体验市场营销决策的多因素性和复杂性。

第一节 市场营销决策概述

一、市场营销的基本概念及观念

（一）市场营销的基本概念

19世纪末到20世纪20年代诞生于美国的市场营销（marketing），作为一门学科，从只是研究广告和商业网点的设置，发展到今天形成了自身完整的理论体系，还将随着科学技术和人类社会的发展不断地充实和完善。尤其是在中国的大数据市场中，对其的研究、应用和实践不断深入，通过信息技术和数据挖掘等新技术的推动，将会有更多的中国特色的市场营销管理理论内容补充进入，并加速该学科的发展。

扩展阅读 11-1

市场营销是个人和群体通过创造产品和价值，并同他人进行交换以获得所需所欲的一种社会活动及管理过程。因此，市场营销决策将会重点关注两部分内容，即创造有价值的产品，而且与顾客进行交换。

（二）市场营销哲学观

企业的任何管理活动都是在一定的指导思想下进行的。随着市场营销理论的发展和应用实践的不断深入，市场营销的观念也在不断演变。这种发展与演变可归纳为5种，即生产观念、产品观念、推销观念、市场营销观念和社会市场营销观念。

尤其是在当今，市场营销者在制定市场营销政策时，要统筹兼顾企业利润、消费者需要的满足和社会利益这三方面，这已经成为共识。因此，社会营销观认为，承担社会责任是企业的第一要务，企业的任务是确定各个目标市场的需求，并以保护或提高消费者和社会福利的方式，比竞争者更有效、更有利地向目标市场提供能够满足其需求的产品或服务。

扩展阅读 11-2

但是，由于企业的盈利目标以及对低成本的追求，旧的生产观念、产品观念和推销观念等仍有可能保留并发挥作用。而且，新的观念不断涌现。例如：20 世纪 80 年代以来，以顾客需求为中心，衍生出了关系营销观念（relationship marketing）；环境保护的呼声，导致绿色营销观念（green marketing concept）的出现；随着大数据技术的发展和应用，精准营销观念（Precision marketing）诞生等。这些都是营销决策者应该注意和掌握的。

总之，企业的市场营销管理决策是为确保实现企业目标，在市场营销职能方面进行具体实施的系统考虑和决定，包括确定营销管理活动的方向发展、工作重点、模式选择、资源配置，以及制定具体的活动规则和做法等。这些决策主要分为市场营销战略和市场营销策略两个方面。

二、市场营销战略决策概述

科特勒认为，营销战略（marketing strategy）是指企业对营销活动的总体的、全局的、动态的和长期的谋划，其实质是企业在资源配置的基础上发展其核心能力的过程。

扩展阅读 11-3

营销战略管理活动包括营销战略计划的制定、实施、控制和评价。其中，营销战略计划的制定是前提和基础。

企业的营销战略计划需要根据外部环境变化而进行调整和修改，甚至是重新制定。其包括 4 个主要组成部分。一是确定市场营销战略的"任务或方向"；二是分解"阶段性目标"；三是明确市场营销"增长战略"类型及组合方法，四是明晰"业务组合"内容和方法，以便实现阶段目标或总目标。由此可见，第一步是营销战略计划的开头，也是整个营销管理决策工作的开局。营销战略任务或方向的确定是依据市场细分、目标市场选择和市场定位（即 STP 战略）的谋划结果。

扩展阅读 11-4

（一）市场细分战略概述

市场细分（market segmentation），是企业根据自身条件和营销目标，以消费某种需求特性或变量为依据，区分具有不同需求的顾客群体的过程。市场细分有利于企业发现新的市场营销机会，掌目标市场特点，从而针对性地制定营销组合策略，以便满足更多的新需求。

因为市场可以分为消费者市场与生产者市场，这两类市场中消费需求特性是不同的，因此细分市场的标准就有所区别。消费者市场是一个人群庞大的市场。由于不同的社会文化背景和生活的地域差别，其消费需求和消费行为更加多样化，消费者市场更显复杂。消费者市场的细分标准可以归为地理变数、人口变数、心理变数和行为变数四大类，每一类变数下又有许多的变量可供选择。根据生产者市场的特殊性，常用细分标准包括最终用户要求、用户规模、购买力、地理位置、行业特点和企业性质等。其实，消费者市场的细分标准很大一部分改换表述形式可以在此借用。在进行市场细分时，无论使用什么细分标准，怎么使用细分标准，总之需要遵循可区分、可测量、可实现、可营利和相对稳定的原则。而且，一般情况下使用的细分变量不止一个，多个细分变量的使用顺序不同，也会造成细分市场结果的差异性。

市场细分过程的最后一个环节是建立市场描述指标体系，给每一个细分市场进行详细的描述。在大数据时代，企业可以得到的市场信息越来越多，因此描述市场已经可以进行精准画像。通过对子市场进行画像，可以更加清晰地显示出各个子市场的不同。

（二）目标市场选择战略概述

目标市场选择（target marketing selection），是企业根据资源条件，从市场细分之后得到的若干子市场中，优选准备进入的子市场的过程。这个选择过程包括对子市场的评价工作。评价子市场的外部因素主要包括市场规模、发展潜力、市场供求特点、市场竞争结构吸引力和进入约束条件（如政策法规限制等）等，内部因素主要包括企业的目标、资源条件、产品特点和产品生命周期阶段（product life cycle，PLC）等。

扩展阅读 11-5

目标市场选择战略主要体现出 5 个方面可供选择，即市场集中化、产品专门化、市场专门化、选择集中化和完全市场覆盖。目标市场战略包括无差异市场营销战略、差异市场营销战略和集中市场营销战略，各自有其优劣势，企业需要根据自身的发展需求和资源条件进行选择。注意，选择的原则是与竞争者不同为佳，以便提高竞争力。即，如果竞争者使用了无差异市场营销战略，那么企业根据自己资源优势可以选择差异市场营销战略和集中市场营销战略其中之一；如果竞争者使用了差异市场营销战略，那么企业根据自己资源优势可以选择非差异市场营销战略，最好是集中市场营销战略；如果竞争者使用了集中市场营销战略，企业只能选择新的变量或是重组变量顺序，重新进行市场细分后再做目标市场选择战略决定。

（三）市场定位战略概述

市场定位（market positioning）的实质是塑造企业或者产品在细分市场的位置，即消费者心目中的位置。市场定位类型可以根据不同的分类标准得到不同的结果。例如：依据是否有过定位，可以分为新定位和再定位；依据定位内容，可以分为产品定位、企业定位、

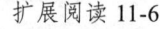

扩展阅读 11-6

竞争定位和消费定位等。最常用、最基本的市场定位战略，包括竞争定位战略的取代定位、并存定位和补缺定位，产品定位战略的标准化和差异化定位、新定位和再定位，消费定位战略的产品功能定位、服务功能定位和形象功能定位等。

（四）目标市场进入战略概述

目标市场选择后，以什么样的模式（途径）进入，将关系到是否顺利实现市场营销目标的另一个营销战略问题。目标市场进入的主要模式可以归纳为三大类，即贸易模式、契约模式和股权模式。对这个战略问题的考虑尤其是在国际市场中更加显得突出。

一是常见的贸易式进入（trade entry），即通过产品销售进入目标市场。而产品的销售既可以是通过不同类型的中间商进行，也可以是企业直接送达目标市场（国）。前者称为间接式进入，后者称为直接式进入。二是契约式进入（contractual entry），即与顾客签订非股权性契约，用其无形资产的使用权方式进入目标市场。无形资产包括专利、商标、专有技术、管理技能、著作权和服务，甚至是设备租赁等。由此衍生出许多进入目标市场的契约形式。例如：许可证贸易（licensing trode）是在合同期内使用许可方的无形资产，同时向许可方支付报酬，是一种有限无形资产的许可；特许经营（franchising）是将产权及整个经营体系特许，同时被许可方必须按照特许方的要求生产和经营，同时支付费用；管理合同（management contract）是通过承担相关管理业务，获得经营管理权的方式进入；合同生产（contract manufacturing）是在签订订货合同的同时，提供技术或设备，使得生产与销售密切联系，这种方式往往是提供技术或设备一方拥有生产的全部产品所有权；工程承包（project contracting）是在承包工程期内完全自行开展全部管理工作，自带设计、技术、劳务、设备、技术和材料等，按照合同完工后交付。三是股权式进入（equity entry），即寻找目标市场中的企业，以投资该企业的方式进入。

当然，以上这些目标市场进入模式的选择不仅受企业的内部因素的影响，也会受外部环境的约束，如企业的产品地位和差异性、技术成熟度、管理水平、市场容量、竞争结构和经济政策等。其实，进入目标市场方式选择主要注意效益（投入产出比）、风险（政治和经济）和便利性三大方面。

三、市场营销策略规划概述

市场营销管理的策略有许多可供选择的方面，而且往往不是单一使用，多种策略按照一定的方式组合后同时使用极其常见。

（一）市场营销组合发展概述

市场营销策略规划的核心就是选择相应策略，并考虑如何组合使用，才能将各种市场营销策略有效加以应用，将其作用发挥到极致。市场营销组合（marketing mix）指将企业可控的基本营销措施组成一个整体的活动。为了使市场营销组合更加系统、科学、完善和适应发展变化，市场营销学家们不断总结经验，随时代变化推出了不同的营销组合决策学说。

1960年麦肯锡（E. J. McCarthy）提出了著名的4P组合，即产品（product）、价格

（price）、渠道（place）、促销（promotion）。4P组合认为一次成功和完整的市场营销活动是以适当的产品、价格、渠道和促销推广手段，将适当的产品和服务投放到特定市场的行为。1964年美国哈佛大学教授尼尔·鲍顿首先给出了市场营销组合的定义，即市场营销组合指将企业可控的基本营销措施组成一个整体的活动。菲利普·科特勒在1967年进一步确认了以4P为核心的营销组合方法；20世纪80年代他又提出，市场营销组合应该在原4P的基础上加政治（politics）和公共关系（public relations），显示出贸易保护主义特定市场中更加适用的6P组合。随着"以顾客需求为中心"理念实践的深入，再次提出企业开展营销活动，首先应有为人（people）服务的正确指导思想，再有正确的战略性营销组合，即市场调研（probing）、市场细分（partitioning）、市场择优（prioritizing）、市场定位（positioning），加上6P战术性组合，形成了市场营销的11P组合。

扩展阅读11-7

满足顾客需求和欲望已经成为营销决策者的基本理念后，20世纪90年代，美国市场学家罗伯特·劳特伯恩（robert lauterborn）提出"4C"为主要内容的企业市场营销组合理论，即顾客（customer）、成本（cost）、便利（convenience）、沟通（communication）。为了进一步应对市场的激烈竞争，有效获取顾客，快速应对市场的变化，21世纪初美国学者唐·舒尔茨（don shultz）提出了基于关系营销的4R组合，即关联（relevance）、反应（response）、关系（relationship）和回报（return）。随着互联网技术的发展，在顾客掌握了越来越多的主动权，企业或成了信息的接受者情况下，唐·舒尔茨（Don Shultz）教授认为4P营销组合应被SIVA组合代替，即"解决方案（solution）、信息（information）、价值（value）和途径（access）"。

发展到今天，虽然营销策略从4P到11P，再从4C到4R等，不断更新其指导思想，实际上就是一个从考虑企业资源出发，变为从分析顾客和市场需求出发的实质性换位。但是其成熟的理论体系没有根本性的突破。考虑到本书的目的在于指导学习者如何进行企业的营销管理模拟，因此仍然以4Ps为理论梳理主线。

（二）产品决策概述

产品决策的思路一般是首先考虑企业的产品组成和在市场上的被接受程度，即产品的整体概念和产品生命周期问题。然后以产品整体概念的各个组成部分为内容，分别思考在产品生命周期的不同阶段如何做出相应的营销管理决策。由此可见，产品整体概念理论和产品生命周期理论是产品决策和其他4Ps制定的基础理论。

产品是任何提供给市场并能满足人们某种需要和欲望的东西。它可以是有形的商品，也可以是无形的服务，都可以归结为最为基本的核心产品、形态产品和附加产品这三层所体现出来的产品的整体概念。其中，核心产品（core product）是产品的基本效用和基本功能或基本利益；形态产品（actual product）包括质量、品牌、包装、式样和颜色等实现形式；附加产品（augmented product）主要体现在免费安装、免费送货、免费培训、免费维修和承诺退换等顾客购买

扩展阅读11-8

产品时所获得的附加利益上。如果考虑到顾客个性化需求的易变性，那么还要增加期望产品和潜在产品这两层，从 5 个层面去考虑。不过后面两个层面的基本内容要素是取之于前三层的基本要素而已。

产品生命周期是指产品从进入市场开始到退出市场为止的周期性变化过程。理想的产品生命周期可以分为导入期（投入期）、成长期、成熟期和衰退期 4 个阶段。产品生命周期变化受诸多因素的影响，如产品类型、顾客喜好、市场竞争、企业实力，或是宏观环境的某一个因素等。每一种产品都会有其生命周期。不同产品的产品生命周期长短不一，显示的周期阶段完整性不一，甚至是同一个生命周期阶段表征不一等。

新产品开发是企业发展保持长期持久的利剑。而任何一种产品又都有其生命周期，因此就要不断地开发新产品替代旧产品，满足顾客的新需要，这样才能保持或是提高市场竞争力，实现长足发展目标。新产品（new products）是指产品整体概念中任何一部分的创新和改变，使产品有了新的结构、功能、品种或增加了新的服务的产品。根据技术创新程度不同，可以将新产品分为全新产品（new products）、换代新产品（replacement products）、改良新产品（improvement products）和仿制新产品（imitational products）4 种基本类型。需注意，新产品的开发与推广是有风险的，其成本差异很大，能否成功受诸多因素的影响。

扩展阅读 11-9

产品组合策略可以提高企业管理的效率。企业为了维持竞争优势，不断扩大市场，持续推出新产品，就需要对其产品群加以系统管理。因此，利用产品组合管理方式就可以进行有效的分类管理，考虑新旧产品的关系，并从这个角度提供如何推出新产品的参考信息。产品组合（product mix）是企业所生产和经营的全部产品线、产品项目的组合，即产品的各种花色品种的集合。产品组合管理首先要从产品线（也称为产品大类）的广度、深度、长度和关联度 4

扩展阅读 11-10

个方面考虑，然后评价产品线的广度、深度、长度和关联度值，在分析产品线的抗竞争弹性和产品项目的定位状况以后，进行产品组合决策。它包括产品线长短决策、现代化决策和特色决策。

根据产品的整体概念中显示的组成要素来看，适应顾客新需求不仅可以从基本功能、功效考虑，更应该从形态产品和附加产品的各要素深挖，以便快速对市场变化做出反应。质量是产品的基本功能或功效充分体现的根本保证；品牌是可以从一个角度代表产品的技术水平、质量高低，并满足顾客心理需求的一个重要因素；包装是能够快速吸引顾客眼球、便于运输和储存的因素；外观和颜色是能够比较充分地体现顾客个性化的要素。而市场竞争越发激烈的今天，附加产品的各个组成要素稍作改变都能更好地帮助稳定或是扩大市场占有率。所以，充分考虑品牌策略、包装策略和服务策略等才能有的放矢地不断提高企业的竞争力。

品牌（brand）是用来识别产品或企业的某种特点的标志，通常由名称、术语、记号、图案或其他识别符号所组成，包括品牌名称和标志。当一个品牌或一个品牌的一部分经过正式登记注册，受法律保护后，即为商标（trade mark）。品牌具有无形性、依附性、异化性和不可储存性。品牌设计和管理要考虑是制造商品牌（manufacturer brand），还是特许品牌（licensed brand），或是中间商品牌（dealer brand）。这样才能更合理地使用品牌，进行品牌类别决策和品牌战略决策。包装往往也是宣传品牌的一个媒介。在商品的包装物上印有商标或是品牌已是常见做法。但是包装的基本功能是盛装、保护和便于销售。包装（packaging）是指产品的容器或包装物及其设计装潢。可以按用途、层次、保护功能和耐压性材质等分为不同的类型。在运用包装获得更多顾客青睐时，可以有诸如配套包装策略和再使用包装策略，或是分档包装策略和附赠包装策略等选择使用。

扩展阅读 11-11

服务产品无处不在。从产品的整体概念中可以看出，附加产品的各要素都属于无形产品范畴，是附着于原来产品的服务。因此，产品可以是"有形产品+无形服务"的组成，也可以是"无形服务+无形服务"的组成。也就是说服务在市场上无处不在，可以附着有形产品，可以单独存在。服务（service）是能够使他人得到满足的行为、过程和表现。服务具有的无形性、易变性、不可分离性和不可储存性，致使服务质量稳定性不易控制，以及服务形式具有多样性和多变性。服务管理决策的思路和方法是产品管理决策中重要的组成部分，包括服务组合、服务水平和服务方式三大基本决策。同时，服务决策受顾客个性和需求、企业资源和员工特质的影响，要充分考虑提供或是接受服务的人、服务过程和服务有形展示是服务决策的组成部分（即服务营销策略的 7Ps）。

扩展阅读 11-12

（三）价格决策概述

无论是企业还是顾客，都需要考虑成本这个营销管理的经济问题。不过企业考虑的是如何尽快回收成本，获得利润，顾客考虑的是如何降低成本获得需求的满足而已。成本与价格水平紧密相连，所以有了产品是否能卖得出去（企业方），只有当产品被买（顾客方）了才有可能被认可，这个关键因素之一就是价格。

从企业的角度来看，影响定价的第一个因素是企业的定价目标，不同的定价目标指导下定价水平就会不同。例如，当期利润最大化目标下往往定价会比较高，市场占有率最大化目标下定价就会较低，而追求产品质量最优化的定价会介于前两个定价水平之间。第二个因素是成本，一般情况下，定价水平随成本水平而增降。第三个因素是市场上的供需关系，一般情况下，供小于需时的定价会高于供大于需时，同时也受商品的价格弹性制约。此外，还要考虑企业外部的市场竞争状况和政府的干预等。

扩展阅读 11-13

企业的定价方法有很多，但是可以归结为成本导向、需求导向和竞争导向三大类定价方法。定价方法的选择和采用又会受到企业定价目标和营销环境等因素的制约。成本导向定价法（cost-oriented pricing）主要依据产品的成本因素，由于不同企业和不同产品的成本形态有所不同，核算利润的方法就有所不同，因此成本导向定价法又可再分为成本加成定价法和目标利润定价法等；需求导向定价法（demand-oriented pricing）是基于需求方为定价依据的方法，需求方的心理和行为不同导致需求导向定价法也有多种，如习惯定价法、可销价格倒推法和认知价值定价法等；竞争导向定价法（compete-oriented pricing）中最常见的是投标和拍卖等。

扩展阅读 11-14

定价是一门艺术。企业的定价水平最终决定受诸多因素影响，如产品特性、品牌、技术和质量、顾客价值观、竞争者和经济发展环境等。因此，研究定价不仅要考虑其科学性和逻辑性，还要考虑其艺术性。定价策略包括新产品定价策略、产品组合定价策略、折扣与折让定价策略、差别定价策略、心理定价策略和地区定价策略等诸多大类，每个大类下还有许多的具体定价策略供企业选择。一般情况下，定价策略的选择，首先要考虑定价的产品是不是新产品，然后考虑该产品与其产品大类的关系，以及考虑顾客接受价格的心理因素、经济因素和行为因素等。在互联网经济发达的今天，需要非常关注顾客接受价格特征的新变化。

扩展阅读 11-15

（四）分销决策概述

产品或服务从生产领域转移到消费领域中都离不开分销渠道。分销渠道的基本功能就是方便顾客购买产品。在网络技术高度发达的今天，又方便了企业构建分销渠道更加便捷，可以直接触达顾客群体。分销渠道（distribution channel）是产品从生产者向最终消费者和产业用户移动时，直接或间接转移所有权所经过的途径。分销渠道可以根据不同的分类标准得到不同的类型结果。例如：根据渠道中是否用中间商，可以分为直接渠道和间接渠道；根据中间商的级数，可以分为长渠道和短渠道；根据同级中间商的数目多少，可以分为宽渠道和窄渠道；等等。不同类型的渠道有着不同的特点，企业根据需要和管理资源等因素加以选择。在分销渠道中往往会有中间商加入。中间商（middleman）是在生产者与消费者之间，参与商品交易业务，促使买卖行为发生和实现的经济组织和个人。根据中间商向企业提供的服务功能不同，又可以分为经销商和代理商，或是批发商和零售商，等等。如果是考虑商品转移时的所有权问题，选择的中间商就是前两类；如果是考虑服务的对象，选择的中间商就是后两类。其实选择中间商时还会考虑是否有实体店、服务市场范围、诚信、业绩等诸多因素。

扩展阅读 11-16

扩展阅读 11-17

扩展阅读 11-18

分销渠道的设计不仅要考虑分销渠道的长度、宽度和其组合使用等，还要考虑与分销渠道中各参与者的关系。注意，分销渠道设计受诸多因素的制约，如企业管理水平、生产规模、产品特点、产品标准化程度、产品单价、市场规模、顾客地理分散程度、顾客喜好的购买方式、中间商经营能力、竞争对手和法律法规等。

（五）促销决策概述

促销（promotion）是企业为了激发顾客购买欲望、影响其购买行为、扩大产品销售而进行的一系列联系、报道、说服等促进工作。促销的实质是企业与顾客（包括消费者和中间商）和公众的沟通，实现信息流的双向闭环。促销组合（promotion mix）是指企业根据促销的需要，对人员推销、广告、公共关系和营业推广等各种促销方式进行的适当选择和综合编配。因此，促销方式应是多样化的，促销对象可以不同。而且，促销组合还要充分考虑促销的产品类型、产品的生命周期阶段、促销对象的喜好、竞争对手和政策法律法规等的约束和影响。根据促销对象的不同，促销策略分为推式策略（push strategy）和拉式策略（pull strategy）。

扩展阅读 11-19

人员推销（personal selling）是指企业派员工与一个或多个可能成为购买者的人进行交谈，进行口头陈述，以推销产品、扩大和促进销售。这是一种最古老和比较传统的促销方式，但是因为它的亲和力强、沟通便捷等优势一直使用到现在，不过它在电子商务时代也发生了很大变化。例如，沟通过程可以通过终端设备进行，打破了时空的限制。为了使人员推销更加有效，推销员应具备一定的修养，掌握一定的技巧，遵循一定的工作步骤。同时企业也要考虑不同类型的推销员，其招聘、培训、激励和考核应该有所区别。例如，企业推销员中的内部推销员和旅行推销员的辛苦程度就不同。合同推销员（如经纪人、销售代理等）不属于企业员工，按照合同考核业绩进行激励，也要考虑一些可能的突发事件影响，如疫情等不可控因素所带来的损失，企业与合同推销员的共担程度等。

扩展阅读 11-20

扩展阅读 11-21

广告（advertisement）是由明确的广告主在付费基础上，采用非人际传播的形式，对观念、商品及服务进行宣传的活动。根据不同的分类标准广告可以分为多种类型。例如：按照广告对象分，可以分为消费者广告和工业顾客广告；按照广告目的分，可以分为显露广告、认知广告、竞争广告和扩销广告等；随着按照广告使用媒体不同，可以分为印刷媒体广告、电子广告、交通媒体广告、户外媒体广告、包装媒体广告和售点媒体广告等。随着现代技术的使用，广告技术发生了许多新变化，新媒体的出现将广告影响力大大提高，这是一个值得关注的问题。不同的广告形式其影响力和成本是不同的，不同的顾客群接受广告的方式也是有差异的。另外，广告还会受诸如产品、社会文化和政治法律法规等因素的约束。

扩展阅读 11-22

公共关系（public relation）是企业为了改善企业与公众或顾客的关系，树立品牌及企业形象，刺激顾客对产品或服务的需求，而采取的一种促销手段。其直接目的是提高企业的知名度和美誉度，并实现对内部员工的激励。公共关系的对象不仅包括内部的员工和股东，还有外部的消费者、供应商、中间商以及政府、融资方、媒体、社会和社区公众等。公共关系具有促销的间接性、手段的多样性、受众的广泛性和影响的长远性的特点，这是人员推销和广告所不具备的特征。公共关系的活动方式主要有宣传、赞助、社会交往、听取和处理公众意见、建立与有关组织的友好联系和建立内部公关机制等。在互联网高度发达的今天，网络公关在树立企业形象方面给予了有力的帮助。

扩展阅读 11-23

营业推广，也称销售促进（sales promotion），是企业利用各种短期诱因，鼓励购买或销售企业产品或服务的促销活动。相对于其他促销手段来讲，营业推广的短期性、强刺激性、多样性和经济性特点，发挥着其不可替代的作用。针对消费者、中间商和推销员的营业推广方式是有所差别的，但也有一些共用方式，如销售竞赛和折扣等方式可以共用。由于营业推广促销的短期强诱因，因此需要严格营业推广方案的制定、实施和控制管理，以免可能带来的负面影响。

在网络技术和大数据手段不断推动促销手段发生改变和提高精准度的今天，网络促销的千变万化及其威力，已经打破了常规的促销限制空间和时间域，但是其基本方式还是以折扣、赠品、积分、抽奖、优惠券、限时销售等营业推广方式和人员推销为主。

第二节 市场营销决策模拟实训组织

一、市场营销决策模拟的目的和原则

市场营销决策模拟的目的是在学习了"市场营销学"课程以后，在设计的相应营销管理决策情景之中，将所学的市场营销管理理论和方法进行系统运用和实践的竞争决策过程。

市场营销决策情景模拟组织应注意以下 4 个原则。

（1）均衡原则。它包括每个参与者学习量的均衡和决策机会的均衡，以及决策模拟过程每个时间段工作量的均衡。

（2）互补原则。每个参与者都有着各自的优势，形成一个经营团队时尤其要注意各自优势的互补，如专业知识的掌握程度不同，计算软件应用能力不同，问题洞察力或是沟通和人际交往的能力不同等。

（3）系统原则。系统原则是指市场营销决策模拟组织结构的分层管理，包括行业管理、公司管理和学习管理等，这是一个完整的决策模拟学习系统。

（4）鼓励原则。市场营销决策情景模拟需要每一位参与者的心和行均融入过程中。对于不同的参与者可以采用不同的方式加以鼓励。例如，任务式、放手式、表扬式和信任式等均可以作为利器。

二、市场营销决策模拟组织管理

为了达到市场营销决策模拟的目的，实现"情景嵌入"学习过程，就必须有系统的组织方式和方法。这主要包括模拟情景的公司设计和行业设计，以便形成"情景嵌入"式模拟的组织管理架构。

（一）公司设计

首先考虑将学习班中的学员分成若干个小组，成立市场营销决策公司。为了推动参与者积极呼应模拟情景，更好地发挥学习者的聪明才智，通常将 3~6 名学习者组成一个"公司"，主要根据学习控制的有效性以及使用软件所创造的情景来决定具体每个"公司"人数的多少。从而让每一位学习者都可以将其决策有的放矢，全权负责本职责内的整个运营。

例如，中国地质大学（北京）与北京云泽科技有限公司联合开发的"市场营销决策模拟"教学软件（下称市场营销决策模拟软件）中涉及的业务活动，显示主要的职能包括公司总经理、营销部、生产部、人力资源部和财务部 5 个部分。因此，在进行市场营销模拟之前就可将班上的学生按竞争比赛规则分成 3~5 人一组，成立管理小组，当然也可以根据实际情况由一个人全权负责整个公司的运营。如果是后者，那么学习者就要将 5 个主要职能决策全部执行。如果是 5 人成立情景模拟"公司"，每一位参与者可以分担一个职能。但是因为模拟的目的在于学习和实践"**市场营销决策**"的工作，所以 5 人的学习量是不均衡的。如果是 3 人成立情景模拟"公司"，总经理还应该承担一个职能（如人力资源部或财务部），生产部经理可以再承担另一职能（如财务部或人力资源部），这样 3 人的学习量是比较均衡的。当然也可以是 4 人成立情景模拟"公司"，按照工作量均衡原则进行分工即可。模拟公司基本情况界面如图 11-1 所示。

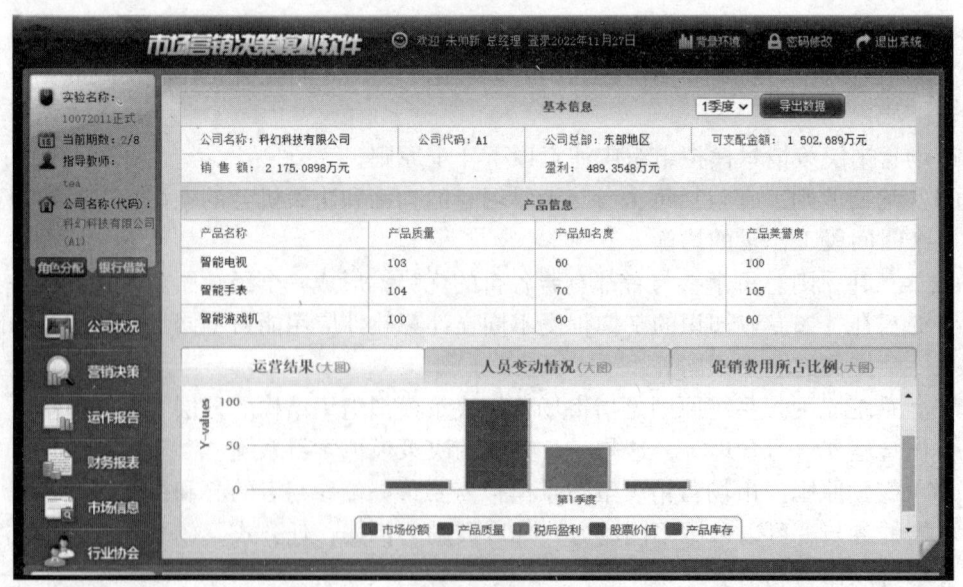

图 11-1　模拟公司基本情况界面

为了使市场营销模拟竞争情景嵌入更加凸显,形成一个经营"比赛"氛围,在极大地调动所有参与者的积极性的同时,还应该考虑各组力量的搭配,这样才能好地起到学习者互相带动的作用。主要考虑学员的计算机操作能力、软件熟悉和使用能力、专业知识学习状况、理财能力和团结合作能力等方面的组合。例如,"市场营销决策模拟软件"的运行,要求公司管理决策小组对公司在市场中的有效运作负有完全责任,并对拥有10万多名股东和董事会负责,保证公司的盈利能力。

(二)行业设计

每个行业应有多个竞争对手,这些竞争对手在面临相似的市场环境下进行市场营销模拟。一般情况下,每个竞争面即行业不应少于8～10个"公司"。当市场营销决策模拟参与的"公司"数越多时,所要考虑的因素影响复杂性就会越多。为避免在一个市场中竞争者太多,如超过30个"公司",而致使学习者顾及不暇的情况出现,可以考虑分行业推进。

如果分成了多个行业(软件平台允许的情况下),每个行业中都有多个竞争对手,开始时面临相似的市场环境,但是随着市场营销决策模拟的进行,因为行业间没有信息共享使用而各自运行,行业间的业绩差异可能会越来越大。当然,这也可以比较出行业间的经营业绩水平。

在市场营销决策模拟过程中的任何一个阶段,教师都可以扮演行业管理者角色,并通过行业管理者角色,不断推出"情景嵌入"式的相关内容。包括放手"公司"内部管理工作(在不违反学习相关规定情况下),制定并颁布行业运行规则,随时洞察"公司"的运行规范性,利用中国现有的《中华人民共和国公司法》《中华人民共和国商标法》《中华人民共和国反不正当竞争法》等检点各个"公司"行为。

例如,"市场营销决策模拟软件"的运行,要求指导教师是执行总经理和董事会主席,监督各公司的运作情况。

三、市场营销决策模拟基本过程

(一)市场营销决策任务及流程

市场营销决策模拟组织框架形成,就已经进入"情景嵌入"式模拟,开始了"公司"运营管理工作。"公司"运营管理基本任务和工作关系见图11-2。起点是构建公司组织架构,终点是评价公司市场营销决策方案效果,这是一个完整的周期。评价结果也将作为下一个决策周期开始(⑤或者⑥)的输入信息的一部分。

(二)公司组建基本工作

"公司"组建基本工作包括构建组织结构,分工明确职能,确定企业愿景和使命,设计公司名和产品品牌等一系列活动。

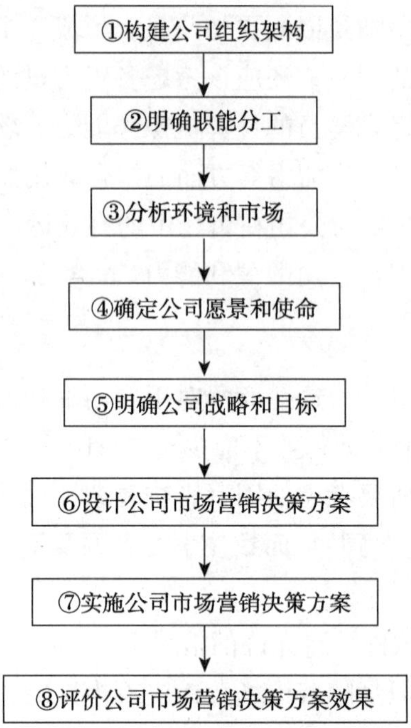

```
①构建公司组织架构
       ↓
②明确职能分工
       ↓
③分析环境和市场
       ↓
④确定公司愿景和使命
       ↓
⑤明确公司战略和目标
       ↓
⑥设计公司市场营销决策方案
       ↓
⑦实施公司市场营销决策方案
       ↓
⑧评价公司市场营销决策方案效果
```

图 11-2　基本过程示意图

构建组织架构是"公司"成员在了解了市场营销模拟学习活动基础上讨论形成的结果。最后以"公司"组织架构图的形式呈现（这是市场营销决策模拟的一部分）。

"公司"总经理负责完成企业管理小组的职能分工，明确各自的岗位职责。因此，"公司"的第一次会议上应在确定管理架构的基础上，进一步讨论明确每个人的职责。

"公司"组织机构的构建，既可以按职能分工，也可以按地区负责制分工，或者按产品责任分工。①按职能分工，不论对于何地区或产品，只要是相同管理职能均由某一人负责，如生产部经理、财务部经理、营销部经理等；②按地区负责制分工，则是某一人负责一个地区的所有决策，不论是什么管理职能或产品；③按产品或品牌分工，一名成员负责一种特定产品或品牌的所有营销管理决策工作。无论哪种分工办法，担任总经理的成员要负责协调不同职能或地区或产品之间的经营关系，对不局限于某职能部门或地区或产品的各项管理进行决策。

"公司"的愿景和使命是战略规划的基础。在熟知行业规则、特点和企业前期运行基础上，构思好"公司"未来进行营销战略和策略制定的方向，才能够明确在参与市场激烈竞争时的起点，显示对股东、员工和社会等的责任。设计的"公司"目标要简单明了，让每个员工理解和接受。

"公司"名或是产品名是区别于竞争对手的有力武器，不仅显示"公司"经营管理定位差异，还帮助促销活动的开展，使企业获得更多的竞争优势。

例如，"市场营销决策模拟软件"的运行，给公司和产品起名没有中英文限制，也没有字符长短限制。但是应该符合品牌管理的基本要求和原则，与提供给市场的产品和服务特点相联系，便于记忆、引人注意和赋予联想等。

四、市场营销决策模拟考核

通常企业的年度经营业绩考核指标需要从不同的管理职能角度考虑，如生产指标、质量指标、财务指标、营销指标、库存指标和人力资源管理指标等。因此，就出现了诸如年生产量、营业收入总额、利润总额、净利润、净资产收益率、经济增加值（以基准值为基础，即上年完成值与前三年实际完成值平均值中的较低值）、每股收益（earning per shore，EPS）、净利润增长率、投资回报率、流动资金周转率、净现金流量、资产负债率、市场占有率、顾客满意度、员工满意度、销售增长率、优等品率、进货批合格率、库存水平、单位能源消耗量和准时交付率等一系列指标。

市场营销管理决策的考核就是对企业在营销管理职能方面的效益考核。因此，可以简化并显示营销管理决策职能的绩效指标。常见的营销管理业绩考核指标包括销售额、销售量、营销计划达成率、销售增长率、销售成本、回款率、市场占有率、市场拓展计划完成率、市场调研任务达成率、品牌价值增长率、广告促销有效率（广告费用增长率/销售额增长率）、媒体（顾客）满意度和投诉率等。

市场营销决策模拟是一个教学活动。为了满足教学活动的需要，符合高等教育活动规律，并突出市场营销管理决策职能，可以将以上指标分为显性化指标和隐性化指标，更好地突出关键考核指标。显形化指标即为了充分彰显"公司"市场营销管理效率结果，同时顺利开展教学活动，便于教学考核的指标；隐形化指标是将常用于"公司"的市场营销管理效率考核的一些指标，通过与其他指标关联后隐埋于活动过程之中，而不作为市场营销模拟教学活动的直接考核指标。后者的量往往多于前者。

例如，"市场营销决策模拟软件"最终考核指标体系为5个指标。

（1）产品库存。即考核公司市场预测的准确度，以及相关策略的有效性（尤其是广告投放量对销售量的当期影响）。

（2）税后盈利（净利润）。即考核公司的当期业绩水平，以及关联的借贷款和流动资金可使用情况。

（3）产品质量。即考核公司在顾客心目中的地位，包括技术、可信度等。

（4）市场份额。即考核公司的市场竞争地位，以及顾客的接受程度（也包括广告和营业推广投放量的当期作用）。

（5）股票价值。即考核公司对股东的兑现，以及市场对公司未来发展潜力的期望（包括公共关系活动对未来发展的影响）。

由此可见，在最终的考核指标体系中并没有直接设计促销决策方面的指标，而是把使用的广告、营业推广和公共关系促销活动费用和评价活动有效性，通过后台分别与当期销售量、市场占有率和股票价值等关联后显示其效果。公司考核指标及综合得分排名如图11-3所示。

市场营销决策模拟是一个完整的教学活动，其考核也是组成内容之一，同时考核本身也有其完整的体系。市场营销决策模拟考核内容不仅仅是市场营销学专业知识（即企业的业绩指标）和相关专业知识（如管理学、财务管理和统计学等）的应用，还应该包括团结协作能力、数据分析能力、综合研究能力和团结协作能力等其他综合素质。因此，

名次	公司信息 名称-总经理	市场份额 指标值	排名值	产品质量 指标值	排名值	税后盈利 指标值	排名值	股票价值 指标值	排名值	产品库存 指标值	排名值	综合评分
1	STARS-陈家辉	14.39%	1	103.67	2	754.1523万元	1	12.0元	1	0件	1	98.6
2	灵动科技有限公司-吴依飞	12.07%	3	109.0	1	682.2172万元	3	11.5元	2	0件	1	96.0
3	科创-王峰	12.75%	2	103.33	3	721.2942万元	2	11.5元	2	870件	8	92.2
4	大雁科技有限公司-董兴文	10.91%	4	103.33	3	504.3273万元	5	10.0元	5	110件	7	86.8
5	科幻科技有限公司-王欣杰	9.17%	6	102.33	5	489.3548万元	6	10.0元	5	0件	1	83.8
6	水平线科技-卢亚龙	7.97%	8	100.0	7	638.6888万元	4	11.0元	4	1514件	10	78.2
7	优真公司-吉亚伦	7.99%	7	100.0	7	375.2717万元	8	8.0元	7	0件	1	77.4
8	cx电子信息公司-常钧蕊	7.29%	10	100.0	7	376.149万元	7	8.0元	7	0件	1	76.0
9	华锐科技有限责任公司-宋以灵	9.76%	5	101.0	6	261.7421万元	9	6.0元	9	1204件	9	75.4
10	QBQ公司-乔海涛	7.7%	9	100.0	7	183.9521万元	10	6.0元	9	0件	1	73.0

图 11-3　公司考核指标及综合得分排名

可以通过其他的辅助教学活动来进行。例如：写作能力、数据分析能力和综合研究能力可以通过撰写决策报告、年终总结报告来考核；团结协作能力可以通过观察其与"公司"其他成员的工作分工与协作进行考量；交流能力可以从决策及过程中与其他成员沟通情况以及年终总结汇报发言情况等进行考察。

例如，"市场营销决策模拟软件"的运行，需要参与的公司在第一期开始前，根据分工分别提交公司各职能部门决策报告（上传系统）才能够启动公司的决策实施活动。提交决策报告界面如图 11-4 所示。

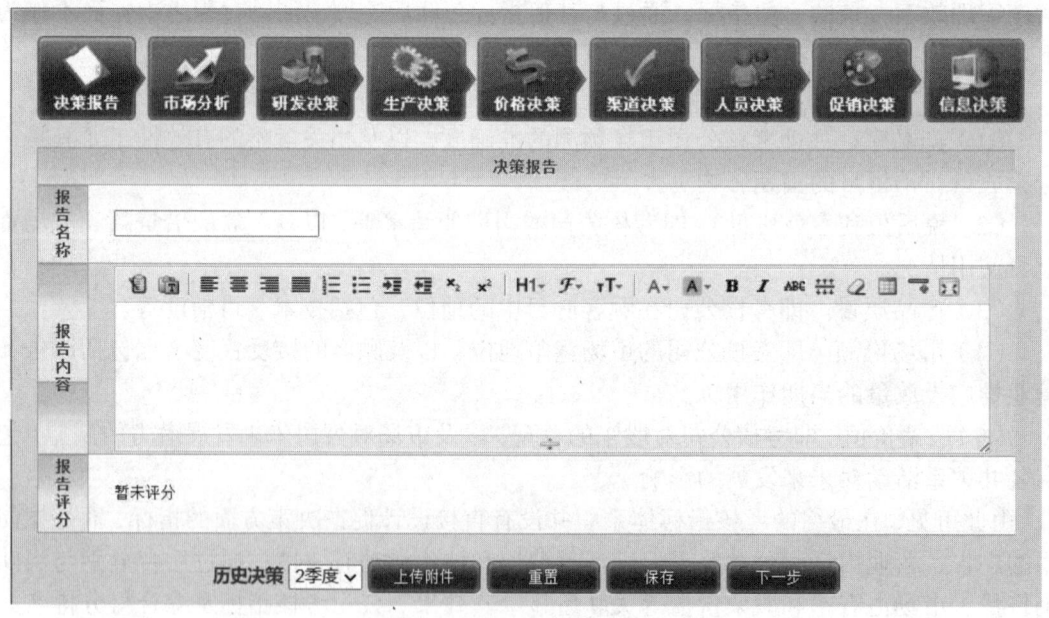

图 11-4　提交决策报告界面

第三节　市场营销决策模拟环境分析

市场营销环境分析包括企业置身市场环境（也称微观环境）、企业内部环境（也称企业可控变数），以及这两个环境所处的宏观环境（也称企业不可控变数）。

一、宏观环境分析

根据市场营销学所给出的内容，宏观环境分析应该包括六大部分内容，即人口环境、经济环境、自然环境、科学技术环境、社会文化环境、政治和法律环境。

市场营销学认为人、购买力和购买欲望是市场构成的基本要素。因此"人"是基础。人口环境（population environment）是影响企业营销活动的有关人口的各种因素。应重点注意人口总规模、人口增长速度、人口结构、人口的地理分布密度以及流动性等因素。

扩展阅读 11-24

经济环境（economic environment）是企业营销活动所面临的外部经济因素。应重点注意国内生产总值、人均国民收入、社会经济发展水平、经济发展阶段、消费者的收入和消费者支出等因素。这关系到购买力的现实基础。

自然环境（natural environment）是作为生产投入或影响营销活动的自然资源和条件。应重点注意自然地理环境的地理位置、地形地貌、气候条件（如温度、湿度、降雨量和日照时间等）等，自然资源条件的矿产资源、水资源、土地资源和海岸资源等，以及基础设施条件的港口、公路和铁路里程数等。这不仅会影响消费者的购买欲望，还与营销成本密切相关。

技术环境（technological environment）是影响营销活动的其他技术条件，如社会或者市场的技术总体水平、相关新技术更新与发展和研发投入总量等。这不仅会影响消费方式的变化，也会推动营销管理的变革。

社会文化环境（society culture environment）是人类创造并共有的各种价值观念和社会规范的综合体。应重点关注民族特征、价值观念、生活方式、风俗习惯、宗教信仰、伦理道德、教育水平、语言文字和审美等。将会深刻地影响消费心理和行为。

政治环境（political environment）是企业市场营销活动的外部政治形势，包括政局稳定性、政府组织类型、方针政策和执政方案方略等。法律环境（legal environment）是企业外部所存在的各类各种法律法规，包括惯例和准则。压力集团（pressure group）是那些能够影响立法、政治和舆论导向、维护自身利益而组织的团体。后者的影响力不可小觑。

分析以上宏观环境各要素是进行市场营销模拟战略规划的基础工作。

例如，"市场营销决策模拟软件"的运行，给出了公司在中国的经营市场基本情况。分为的东部、中部和西部 3 个市场，在位置、土地面积、人口总规模、人口结构、家庭总户数、年可支配总收入、经济发展水平和价值观等方面有着明显的差异性，如表 11-1 所示。

表 11-1 东部、中部和西部社会状况

指标	东部地区	中部地区	西部地区
地区总产值/亿元	559 896.90	217 515.30	204 908.30
第一产业产值/亿元	30 099.80	17 891.30	22 482.70
第二产业产值/亿元	213 949.00	90 417.00	77 224.20
第三产业产值/亿元	315 848.30	109 207.00	105 201.40
总人数/万人	64 959.00	37 246.00	38 180.00
城镇人数/万人	43 918.00	21 156.00	20 648.00
总户数/万户	20 185.24	10 451.27	11 135.76
居民人均可支配收入/(元/年)	39 239.15	26 067.83	23 618.67
城镇单位就业人员/万人	9 677.60	3 692.30	3 791.80
城镇单位就业人员平均工资/元	125 2815.00	443 200.00	1 021 234.00
规模以上工业公司单位数/个	237 167.00	87 180.00	53 468.00
批发和零售业法人公司单位数/个	4 551 584.00	1 404 525.00	1 199 798.00
规模以上工业公司科研事业发展经费/万元	95 935 124.00	28 232 116.00	15 543 751.00

东部地区主要包括河北、山东、江苏、浙江、福建、广东、海南、黑龙江、吉林、辽宁、北京、天津和上海，共 10 省 3 市。香港特别行政区、澳门特别行政区和台湾地区是产品市场未来发展的区域。该地区的人口最多，大约有一半的人口分布在这个区域，消费能力在 3 个地区中最强劲，而且未来一段时间还将持续这个趋势。从人口比例来看，年轻人的比重较大，消费能力强。该地区的工业公司科技研发投入为 3 个地区中最高，大约占到全国的 69%，较高的科技研发投入可能会刺激本地区居民的消费。东部人口有很大部分处在沿海地区。该地区的消费者思想较前卫，消费行为相对于其他地区更加开放，对新事物的接受能力较强。

中部地区包括山西、安徽、江西、河南、湖北、湖南 6 省。该地区的面积在 3 个地区中最少，但是人口密度较大。该地区的工业公司科技研发投入大约占到全国的 20%，科技研发投入要远远低于东部地区，因此科技发展对消费的刺激作用要小于东部地区。中部地区的大部分消费者生活水平已经达到小康水平，人民生活逐渐向质量性、精神性消费转变，故通信、教育、居住等几项支出逐渐开始显著增加起来。随着总收入和总消费支出的提高，交通通信、教育文化娱乐和杂项所占的比重将会上升，而居住支出将下降。因此，这些产业需要快速稳健发展以满足不久后消费者形成的消费需求。

西部地区包括四川、贵州、云南、陕西、甘肃、青海、重庆、广西、宁夏、西藏、新疆、内蒙古等 6 省、1 市和 5 个自治区。该地区的面积在 3 个地区中最大，但是人口分布稀疏，人口密度只有中部地区的 1/7。从人口比例来看，中青年的消费者比重在 3 个区域中相对最低，消费能力相对不足。该地区的工业公司科技研发投入大约占到全国的 11%，是 3 个地区中最低的，科技研发投入的不足会影响到消费者的购买欲望，对于科技来说影响更为突出。在生活水平上，西部地区和东部相比还存在很大差距。同时，

西部地区还存在着许多贫困山区和少数民族地区,较为普遍存在的收入低下是阻碍西部地区消费能力的重要原因。但西部大开发不仅是物质意义上的开放,也包括消费者的思想、观念和行为方式上的转变。一方面,西部大开发促进了消费环境的改善,市场上同类商品集中、规格齐全、数量巨大、质量各异、价格悬殊,可以最大限度地满足消费者的选择余地和消费欲望;另一方面,消费者日趋成熟,可支配收入增加,消费积极性提高,同时购买模式也趋于理性,消费者由此具有强烈的区域方便消费、品牌选择消费、价格比较消费的观念。

二、市场环境分析

市场环境是一个由"供应商—生产企业—营销中介—顾客"所构成的价值链系统。供应商是向生产企业供应所需要的各种生产资源的企业。营销中介是指协助企业进行产品经销销售,将产品转移给购买者的机构,包括物流公司、中间商、金融机构和广告公司等。顾客即生产企业服务的对象。竞争者即为共同服务于同一个市场的其他生产企业。尤其是顾客和竞争者导致市场千变万化,影响生产企业的市场营销管理决策,所以需要重点关注。

在市场营销决策模拟中,"公司"往往面对的顾客(消费者)是一定的,需求特征基本不变。而面临的竞争对手就是参与市场营销决策模拟的所有"公司"。虽然这些"公司"是由同一人群一直扮演下去,但是其营销决策方案每一期(一个季度或是一年)模拟都是不一样的,这导致"公司"的决策方案实施中影响因素多变,不可预见的风险大大增加。所以只有在关注、分析竞争对手可能的变化趋势基础上进行市场营销决策,才能不断提高对市场预测的准确性。

例如,"市场营销决策模拟软件"给出的基本竞争信息包括:模拟所经营的公司创立于 21 世纪初,经营家用电子产品。在该市场有着几家类似的大公司,都定位在消费电子产品领域。在过去几年里,公司的销售额和竞争对手大体持平,随着行业产品市场的增长,行业竞争越来越激烈。为了应对竞争,击败对手,公司采取了积极的市场营销计划,经常调整市场营销战略。

三、公司内部环境分析

营销部门在制定营销计划时,应兼顾企业相关部门要求或业务的开展,如最高管理层、财务会计、研究与开发、采购、生产、质检和库存等部门。因为营销部门需要依据高层管理部门的规划来做决策,清楚营销计划所需的资金保障,明确质量水平和技术水平才能够签订合同等。同时还需要清楚生产规模、生产地/生产线分布、运输保证和售后服务等信息。

例如,"市场营销决策模拟软件"给出相关情景描述信息:公司从成立之初,本着"为顾客创造最大价值"为宗旨,现已发展成为集科研设计、开发、生产、销售于一体的消费电子设备有限公司,业务遍布全国,并拥有一支年轻化、集销售与售后服务于一体的专业队伍。在各个市场区域都设有工厂和营销中心,每个工厂都可以生产公司的全部产品，并把产品分发到所在市场区域的各地仓库，在进入零售环节之前，产品将存放在仓库中。

公司的财务信息分别有上一年的盈亏平衡表、目前资产负债表和近年的销售和盈利。这些财务数据包括现有产品（将在后面介绍）和许多过去生产销售但现在已停产的产品数据。

经过几年的经营，公司的销售和利润一直稳步增长。开始，公司的产品由代理批发商进行销售。之后开始聘用自己的销售人员来替代代理批发商。目前，产品全部由自己的销售人员来推销给零售商，也拓展了网络销售（B2C、B2B）。

公司目前处于创业成长期，必须清除很多障碍。虽然近几年经营状况较好，但随着市场的不断变化和竞争的不断加剧，公司的长远状况尚不明确。因此，在未来几年中，对于公司来说，制定更加适应市场变化的市场营销计划是极其重要的。

四、企业外部环境信息的获得

任何企业在进行管理决策前，都必须想办法获得宏观环境、市场环境和企业内部环境相应的信息，以便进行详细分析，支持决策方案的制定。企业更应该注重外部环境信息，这可以通过一手资料调查法或二手资料收集法来获得。常见的一手资料调查法包括问卷调查法、访问法、实地观察法和市场实验法；常见的二手资料收集途径有企业本身拥有的档案资料、各大银行的研究报告、国家或行业统计部门公布的信息、相关杂志或报纸刊载的资料、咨询公司的咨询报告、行业协会公布的数据等。

扩展阅读 11-25

在市场营销模拟中，获得的外部信息更多来自"公司"以往获得的资料、行业协会和其他咨询公司。后两者需要通过付不同的费用进行信息购买。

例如，"市场营销决策模拟软件"给出的途径包括"全国著名的大型研究机构"编制的市场研究报告（其内容见表 11-2）和"中国电子企业协会（China electronics enterprises association，CEEA）"每一季度出版的电子通信杂志。

表 11-2　市场研究报告内容

序号	指标	内容
1	季度市场预测	各产品在今后一个竞争期内总的销售量预测
2	加权平均销售价格	最近一个竞争期整个行业按产品在各地区的加权平均销售价格
3	各产品实际价格	各公司的各类产品的实际市场价格
4	销售队伍规模	各公司的销售人员总数及在各地区的分布情况
5	销售员行业平均工资和佣金	各公司推销员平均工资和佣金比例、推销员行业平均总收入
6	广告总费用	各公司所付出广告费总额、在各地区的广告费用支出
7	地区/产品/媒介的广告费	各公司广告费用按地区、产品、媒介的细分
8	广告宣传重点	各公司对所有产品在各地区的广告宣传内容重点
9	各地区市场占有率	各公司各产品在各地区的销售量及其市场份额
10	质量指数	各公司的产品质量水平
11	销售收入	各公司按地区的销售收入

电子通信杂志主要提供潜在市场机会、报道电子产品生产厂家情况，以及行业内销售、研究开发、广告促销和发货、生产以及成本变化、产品改良等信息。同时，该杂志还提供多种金融比率、各种关于行业发展趋势的图表及其他价值信息。

第四节 市场营销决策模拟方案设计与实施

在清楚企业的内外部环境以后，就可以开始进行市场营销模拟的战略决策和策略制定工作。从这里开始，应该按照既分工又合作的方式，通过几轮的分工合作不断推进市场营销决策方案的制定和修改，不断完善，最终形成一个较为合理、可行的公司营销决策方案终稿，以便实施。

一、市场营销模拟战略决策

公司的市场营销战略决策主要包括的工作内容是市场细分战略、目标市场选择战略、市场定位战略和目标市场进入战略的制定。注意，这是基于公司的发展愿景、使命和企业战略而做出的。

通过详细的市场调查和市场信息分析，明确公司的发展方向，即配套市场和顾客群的产品和服务的技术水平和质量水平等，利用公司营销战略 4P，即调查、细分、选择和定位，把公司的宗旨、目标与市场相结合。市场营销战略决策模拟方案制定流程如图 11-5 所示。

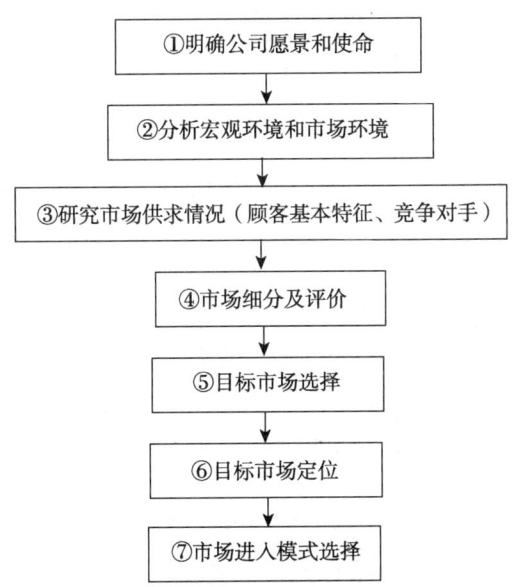

图 11-5　市场营销战略决策模拟方案制定流程

此外，企业的目标市场可以分别按其重要程度进行排列，并根据服务目标市场的能力对其进行评估。市场定位需要充分考虑本公司优势和竞争对手的优势来进行设计。

例如,"市场营销决策模拟软件"给出了公司在中国的市场,分为东部、中部和西部3个细分市场(所有参与竞争的公司都是基于此),通过人口总规模、人口结构、家庭总户数和年可支配总收入等指标数据,基本可以推断各市场的大致规模和可能的发展潜力。并且通过财务报表,说明了该公司在过去的几年时间里,在这3个细分市场中的基本发展情况(当然,以后也可以从某一个市场中撤离全产品或某一个产品)。通过价格水平和质量水平(与其他竞争对手一样,每种产品都有3年的保质期,包装得很令人满意,保护层也很好,运输过程中不会有损坏)展示出了本次模拟起始市场定位战略基本情况。在以后的模拟过程中,将会不断地拉开各公司的差距,体现出市场定位战略的差异性。而目标市场进入战略是以贸易式为基础的目标市场进入战略,也可以加上投资式进入战略为辅助。

二、市场营销模拟策略规划与实施

市场营销策略是企业为达到市场营销目标而制定的全面市场营销计划,包括产品、价格、分销渠道和促销。这些变量是一个企业的市场营销经理所能控制的变量,也是在模拟竞争中可操纵的变量。

当制定市场营销计划时,掌握了公司战略及营销战略相关信息,并充分研究了市场和顾客特征后,才能够灵活运用市场营销组合的 4Ps 来确定的市场营销模拟比赛规划。

(一)产品策略规划与实施

产品策略规划需要根据目标市场定位设计,不仅要考虑公司产品的整体特点差异,进行产品组合决策、品牌决策和包装决策的规划,还要分析每一个产品项目所处的产品生命周期阶段,以便更好地进行新产品开发、质量提升以及价格或者促销规划。

例如,"市场营销决策模拟软件"给出了公司在中国的3个市场中所生产的3种高科技智能产品,在产品整体特点和生命周期阶段方面有着较大的差异。智能电视(STV)是具有全开放式平台,搭载了操作系统,顾客在欣赏普通电视内容的同时,可自行安装和卸载各类应用软件,可持续对功能进行扩充和升级的新电视产品;顾客还能够在紧急情况按下遥控器"求救"按钮,电视机就会发出警告自动拨打电话 120,启动人工呼叫功能,告知医院病人的家庭住址等满足老龄人群需求。智能手表(SWatch)是 3 个月前推出的最新产品,它是时尚行业与科技进行跨界合作的产品,是智能穿戴产品的最新成果,体现了全新的手腕电脑理念,并可以同步手机中的电话、短信、邮件、照片、音乐和身体状况显示等功能。智能游戏机(SBox)是一款已推出 4 年的,具备定时功能的体感游戏机,家长们可轻松设定相应游戏时间,也能对孩子们所玩或观看的内容加以限制,而且集成了游戏、电影、音乐和图像的多媒体中心,可以通过摄像头与好友视频聊天,或者发送视频邮件;可以通过安装 Media PC 系统的电脑,将多种音乐播放器、数码相机与智能游戏机连接并传输文件等。

同时,要与产品的生产或服务的提供者协作,设计无缝衔接的规划,实现无缺陷实施活动。例如,"市场营销决策模拟软件"要求做出产品生产量(见示意图 11-6)、研发投入(见示意图 11-7)等的决策。

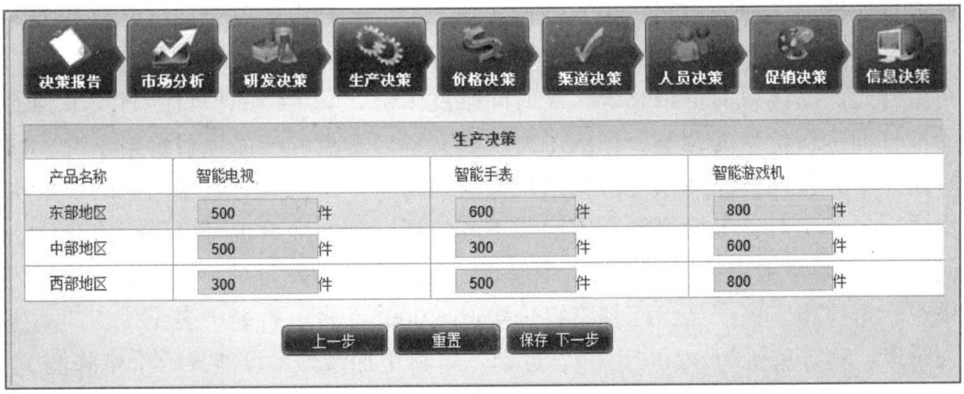

图 11-6 各地区生产量决策

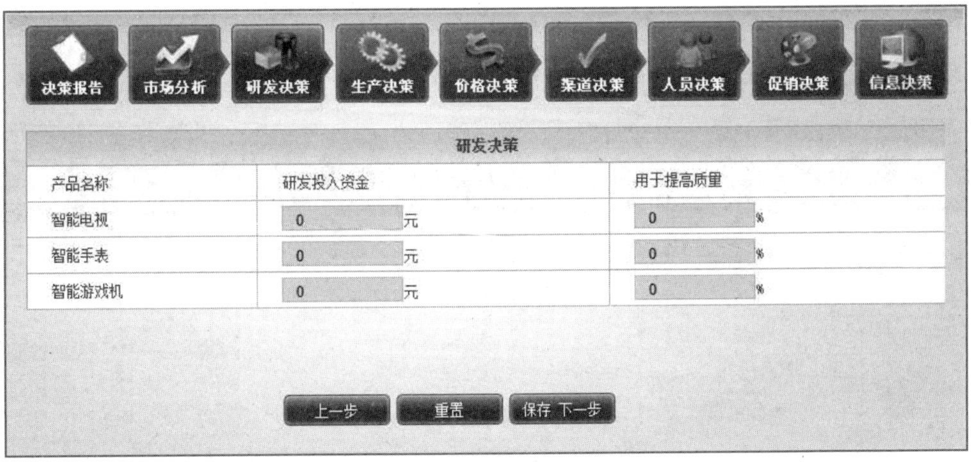

图 11-7 各产品项目研发投入决策

生产量决策是在预测的销售量基础上进行的,因此有可能销售预测量不够准确(如价格水平、促销力度等造成),致使产品库存积压,或是产品脱销而需要加班生产。这个时候的不确定成本就会发生。

例如,"市场营销决策模拟软件"设定,某一季度结束时没有销售出去的存货,将支付产品生产成本的5%作为存货费用。每季度末的存货可以在下季度开始时用于销售。由于运输费用很高,并且不太容易找到合适的运输工具,因此过量的存货不能跨地区转运。生产过剩会造成额外的存货费用,而生产不足将导致脱销和销售份额的损失。加班生产的能力最多只能达到缺货量的 50%或本期生产能力的 20%,以二者中较少者为准。

(二)价格策略规划与实施

价格策略规划包括每一个产品项目的价格值确定以及公司产品体系的价格系统制

定。确定产品项目的价格值一般分两步进行。第一步，明确各产品预计销售量、利润获得比例和总成本后，进行公司期望的基本价格值计算；第二步，根据获得的竞争对手或是行业市场中同类产品的价格水平，依据公司发展战略和市场竞争地位，对基本价格值进行调整和修订，确定出最后价格值决策。

制定公司产品体系的价格系统，从时间维度来看，每个产品项目随着在市场上销售的时间推移而进行价格的调整，形成了每个具有各自特点的产品项目价格系统。而在同一个时间点下，公司产品体系的价格系统又是由每个产品大类所表现出来的价格水平特征所构成。另外，对于批发商和零售商或不同市场，价格决策也可以进行差异化。

例如，"市场营销决策模拟软件"中设定，在新的一年公司对于智能电视的销售预测更加乐观，寄厚望于该产品，而且零售价接近 6 000 元/台。智能手表正位于产品生命周期引入阶段，其零售价为 3 600 元/只，近期竞争将更加激烈（可能导致价格降低）。而智能游戏机已接近其生命周期中成长阶段的顶部，销售增长水平较低，零售价降到 820 元/部以下，还可能继续降低，竞争是激烈的。

再根据本营销周期的销售量和利润获得比例，以及上一竞争期的市场价格水平，即可进行本周期各产品在各地区市场中的销售价格值决策，见图 11-8。

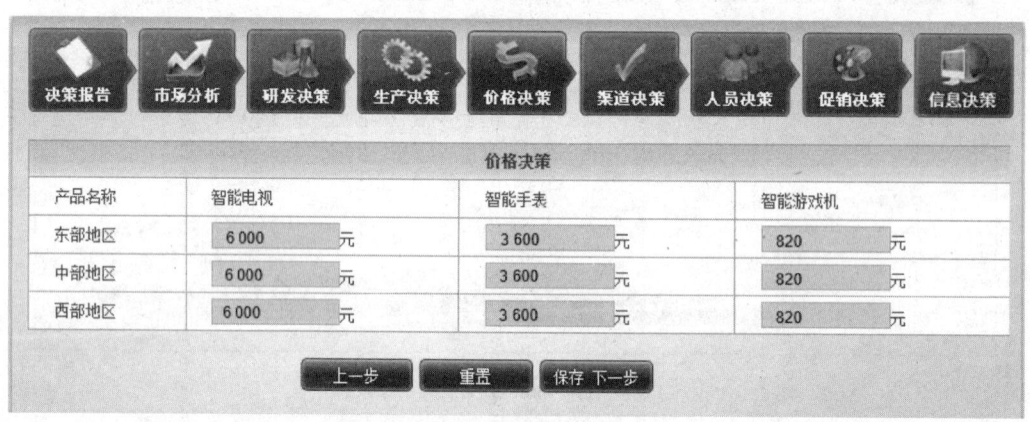

图 11-8　各产品在各地区市场中的销售价格值决策

（三）分销策略规划与实施

分销策略规划首先重点在分销渠道的长短、宽窄和类型方面考虑，以便计算中间商数目和中间商管理成本。由于网络营销技术的发展，线上线下方式进行分销渠道建设已成常态。但是要注意中间商在同一市场中，渠道有可能发生冲突而造成不必要的风险。

通常情况下，分销渠道越长、越宽，接触到的市场面就会越大，就越有利于产品推入市场。但是，分销渠道需要人员加以维护和管理，这就会产生成本。分销渠道级数越多、宽度越宽，意味着配比的管理人员越多，发生的管理成本就越高。分销渠道级数越多，还可能意味着利润的分配额越多，公司获得利润额受影响。

例如，"市场营销决策模拟软件"中设定，中间商包括三大类，见图 11-9。第一类普通零售商，如大型商场、专业商场，渠道管理费为 10 000 元/季·家；第二类专卖店，渠

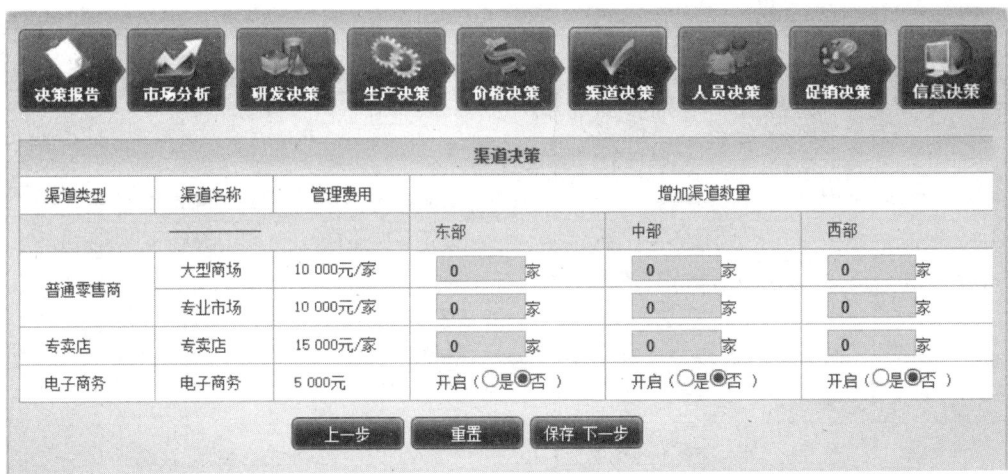

图 11-9　分销渠道构建决策

道管理费为 15 000 元/季·家；第三类电子商务，渠道管理费为 5 000 元/季·家；市场部成员需要为每一种产品在每一个地区的销售量做出预测，同时生产和发货也随即开始，保证有现货供应市场。

（四）促销策略规划与实施

促销策略规划是为了放大公司在市场和顾客群中的影响效果，通过不同的沟通方式和影响手段，起到事半功倍作用。无论是实体店还是电商，基本的促销策略不外乎分为四大类，即人员推销、广告、营业推广和公共关系。而由于信息化程度不断地提高以及通信技术的发展，通过线上的促销往往采用促销策略组合，突出各种方式的优点并加以使用以提高其有效性。

在进行人员推销策略规划时，最重要的核心是销售人员队伍的管理规划。这包括总销售人员数和各市场销售人员数的确定，销售人员队伍管理结构的设计，以及销售人员的招聘、培养、考核、激励和人员流失等管理规划。此外，还需要考虑相应的成本发生额计算等工作。

例如，"市场营销决策模拟软件"中设定，公司有专职销售人员 90 人，分布于东部、中部和西部地区市场。销售队伍管理设立了销售经理中间领导层，其任务是计划、监督和控制各项销售活动，每 15 名销售人员任命 1 位经理。每位销售经理每季度的总经费包括该经理的工资、一位秘书的工资、交通和办公费用以及给销售人员的奖励等。销售人员的收入由"基本工资+销售额提成"组成，也可以只是"工资"或是"销售额提成"。解雇或调动销售人员，或者销售人员离职均有不同程度的成本发生，如图 11-10 所示。

在进行广告、营业推广和公共关系活动规划时，要充分考虑这些活动对公司销售的影响程度和影响时效的差异以及单位成本费用的影响差异性。一般情况下，广告和营业推广活动当期就会产生影响，广告对后期也会留有逐渐衰减的影响。公共关系活动的影响效果当期可能显示较弱，但是对后期的影响衰退较慢，尤其是对增强市场信息尤为有效。所以，每一规划都应该对不同的促销活动方式的投入有所侧重。

人员决策

区域	东部地区	中部地区	西部地区
人员变动(+、-)	增加↑ 0 人	增加↑ 0 人	增加↑ 0 人
电商维护人员	0 人	0 人	0 人
时间分配 智能电视	33 %	44 %	23 %
时间分配 智能手表	34 %	22 %	44 %
时间分配 智能游戏机	33 %	34 %	33 %
人员工资	4 000 元		
佣金比例	3.0 %（小数点后最多输入2位保存）		

图 11-10　销售人员队伍管理决策

例如，"市场营销决策模拟软件"中设定了不同产品在不同市场中的投入和总费用规划（见图 11-11）、各促销方式费用占比规划（见图 11-12）。

促销决策

区域	东部地区	中部地区	西部地区
智能电视	5 000 元	10 000 元	3 000 元
智能手表	20 000 元	15 000 元	5 000 元
智能游戏机	10 000 元	5 000 元	8 000 元

总投入：81 000元

图 11-11　各产品/市场促销投入决策

费用所占比例

广告	广播和电视	20 %
广告	传统网络	12 %
广告	新媒体：朋友圈、公众号推广	13 %
广告	明星代言	10 %
广告	赞助商	10 %
销售促进	零售商	10 %
销售促进	最终顾客	12 %
公共关系		13 %

图 11-12　各促销方式投入比例决策

三、营销财务管理与投融资规划与实施

在市场营销决策模拟活动中不仅需要进行营销策略决策，而且需要进行营销资源决策，包括营销产品开发与生产决策、营销人力资源决策、营销财务资源决策和进入市场方式决策等。在产品策略规划和促销策略规划中已经对前两部分分别进行了说明和解读，此处仅对营销财务支援决策和进入市场方式决策进行说明。

营销财务资源决策规划主要是对完成营销总费用、营销运营分类费用、营销收入、资产与负债和营销流动资金等的考量。

例如，“市场营销决策模拟软件”中以公司的营销财务三大报表来显示营销财务管理基本情况，见图 11-13。

市场营销决策模拟软件
第1.季度
损益表(万元)
导出pdf
资产负债表(万元)
导出pdf
区域损益表(万元)
销售额:
智能电视 832.9521
智能手表 1 070.1167
智能游戏机 272.021
本季度总销售额: 2 175.0898
本季度生产成本: 智能电视 智能手表 智能游戏机
研究和开发 5.3 4.85 2.5875
当期生产费用 501.804 648.2 197.838
产品存储费用 0 0 0
本季度成本 507.104 653.05 200.4255
本季度总成本 1 360.5795
销售毛利 814.5103
运营费用:
公司状况
营销决策
运作报告
财务报表
市场信息
行业协会

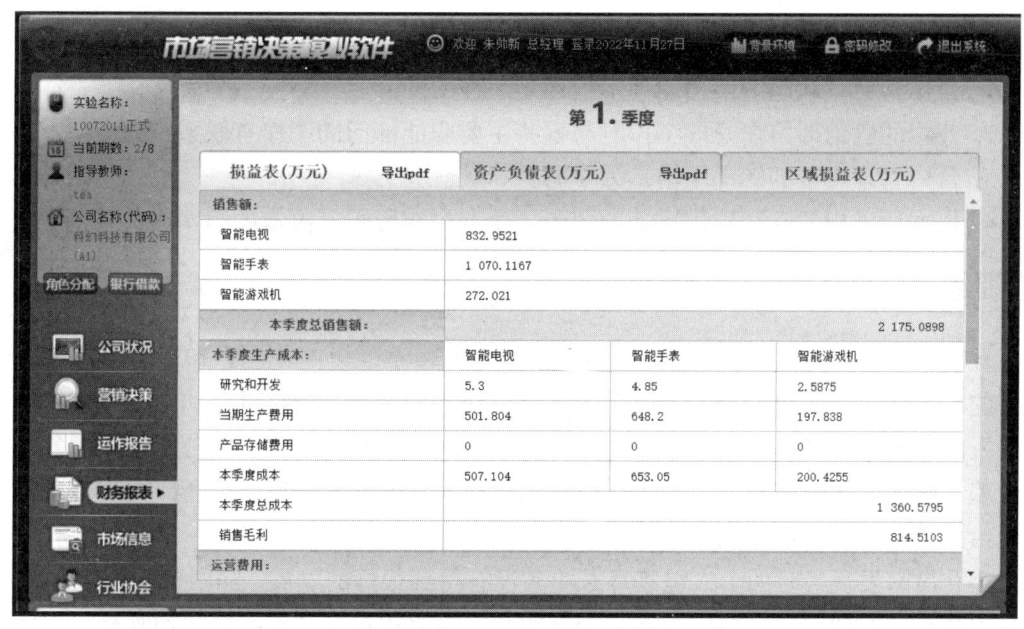

图 11-13 财务报表

营销财务管理也包括营销融资和投资。同时，在市场营销战略管理中也需要进行市场进入方式决策，即对产品或服务贸易式进入、契约式进入和股权式进入的选择评价。

例如，“市场营销决策模拟软件”中设定，可以通过银行借贷融资获得更多的流动资金（见图 11-14），设定当期归还或是分期归还，系统还会自动设定最后一期归还（如

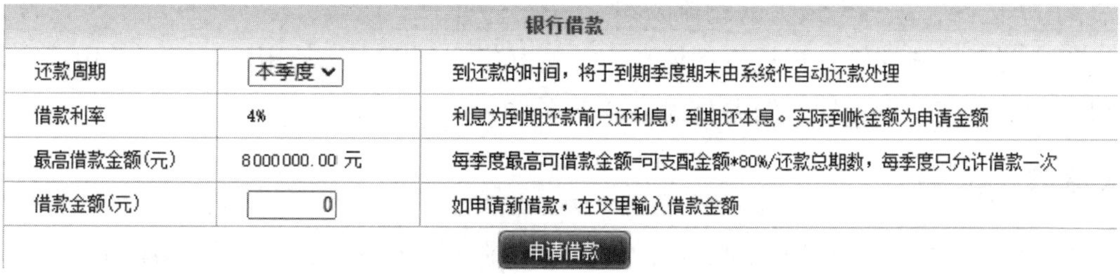

银行借款
还款周期
本季度
到还款的时间，将于到期季度期末由系统作自动还款处理
借款利率
4%
利息为到期还款前只还利息，到期还本息。实际到帐金额为申请金额
最高借款金额(元)
8000000.00 元
每季度最高可借款金额=可支配金额*80%/还款总期数，每季度只允许借款一次
借款金额(元)
0
如申请新借款，在这里输入借款金额
申请借款

图 11-14 融资决策

果自己不设定规划日期的话）。公司的资金充裕，剩余的资金还可以通过投资获得一定的收益。

本章知识点

1. 市场营销环境分析，主要内容包括宏观环境、市场环境和企业内部环境内容。
2. 市场分析，包括市场类型、竞争者分析等。
3. 营销财务分析，包括营销成本、单位营销投资盈利、营销盈利结构等分析。
4. 营销效率分析，包括营销计划完成率、营销财务效率、营销人力资源效率、库存周转率等。

思考题

1. 公司营销管理组织架构的基本框架是怎样的？
2. 公司的营销部门在开展工作时与哪些主要职能部门的工作有联系？
3. 营销管理决策的知识图谱是怎样的？
4. 根据所承担的营销管理决策的角色，绘制一幅影响其决策的因素间关系图。

小训练

日本有个物流公司叫大和运输，是日本第二家物流公司，成立于1919年。这家公司主要的模式是 B2B，他们当时有两个大客户：松下电器和三越百货。20 世纪 70 年代，创始人的儿子小仓昌男继承家业之后，发现公司处于亏损状态。主要是由于对大公司过度依赖，而大公司账期长，毛利率又很低，长期来看根本不赚钱。小仓昌男很着急，于是他给公司做了一个转型。

小仓昌南发现当时的个人包裹寄送业务没有得到很好的发展。当时承载这个业务的，在日本只有国有的邮局，但服务不是十分便利，需要用户自己包装好送到邮局，然后填单邮寄。小仓昌男想，为何公司不可以做个人包裹寄送业务？首先，他打破了个人包裹送货的惯例，采用上门收取货物的做法；其次，在供给端，他将时效性大大提高，并且首创了隔日达的模式，即第二天送达。由此，他组合创造了一个新的名字：宅急送。在此之前，宅配和急送是两个名字，分别意味着上门取货和快速送达。

到 2017 年，黑猫宅急送的营业额在 1 600 多亿元，员工人数达 19 万人，每年寄送包裹约 17 亿件，是日本最大的物流公司。

组合创新方法训练：根据案例信息，分析其组合创新方法使用的特点，并由此列举出更多的（至少 2 个）使用组合创新方法的案例。

本章参考文献

本章参考了"市场营销模拟决策实验指导书"（孔锐编写）相关内容，从"市场营销决策模拟"软件获取相关内容截图。

本 章 附 录

市场营销决策模拟软件

第十二章

电子商务与网络营销模拟

本章概要：

本章目的在于通过"情景嵌入"式模拟实训，引导学习者进行电子商务与网络营销的模拟活动，让学习者体验电子商务中 B2B 及 B2C 模式下的全流程及相关的网络营销活动，加深学习者对于电子商务与网络营销基本理论的理解，培养学习者理论联系实际地开展线上营销活动的基本技能，提高学习者的实践能力，启迪学习者对企业自建网站或依托于第三方网站开展电子商务创新性活动的思考。

企业以网络为手段开展各式各样的电子商务活动，其网上的营销活动又称为"网络营销"。网络的飞速发展，给企业市场营销创造了新的工具和手段，也创造了一种崭新的环境，这种兼备泛联性、可视性、实时交互性、能动性和敏感性的网络环境已经不是传统意义上的电子商务工具，而是独立成为新的市场营销环境。网络营销已经成为企业开展电子商务不可缺少的重要环节。

企业开展网络营销活动可以采用利用第三方平台或自建网站的方式，本模拟实训分两种：一种是依托于第三方网站的 B2B 或 B2C 活动，第二种则是采用企业自建网站的方式。这两种情况下的模拟实训的目的在于通过电子商务活动的中角色扮演，构建"情景嵌入"式的电子商务与网络营销决策模拟活动，让学习者进一步理解电子商务与网络营销的基本理论，了解企业参与电子商务第三方 B2B、B2C 平台及自建网站开展网络营销活动的基本流程，身临其境体会企业电子商务与网络营销活动的内容及其复杂性。

第一节 电子商务与网络营销概述

一、电子商务中的重要概念

电子商务是各类具有商业活动能力和需求的实体，利用现代信息技术，依托以互联网为主的各种电子网络所进行的能创造新价值的各类商务活动，包括有形的货物贸易和无形的服务贸易与知识产权贸易。

B2B 电子商务：基于企业与企业之间或商业机构与商业机构之间的电子商务。它是有业务联系的企业之间，相互用电子商务系统将关键的商务处理连接起来而形成的网上虚拟企业圈。B2B 电子商务，包括非特定企业间的电子商务和特定企业间的电子商务。

B2B 电子商务的参与方一般如图 12-1 所示。

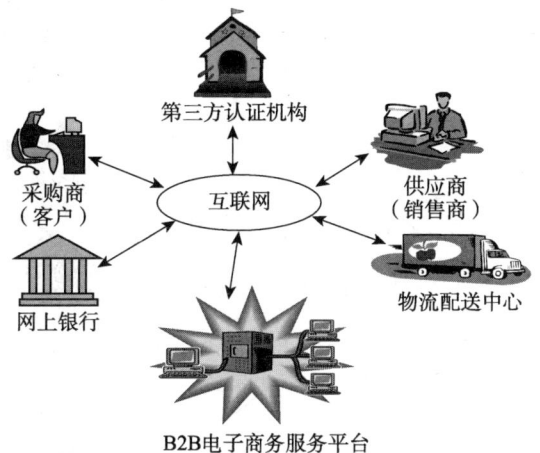

图 12-1　B2B 电子商务的参与方

从图 12-1 中可以看出，B2B 电子商务的参与方比较多，除了 B2B 电子商务服务平台、采购商和供应商，还有网上银行、物流配送中心、第三方认证机构等参与交易。事实上，B2B 电子商务的参与方还可能有更多，除了前面提到的，还可能包括生产商、批发商、零售商等。

B2C 电子商务是指企业与消费者之间进行的电子商务活动，主要是借助于互联网开展的在线销售活动，是指利用计算机网络使消费者直接参与经济活动的高级形式，这种形式基本上等同于电子化的零售。

如图 12-2 所示，B2C 电子商务的参与方相比 B2B 要简单一些，一般没有第三方认证机构参与，因此在基于商品交易的 B2C 交易模式中，参与交易的各方数量相对比较少。

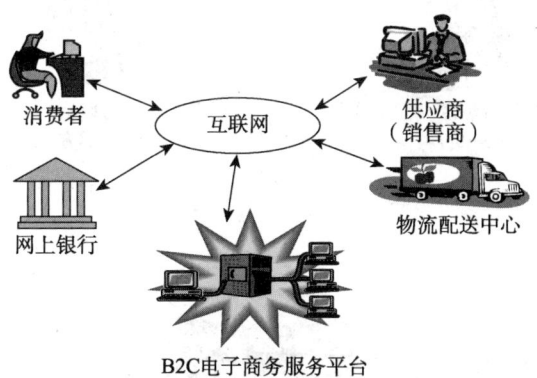

图 12-2　B2C 电子商务的参与方

但是在提供服务的 B2C 电子商务模式中，除第三方平台外，参与方也可能涉及好几种类别的企业或单位。比如，某旅游电子商务平台（图 12-3）连接的参与方不仅包括消费者、旅游服务的提供方（如酒店、航空公司），还包括景区、度假产品的提供方、目的地的旅游管理部门等。

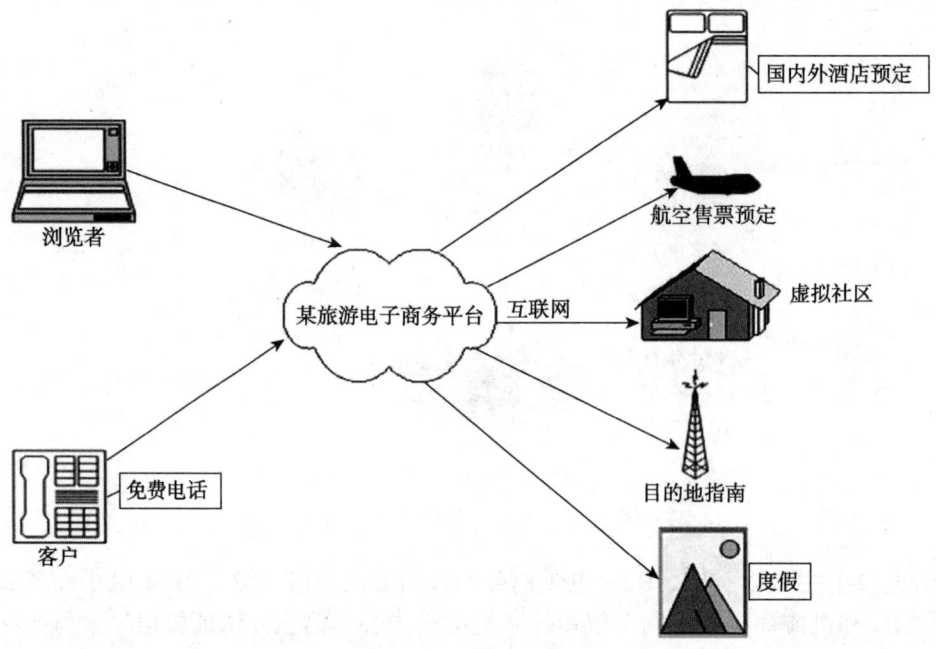

图 12-3　某旅游电子商务平台的参与方

C2C 电子商务是指在消费者与消费者之间进行的电子商务活动，它通过互联网为消费者提供进行相互交易的环境——在线交易平台，使买方可以自行选择商品进行竞价，且不受空间、时间、资金的限制。从图 12-4 中可以看出，C2C 电子商务的参与方比较简单，主要是 C2C 电子商务服务平台、消费者等。

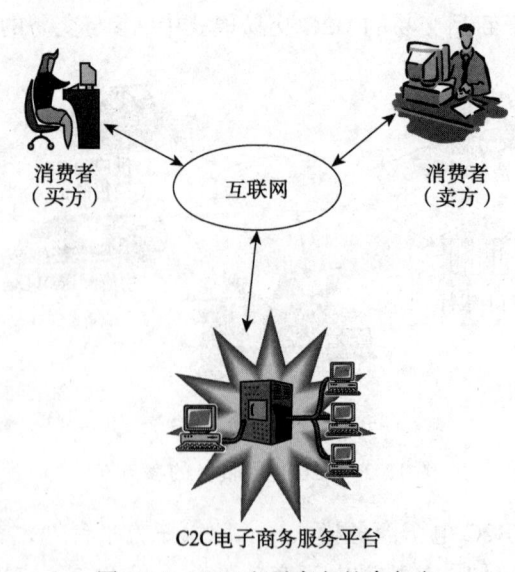

图 12-4　C2C 电子商务的参与方

二、网络营销

网络营销是指借助互联网、计算机通信和数字交互媒体，运用新的营销理念、新的营销模式、新的营销渠道和新的营销策略，为达到一定的营销目标所进行的宣传和经营活动，具有数字化、跨时空、全球性等特点。企业网络营销的内容包括信息发布、市场调查、客户关系管理（customer relationship management，CRM）、产品开发、制定网络营销策略以及网上采购、销售、售后服务等。

网络营销理论与传统市场营销理论中占中心地位的 4P 理论不同，是以 4C 理论为基础和前提的。网络营销与传统营销"以产品为中心"相比，更强调"以消费者为中心"，又把这一理论称为 4C 理论，即：①消费者（consumer），以研究消费者的需求和欲望（consumer's wants and needs）为中心，不再卖所生产、制造的产品，而是卖消费者想购买的产品；②成本（cost），研究消费者为满足其需求所愿付出的成本；③方便（convenience），考虑为消费者提供方便，以便他们能购买到商品；④沟通（communication），加强与消费者的沟通和交流。

网络营销策略是公司的整个营销体系中的一部分，需要与公司的营销战略相互匹配、相互支撑。

第二节 电子商务与网络模拟实训的原理及组织

电子商务与网络营销模拟实训的内容包括企业自建网站的营销活动或利用第三方平台（B2B、B2C、C2C）的交易。C2C 网站因为涉及各方比较少，且流程相对简单，本节暂不讨论，主要介绍企业借助第三方 B2B 和 B2C 平台进行的交易和基于自建网站所开展的营销活动。

企业借助第三方 B2B 和 B2C 平台进行交易的网站以下统称为商贸网站。

一、基于第三方平台的 B2B 交易

（一）实训原理

B2B 电子商务是电子商务按交易对象分类的一种，广义上是指企业与企业之间通过互联网、外联网、内联网或其他电子网络以电子化方式进行的交易；狭义上是指互联网在企业之间进行产品服务及信息交换的电子商务模式。例如，可以通过第三方 B2B 电子商务平台（商贸网）在企业之间进行的交易。商贸网不仅是企业与企业之间进行前期交易的主要平台，也是企业展示形象、实力以及产品的主要阵地。

企业与企业之间的电子商务在系统中体现为供应商与采购商或出口商与进口商之间的交易，涉及的主要角色有供应商、采购商、出口商、进口商等，另外还有物流、银行等其他角色配合。

供应商可以是商贸企业，也可以是拥有自己产品库的生产厂家。这些企业需要通过各种网络途径宣传自己的产品，让更多的采购商了解和订购。最主要的宣传方式之一是

进入商贸网站（因为商贸网站是企业供求信息集中的发布平台），注册成为商贸网站的用户，发布供应信息和产品信息。

而采购商或进口商想要获得商品，就必须通过向供应商采购，在浏览商贸网站时，查找到想要采购商品的供应信息，并利用商贸网站进行在线询价。

采购商的在线询价信息可以自动发送并收录到供应商后台的销售管理/询价信息里，供应商需要对新的询价信息进行报价处理，选择要报价的产品并填写报价数量和单价。报价处理会产生报价单，并发送给采购商。

采购商收到来自供应商的报价单，在确认要向供应商采购某产品后，拟定新的购销合同并发送给相应的供应商。供需双方经过合同洽谈的过程，最终确认合同的具体内容。

确认合同之后，供应商需要组织发货，系统中的货物配送全部是由第三方物流企业，即物流用户承担的。进入物流配送平台，选择不同的物流企业可以查看到它们的资费标准以及车辆情况，决定由哪一家物流企业完成此次配送，选择要配送的合同号提交配送单。

（二）实训组织

1. 教师

（1）教师端首先注册为系统管理员。

（2）教师端安排3~4名学生，即学习者为一组，并为各组生分配不同的角色。

（3）教师不仅要完成在实验中分配任务、管理小组的任务，还要组织课堂讨论、理顺各小组的相互关系（供应商、采购商、物流公司、银行等相互关系以及流程中的先后顺序），提醒学习者注意实验中的关键点，并及时进行归纳总结。

2. 学习者

（1）学习者端接受教师端分配的任务，只有一组学习者可以扮演平台公司，另一些小组可分别扮演供应商、出口商、采购商、进口商、物流公司和银行等角色（可以由教师直接指定，也可以小组抽签决定）。一轮模拟后各组学习者可以互换角色，一个小组至少要完成3种角色转换才能提交实验报告。

（2）各小组通过系统给定的案例进行市场细分和目标市场选择，注册自己的企业后，可在商贸网站上发布。

（3）各小组需要了解商贸网站的结构和供求信息的查询和发布，并浏览、搜索"商业资讯"频道上的行业资讯。供应商在商贸网站进行注册，进入网上产品展厅展示本企业的产品或服务项目。采购商注册后可以发布采购信息，或对供应商进行询价。注册后，企业都可使用商务助手的功能，实现供应商和采购商的互动。

（三）实训基本步骤及考核

实训基本步骤如表12-1所示。

实验完成后，各组学习者根据模拟情况，结合课后思考题撰写实验报告并参加报告答辩。答辩时每组组长陈述报告，全体组员都有义务回答老师的提问。教师根据学习者的实验操作情况（权重为40%）、报告内容的完整性（权重为40%）与答辩情况（权重为 20%）进行打分。教师在提问时可以考虑一些启发学习者创新思维的问题，如"从卖方的角度考虑，你觉得流程还可以怎样优化？"等。

表 12-1　B2B 网站具体实验步骤

序号	工作内容
1	采购商打开商贸网平台，进入"我要采购"模块
2	采购商浏览供应信息后发布求购信息
3	供应商查看求购信息后发布供应信息；在平台上加入公司库，并进行商品展示
4	出口公司发布出口信息，或出口公司在商贸网上查看海外求购信息，并与进口商取得联系
5	供应商或出口公司发布行业信息，各方在商贸网首页找到"商业资讯"频道，进入查看各行业的资讯，可发表评论
6	国内多数 B2B 网站采用的是会员制，平台会员企业（采购商、供应商、出口商等）可以利用平台设定的"商务助手"，进入商贸网的信息发布及管理，如"商业机会""产品目录""公司介绍""商业往来""资讯发布"等
7	供应商与客户确认合同之后，进入物流配送模块，选择不同的物流企业。货物配送全部由第三方物流企业承担
8	第三方物流企业接受客户的配送请求后组织货物运输，并收取运输费用，进行订单管理、运输管理、配送管理、驾驶员管理等操作

二、基于第三方平台的 B2C 交易

（一）实训原理

B2C 电子商务是指企业通过互联网向个人网络消费者直接销售产品和提供服务的电子商务经营模式，这种模式的电子商务，目前以网络零售为主，一般借助于互联网开展在线销售活动。它是按交易对象分类的电子商务模式之一，参与 B2C 电子商务活动的商家与顾客之间，一般借助网上购物网站进行互动。企业通过互联网为消费者提供一个先进的购物环境——网上商城。消费者通过计算机网络在网上选购商品，并可支付。企业、商家可以充分利用网上商店或电子商城提供的网络基础设施支付平台、安全平台、管理平台等共享资源有效地、低成本地开展自己的商业零售活动。B2C 这种模式，能够使消费者方便地在线完成商品的选购与支付，不受时间和空间的限制，大大提高了交易效率。

网上商城是商户销售商品和消费者消费的主要平台。商家在网上商城注册后可以在后台创建自己的商铺，发布管理自己的产品。例如，在 B2C 电子商务模式中，商户制定灵活的销售策略是重点，商家需要考虑采用多种销售策略来促进销售，如捆绑销售、数量折扣、积分优惠，甚至是增加或修改产品系列等。网上商城作为平台，也需要考虑如何根据平台搜集到的数据定期地组织一些有针对性的促销活动来满足消费者的需求，并提高商家的销量。

（二）实训组织

1. 教师

（1）教师端首先注册为系统管理员。

（2）教师端安排3~4名学习者，即学习者为一组，并为各组学习者分配不同的角色。

（3）教师不仅要完成在实验中分配任务、管理小组的任务，还要组织课堂讨论、理顺各小组的相互关系（网上商城平台、企业商户、消费者、物流公司、银行等相互关系以及流程中的先后顺序），提醒学习者注意实验中的关键点，并及时进行归纳总结。

2. 学习者

（1）学习者端接受教师端分配的任务，只有一组学习者可以扮演网上商城平台，另一些小组可分别扮演企业商户、消费者、物流公司或银行等角色（可以由教师直接指定，也可以小组抽签决定）。一轮模拟后各组学习者可以互换角色，一个小组至少要完成两种角色转换才能提交实验报告。

（2）各企业商户通过系统给定的案例进行市场细分和目标市场选择。例如，注册后可在网上商城进行商家注册。登录后，进入后台管理页面。商家的后台管理内容有：登记注册信息、进行商品管理、设计促销方案（如捆绑销售、数量折扣、积分优惠等）。消费者可以直接进入B2C网上商城在前台浏览各种商品，享受购物乐趣。消费者和企业在网上可以互动。

（三）实训基本步骤及考核

实训基本步骤如表12-2所示。

表12-2　B2C网站具体实验步骤

序号	工作内容
1	企业商户在网上商城注册，管理店铺，上架商品
2	消费者浏览或搜索商城商品
3	消费者在商城后台注册个人信息
4	企业商户在商城后台进行商品管理，商户可采取捆绑销售、数量折扣、积分优惠等营销策略
5	消费者在后台查询个人积分，即个人信息
6	消者在网上商城前台搜索商品，查看商品信息和评论
7	消费者把商品加入购物车后下单支付

实验完成后，各组学习者根据上机情况，结合课后思考题撰写实验报告并参加报告答辩。答辩时每组组长陈述报告，全体组员都有义务回答老师的提问。教师根据生的实验操作情况（权重为40%）、报告内容的完整性（权重为40%）与答辩情况（权重为20%）进行打分。

三、企业基于自建网站开展网络营销活动

（一）实训原理

从理论上讲，企业只要具备了接入互联网的条件，就具备了开展网络营销的基本条件，除可以通过电子邮件等方式与客户交流外，也可以开展初步的网络营销活动。例如，前面介绍的在第三方B2B网站发布广告和企业资讯，利用第三方B2C平台（网上商城）

进行在线销售、电子邮箱营销等。这些方法对于拥有网站的企业来说同样有效。

在拥有企业网站的情况下，营销的手段相对依托于第三方平台会方便且丰富得多。由于有在线网站的支持，企业（下称网络企业）可以实现网络营销的基本功能，包括市场调研、信息发布、网站推广、销售促进、客户关系管理等。企业建站需要完成域名申请、网站规划、网站实现、网站维护、网站推广等环节。

企业要建立自己的网站，流程如下。

1. 网络企业注册

网络企业是网络营销的实施者，也是驱动整个系统运作的主要角色。注册为网络企业后，需要了解当前系统的运行环境，通过对市场环境、消费群体、注册资金等诸多因素的分析，以及市场细分和目标市场选择，决定自己注册成网络企业的性质。

网络企业需要填写完整的企业注册信息，并提交系统后才能作为合法企业登录到网络企业后台管理主页面，而这些注册信息将作为网络企业在整个系统中的唯一合法资料被保存并随时调用。

2. 网站建设

网络企业的网站建设通常分为域名申请、网站规划、网站实现、网站维护、网站推广这5个步骤。

（1）域名申请即网站的地址申请，是用户访问网络企业的网站最直接的通道，也是网络企业展示本企业相关信息资源的平台地址。

（2）网站规划包括网站展示的目的确定、信息内容的布局和发布方式以及链接层级等的设计。不同企业网络营销站点建设的目的有着很大的不同，并非所有企业都是直接依靠网站盈利，更多传统行业的企业只是把网络营销站点当作一种宣传、广告、公关和销售的补充工具。因此，合理规划企业商务网站的内容对企业至关重要，需精心规划，及时更新的网站才能让访问者不断回访，从而提高站点的知名度，使企业网站在整个网络营销体系中发挥作用。

（3）网站实现是在规划好网站的内容之后，为新网站制作网页，把网站规划的内容通过网页的形式实现到企业网站上。用户可选择适合自己的模板，组合网站需要的服务内容创建出网站。

（4）网站维护是不断丰富和更新网站内容、优化页面表现形式等不断反复的过程。初期创建的网站可能内容较少，要让用户看到一个内容充实的网站，需要把各种素材填充到企业网站的相关栏目里面。网站的运作维护需要长期投入，定期对站点进行必要的更新和维护，以确保访问者看到站点里及时发布的各项内容，并保证展示信息的可靠性。

（5）网站推广需要和网络营销手段结合起来，让更多的用户知道并访问，网络企业才能有更多的机会。

3. 市场调研

网络市场调研是基于互联网对网络营销决策相关的数据系统进行计划、搜集与分析，并把分析结果同管理者沟通的过程。这些相关数据包括顾客需要、市场机会、竞争对手等方面的情况。网络市场调研融互联网技术与传统调研方法为一体,相对于传统的市场调研,网络市场调研具有及时性、客观性、便携性、经济性和互动性。相对于前面的B2C第三方平台,企业获取市场调研的数据会更加直接、方便且成本低廉。

4. 企业营销

企业营销中心集中了当前网络营销常用的营销手段,用户可以通过灵活运用这些手段完成不同层次的营销任务。例如,网络企业网站建设的初期,可以通过新闻发布、调研发布(将网站调研活动发布到门户网站首页链接)、广告发布、搜索引擎竞价排名等对企业网站进行大范围的推广。有了自己的网站,企业新产品发布的时候,还可以通过商城商品发布(把企业的产品发布到门户网站商城销售)、广告发布、信息发布、竞价排名、邮件群发等宣传新产品信息。

由于有了自己的网站,企业直接掌握受众的行为数据,可以专门对这些数据进行挖掘及分析,因此企业通过自己网站进行新闻发布、调研发布、广告发布时也更有针对性。

5. 效果评价

企业利用自己的网站进行营销也需要考虑投入产出比,进行效果评价。营销中心的效果评估提供了网站访问统计、营销手段效果评估以及客户关系管理3个大类的评估方向,让网络企业可以对其营销策略进行全方位的分析评价。

网站访问统计分析包括网站流量分析(分时段统计网站访问量)、访问来源分析(访问者来源统计)和访问IP分析(访问者IP地址分析统计);营销手段效果评估中可以查看到发布广告以及注册关键字的点击情况;客户服务是客户关系管理的重要内容,也是企业提高客户满意度的首要条件,网络企业可以根据自己网站的客户服务模块对客户的反馈留言、投诉等第一时间做出反应。

(二)实训组织

1. 教师

(1)教师端首先注册为系统管理员。

(2)教师端安排3~4名学生即学习者为一组,并为各组学习者分配不同的角色。

(3)教师不仅要完成在实验中分配任务、管理小组的任务,还要组织课堂讨论、理顺各小组的相互关系(网上商城平台、企业商户、消费者、物流公司、银行等相互关系以及流程中的先后顺序),提醒同学注意实验中的关键环节,并及时进行归纳总结。

2. 学习者

(1)学习者端接受教师端分配的任务,只有一组学习者可以扮演网络企业,另一些小组可分别扮演企业客户、消费者、物流公司或银行等角色(可以由教师直接指定,也可以小组抽签决定)。一轮模拟后各组学习者可以互换角色,一个小组至少要完成两种角色转换才能提交实验报告。

(2)扮演企业的小组通过系统给定的案例进行市场细分和目标市场选择。注册为网络企业后建设网站(域名申请、网站规划、设计网页、运行管理)。通过网站进行市场调研、营销管理、客户服务等工作，实现企业和客户之间的互动，系统化管理员的监督指导。

（三）实训基本步骤及考核

实训基本步骤如表 12-3 所示。

表 12-3　企业自建网站具体实验步骤

序号	工作内容
1	注册企业后建设企业网站（域名申请、网站规划、选择模板、图片上传、填写公司介绍等）
2	网站后台管理基础工作，包括发布产品、进行产品展示、发布新闻动态等
3	网站后台会员管理，如发布会员公告、添加友情链接、具体会员管理等
4	网站后台管理核心工作，包括网上调研管理、常见问题解答（frequently-asked questions，FAQ）管理、网站流量分析等
5	网络营销管理，包括进行市场调研、产品定价、广告软文设计与发布等
6	网络客户管理，包括修改或查找客户信息等
7	竞争对手管理，可以利用"我的竞争对手"模块进行添加、修改或删除竞争者信息
8	客户"反馈/投诉"管理，包括添加、修改或删除客户反馈或投诉

实验完成后，各组根据模拟情况，结合课后思考题撰写实验报告并参加报告答辩。答辩时每组组长陈述报告，全体组员都有义务回答老师的提问。教师端根据学习者的实验操作情况（权重为 40%）、报告内容的完整性（权重为 40%）与答辩情况（权重为 20%）进行打分。

第三节　电子商务与网络模拟实训范例

一、依托于第三方平台的 B2B 交易

现实中，B2B 电子商务模式一般采用的是会员制，商贸网的卖方会员有供应商、生产企业、出口商等，买方会员有采购商或进口公司等。会员向平台缴纳会员费，平台则为会员提供信息服务以便促使双方达成交易。

因此，第三方 B2B 交易平台需要给会员提供展示商业机会、产品、公司以及咨询等信息，还需要为每个会员企业用户提供丰富的信息管理功能，如设置"商务助手"栏目等。

（一）企业采购、采购商发布求购信息

采购商在商贸网站查看供应信息/询价。

例如，扮演采购商的小组登录电子商务软件，进入商贸网站页面单击"我要采购"按钮，进入查看行业的供应信息，如图 12-5 所示。

在供应信息页面内，选择行业，进入该行业的商品"供应信息"然后选择该行业的某类产品，进入查看该类产品的所有供应信息。采购商通过查看供应商发布的供应信息，来与之取得联系，争取商业机会。采购商同样可以发布求购信息，让供应商主动来联系自己。

图 12-5　商贸网行业供应信息页面

（二）供应商查询求购信息

供应商寻找商机可以在 B2B 网站的求购信息中寻找与自己产品相关的信息。

例如，扮演供应商的小组在电子商务软件中登录后单击"我要销售"按钮，进入查看行业的求购信息，在求购信息里单击有信息的行业名称，进入查看该行业的商品求购信息，选择求购信息名称，单击后进入该商品求购信息，然后供应商可以填写报价单向采购商报价（图 12-6）。

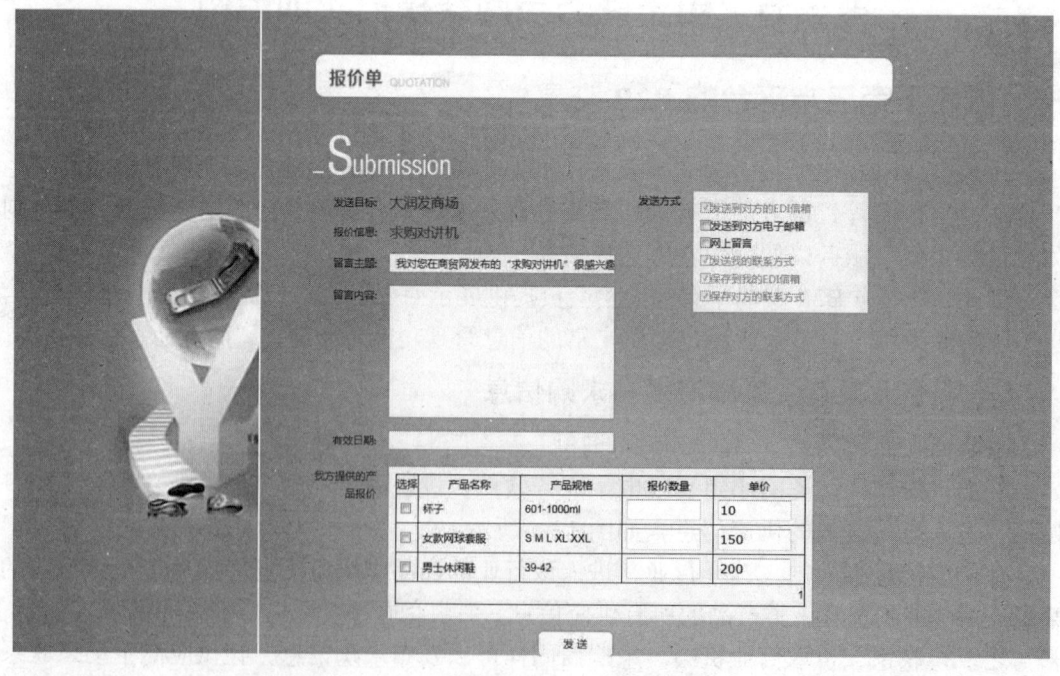

图 12-6　商贸网报价单信息页面

一般来说采购商在收到报价单后，再决定是否签订合同，或再磋商，或删除该报价单。

（三）供应商发布供应信息并加入公司库

除了查看求购信息，供应商也可以主动出击，在平台的"我要销售"模块中，发布供应信息。例如，供应商在电子商务软件上登录以后在页面内单击"发布供应信息"按钮，进入"我的商务助手"页面内，选择"商业机会"下的"发布商业机会"子菜单。

除此之外，供应商为了让客户更容易找到自己，可以加入B2B平台的公司库。例如，企业可以在电子商务软件中通过单击"加入公司库"按钮来加入公司库，见图12-7。

图12-7　商贸网供应商"加入公司库"页面

（四）供应商产品展示

为了增加客户对供应商的信任度，生产商或贸易商需要在平台上展示其产品。B2B平台上设有专门的产品展示橱窗，以供企业使用。

（五）出口商网上出口

在B2B平台上，作为卖方的企业除了生产商、供应商外，还有出口商企业，寻找和交流的是国外的客户，可根据网上海外求购的信息与需求方联系。

例如，在电子商务软件中，网上出口信息一般由教师端发布，而出口公司在此查看网上海外求购信息，并与之取得联系。如图12-8所示，出口公司单击"网上出口"按钮，

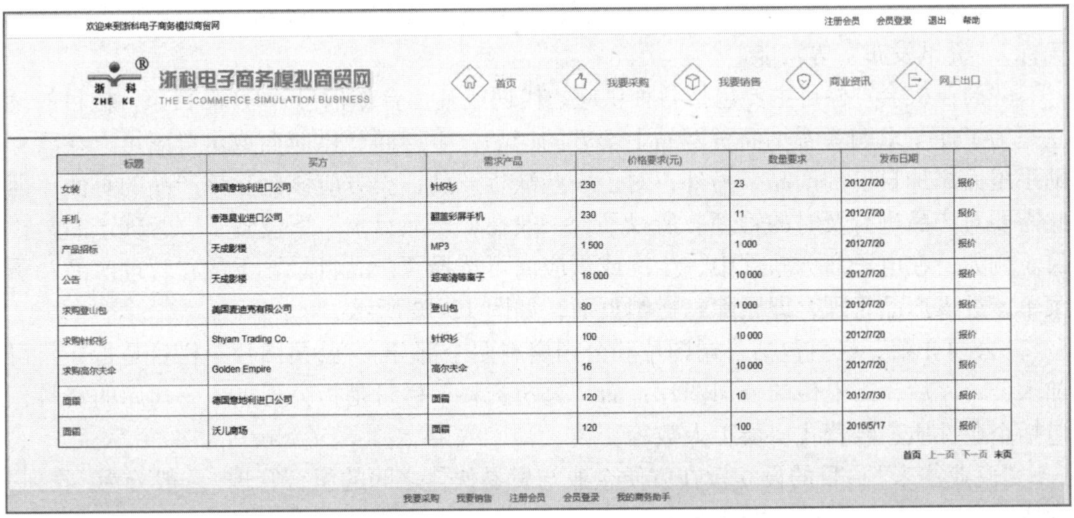

图12-8　商贸网海外求购信息页面

进入海外求购信息列表页面，选择求购信息，并单击其所在行的"报价"选项，进入外销报价单填写页面，价格由系统根据该系统内，该商品价格而默认生成，出口公司只可修改报价，并单击"发送"按钮，将报价单发送给进口商。

出口公司发送的报价单由系统自动审核，出口公司发送报价单后（图12-9），选择"出口业务"的"报价管理"子菜单，查看报价是否通过，并拟订外销合同。

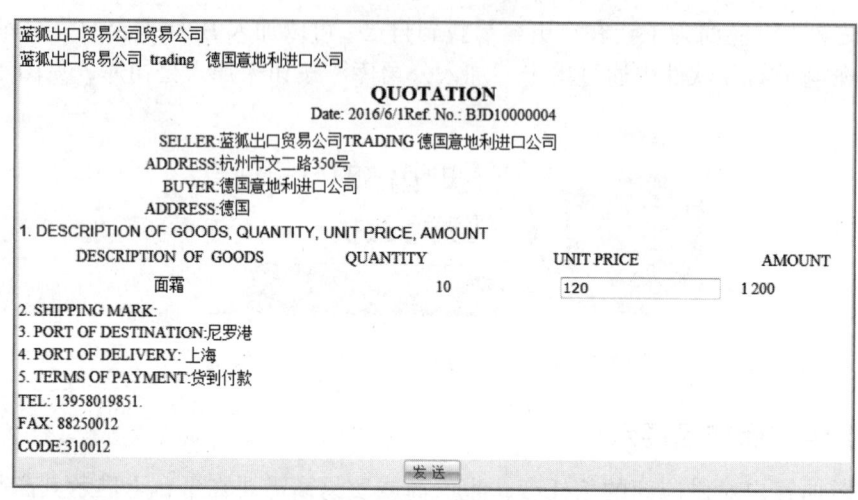

图12-9　商贸网报价单页面

（六）商贸网上的商业资讯及商务助手栏目

商贸网站上设有"商业资讯"及"商务助手"栏目，"商业资讯"栏目为生产厂家、商场或出口公司发布的行业信息提供方便，而买方则可以查看各行业的资讯并发表评论。

例如，买方可在电子商务软件的商贸网首页单击"商业资讯"按钮，进入查看各行业的资讯，并能发表评论。

"商务助手"栏目一般包括"商业机会""产品目录""公司介绍""商业往来""网上竞标""资讯发布"等功能。

"商业机会"栏目主要包括各种供应、代理或其他合作信息；"产品目录"栏目的设立是为了便于求购者看见商贸网站上卖方的产品，生产商、供应商或出口商可以在商务助手里面添加自己的产品。另外，对于一些缺货产品，卖方应该删除该产品的页面，因此需要对产品进行及时的管理。所以平台一般在"产品目录"下设置了"管理产品"栏目。例如，在电子商务软件中，生产或供应商可选择"产品目录"下的"管理产品"子菜单，进入产品管理，即删除、撤销页面，如图12-10所示。

"公司介绍"栏目包括公司图片和公司资料两个部分。"公司图片"栏目是指在公司加入公司库后，需上传的公司图片；而"公司资料"栏目是指公司加入公司库的资料，包括企业性质、经营式、员工人数等。

"商业往来"栏目的设立旨在方便企业与贸易伙伴之间的留言管理，一般分为"收到"的留言和"发出"的留言两部分。

图 12-10 商贸网"产品管理"页面

除此之外,平台会员企业还可以通过"资讯发布"栏目发布企业风采和行业资讯,以便于贸易伙伴了解自己。

(七)物流

货物的运输是开展电子商务不可缺少的环节,因而物流这一要素显得尤为重要。在 B2B 交易中,第三方物流企业是电子商务物流工作的主要承担者。其主要通过接受客户的配送请求组织货物运输,收取运输费用,实现营业利润。

例如,在电子商务软件中,物流角色以第三方物流企业的身份存在,物流后台的主要功能模块包括客户管理、订单管理、运输管理、库存管理、配送管理、应收应付、资金管理、网络访问及小秘书等(图 12-11)。

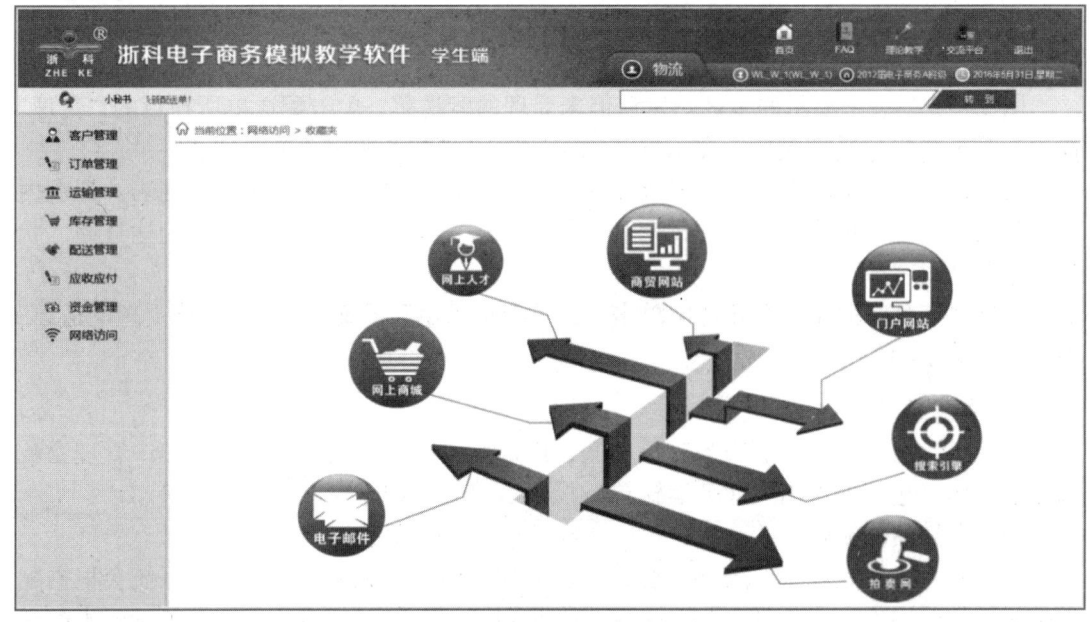

图 12-11 商贸网物流公司信息页面

物流角色需补充完整企业资料，在正式开展业务之前必须做的准备工作如下。
（1）申请一个 E-mail 地址并设置到企业用户资料。
（2）申请开立银行账户。
（3）待开立银行账户审批通过后进行"开户账号设置"。
（4）设置运输货物的资费标准。
（5）购买仓库、车辆添加驾驶员等。

只有在完成了以上的准备工作，需要配送服务的企业用户登录到物流配送平台时，才可以查看选择用户的物流公司，向物流公司发送配送请求。

1. 订单管理

"订单管理"模块主要是为了方便用户处理来自客户（生产厂家、供应商）的配送请求而设置的，包括未受理配送单和已受理配送单两大类。

例如扮演客户的小组，单击"订单管理"下的"未受理配送单"子菜单，进入"未受理配送单"列表，如图12-12所示。

图 12-12　商贸网未受理配送单列表页面

图12-12列表中显示的是客户发送但未受理的配送单。单击配送单所在行的"受理"选项，系统弹出"受理成功"提示框，确定后返回"未受理配送单"列表。

受理成功的配送单即从"未受理配送单"列表转入"已受理配送单"列表。列表内容一般包括：配送单编号、下单日期、发货人、接货人、联系电话、要求到达日期、状态（已受理/未受理）、操作等。

扮演物流公司的小组在软件中单击"已受理配送单"子菜单，进入"已受理配送单"列表，如图12-13所示。

2. 运输管理

物流企业通过提供运输服务获得利润，用户可以在"运输管理"模块集中管理物流的运输工作，包括处理出入库的运输单、设置运费、管理车辆以及驾驶员等。

例如，扮演物流企业的小组，可以在电子商务软件中进行以下操作。

（1）处理入库运输单。当物流受理了新的配送请求（配送单）之后，系统会根据配送单提供的运输信息，自动产生新的待"处理入库运输单"，即需要组织车辆到提出配送请求的企业将配送货物运输到物流仓库（图12-14）。

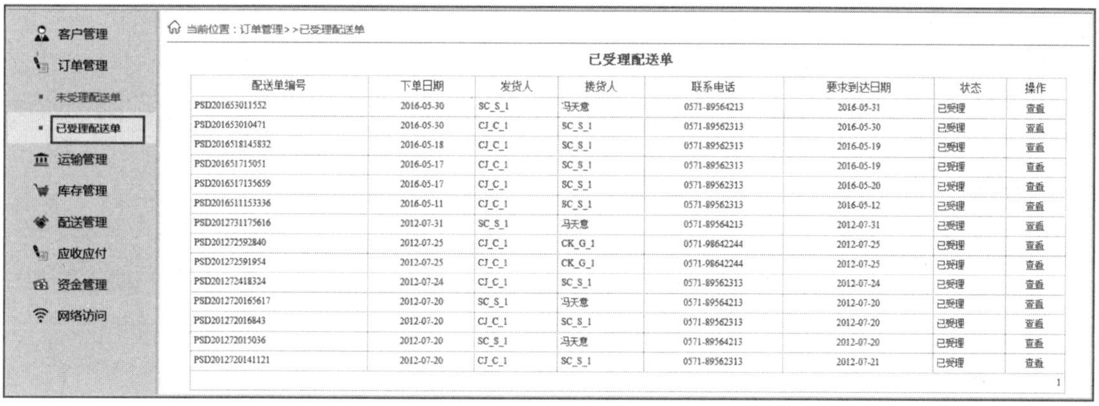

第十二章 电子商务与网络营销模拟

图12-13 商贸网已受理配送单列表页面

图12-14 商贸网处理入库运输单列表页面

单击"配送单编号",进入查看该配送单,查看后,单击配送单页面内的"返回"按钮,返回待处理入库运输单列表。或单击该配送单所在行的"处理"选项,也可进入查看该配送单,在该页面内,还可完成该配送的运输安排操作。

选择车辆、驾驶员和是否紧急,单击"出车"按钮。物流出车成功后直接到达提出配送请求的企业处,该企业会收到配送单等待出库的通知,待企业出库处理之后,货物装车并运抵物流仓库。

(2)入库运输单记录。单击"运输管理"菜单下的"入库运输单记录"子菜单,进入已处理的入库运输单列表页面,如图12-15所示。处理成功的入库运输单转入到该列表中。处理出库运输单及出库运输单记录的操作与入库运输单和入库运输单记录的操作类似。

(3)运费管理。运费管理包括运费设计与调整。例如,在电子商务软件的"运输管理"菜单中,物流公司选择子菜单"运费设置",进入运费设置页面,计算运费或调整运费。运费调整包括可对重量、体积、单位数量、单价等进行调整。

图 12-15　商贸网入库运输单记录页面

3. 车辆管理及驾驶员管理

物流开展运输服务离不开车辆，物流企业可通过"车辆管理"栏目查看物流公司车辆的状况，也可以卖出、报废或购进新的车辆。除了车辆管理，物流企业还需要在系统中为车辆指派驾驶员。物流企业通过"驾驶员管理"栏目查看物流公司驾驶员的信息。如果驾驶员不足，用户可能需要添加新的驾驶员。

二、依托于第三方平台的 B2C 交易

现实中，基于商品交易的 B2C 电子商务交易参与方一般为平台（网上商城）、商户和消费者。平台则为商户和消费者提供服务，以促使消费者更好地找到心仪的商品，并帮助商城里的商户完成商品的销售任务。因此，在网上商城的消费者和商家双方也都需要在商城登记注册。

例如，在电子商务教学软件的菜单内扮演商城商户和个人消费者的小组都需要单击"网上商城"，打开网上商城网站，首页如图 12-16 所示。

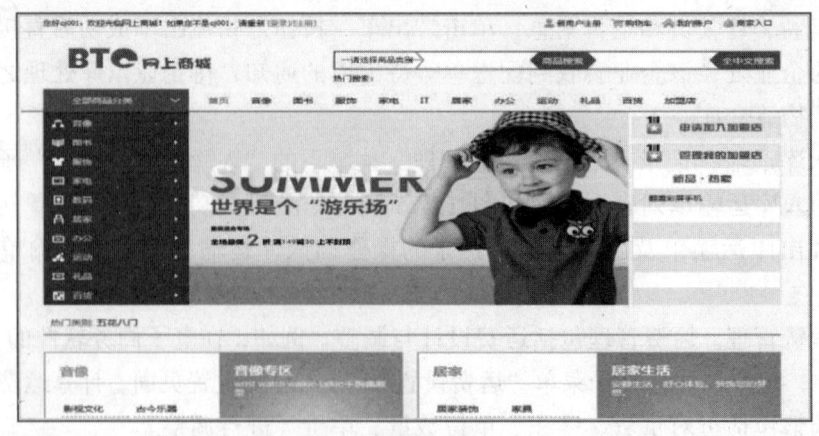

图 12-16　网上商城页面

（一）注册

注册分商家注册和消费者注册。商家首先需要在商城登记注册。例如，在电子商务软件中，注册网上商城商家，必须注册成功网上银行特约商户。在网上商城注册页面内，系统自动填写该商场的所有信息，包括：网上银行特约商户的注册账号（见图12-17）。若未注册网上银行特约商户，需要到柜台业务的代理业务中注册，并等待银行审核。

图12-17 网上商城商家注册登录具体信息页面

同时个人消费者也需要在商城注册，这一方面便于商城进行管理，另一方面提供的通信和住址信息也便于商家了解消费者。

（二）商家后台操作

商家登录后，进入平台后台管理页面可对店铺进行一系列的管理，如产品管理、捆绑销售、数量折扣、积分优惠、商铺管理、商品系列等（见图12-18）。

"商铺管理"栏目便于消费者和平台管理方了解商铺的类型；"产品管理"栏目便于商家在产品管理中对产品进行归类、可设置产品重量、产品体积、市场价格、销售价格等。

商家在后台还可以制定一系列促销策略来开展网络营销活动，如捆绑销售、数量折扣、积分优惠等。捆绑销售即销售商品时带有相应赠品，赠品可以是消费者喜欢的，但可能同时也是商家需要及时出库的商品或新品。如何进行捆绑销售需要教师引导同学认真思考来进行选择。数量折扣是商家为了促进大批量的销售所采用的促销策略。一般来说，顾客购买的数量越多，商户给予的折扣就越大。积分优惠是商家对消费者购买商品后累积的分数，消费者积分达到一定程度，可参加商家的特定优惠等，消费者购物越多，累计积分越多。积分优惠是促使消费者复购的策略。在电子商务软件网上商城商户管理后台，商户单击"积分优惠"按钮，可以设置该商铺的积分。

商品名称	类别	计量单位	产品重量(kg)	产品体积(M3)	市场价格(元)	销售价格(元)	状态	操作
休闲男装	男装	件	0.3	0.5	260	260	已发布	撤消
数码相机	音像摄录	台	0.5	0.1	3500	3400	已发布	撤消
网易拍	随身视听	个	0.2	0.03	2200	2000	已发布	撤消
翻盖彩屏手机	通讯器材	只	0.1	0.2	2350	2200	已发布	撤消
手提包	女士配饰	个	0.1	0.03	88	88	已发布	撤消

图 12-18　网上商城商家后台管理页面

（三）消费者后台操作

个人消费者也可以进行后台操作，进行一系列查询活动。购买前的查询有收藏查询、订阅店铺查询等；购买中的查询有订单查询、积分查询等；购买后的查询有评价查询、退款/售后查询等。除此之外，消费者还可以查看个人资料。

（四）消费者前台操作

消费者在网上商城前台的操作包括浏览商品、搜索商品，查看商品详情信息和其他购买者的评论。消费者可将心仪的商品加入购物车内，或支付下单。

（五）订单生成

消费者支付下单，商家会收到订单和支付信息，接着商家会联系物流公司将商品送到消费者的订单地址。

三、企业自建网站

（一）企业网站建设

拥有企业自建网站的情况下，企业营销的手段相对于依托于第三方平台的营销要丰富得多。企业用户可以根据需要在整个网络环境内利用一切资源开展企业的网络营销活动，实现网络营销的基本功能：市场调研、信息发布、网站推广、广告、客户关系管理等。

首先，企业建立自己的网站需要完成域名申请、网站规划、网站实训、网站维护、网站推广等工作。

例如，扮演企业的小组登录电子商务软件，如图 12-19 所示，在菜单区内，选择"营销管理"菜单，单击其"企业网站建设"子菜单，进入网站后台管理栏目选择页面。

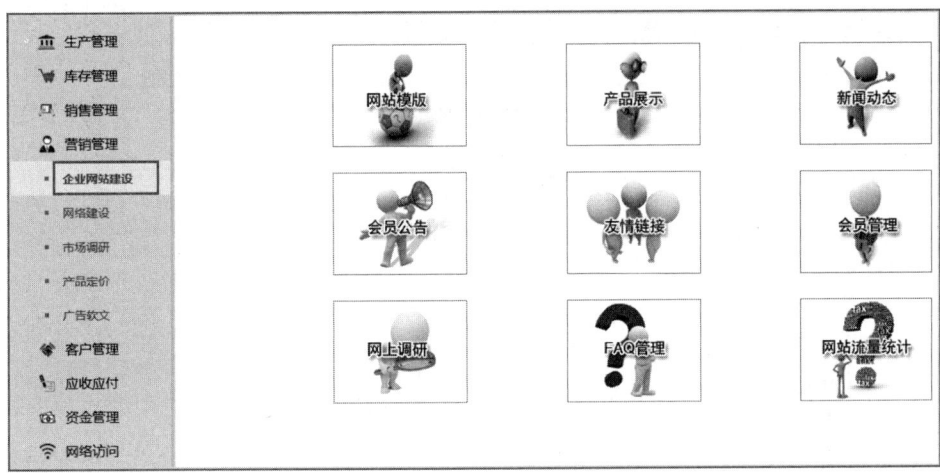

图 12-19　企业网站建设页面

系统为企业网站建设设计了 8 个栏目：产品展示、新闻动态、会员公告、友情链接、会员管理、网上调研、FAQ 管理、网站流量统计。

1. 域名注册

在域名服务页面内，首先，输入打算注册的域名，选择域名后缀，单击"查询"按钮（图 12-20）。

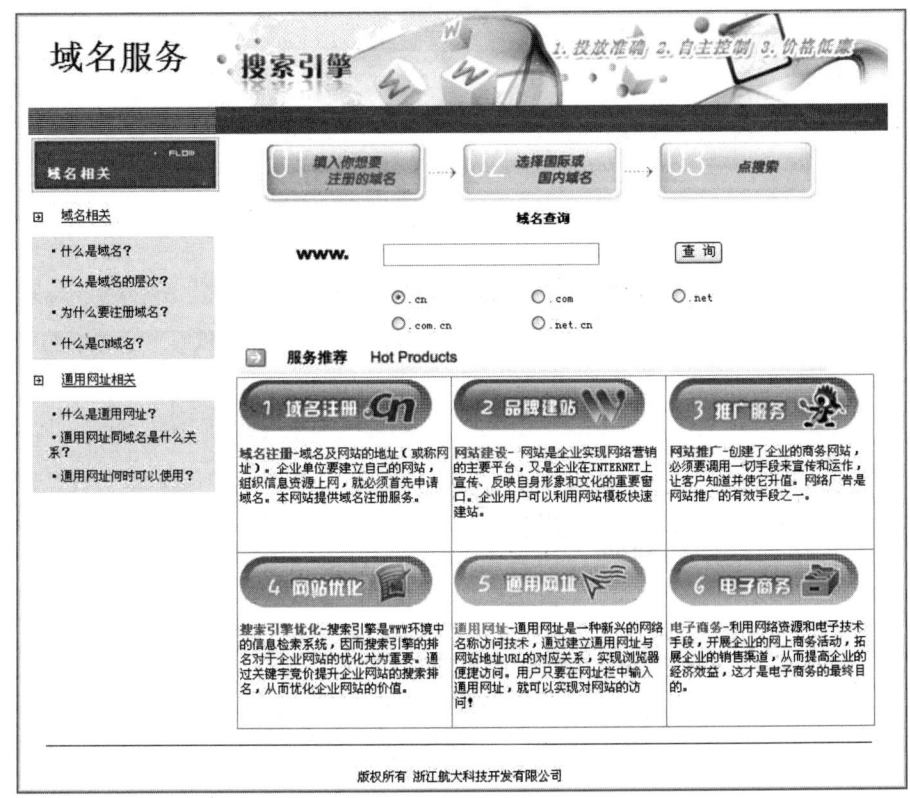

图 12-20　域名注册页面

其次，填写域名注册申请表，如图 12-21 所示。

域名注册申请表	
申请选择	☑注 册 ☐变 更 ☐注 销
域名申请目的理由和用途	企业网站建设
域名	www.data.cn
价格	¥280.00元
支付方式	◉现金支付 ○在线支付(暂未开通)
1.域名申请单位	
名称（中文）：	浙江风潮股份有限公司
（英文）：	
（拼音）：	
单位名称缩写：	
单位负责人：	王锋
通信地址（中文）：	杭州下沙
（英文）：	
邮政编码：	310000
单位所在地：	杭州下沙

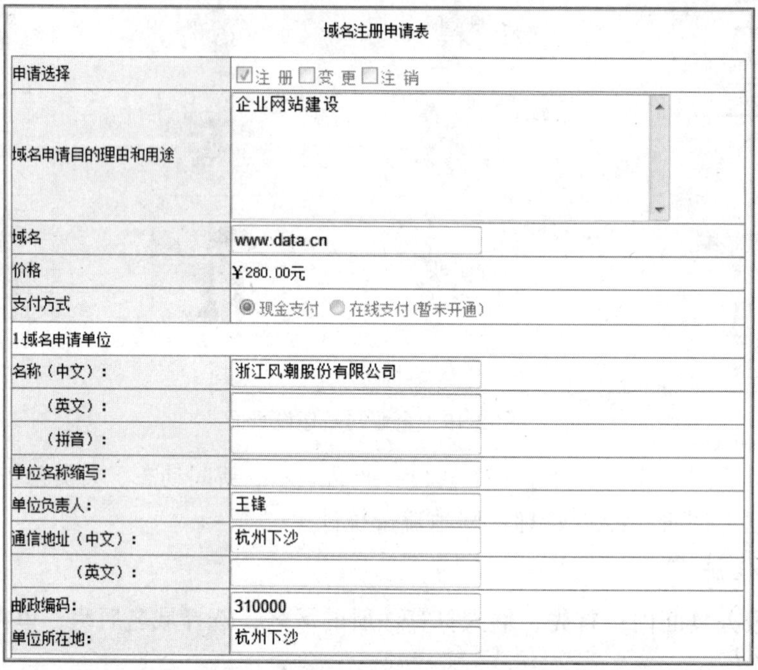

图 12-21　域名注册申请表填写页面

2. 选择模版

域名注册成功后，选择网站模板，例如，如图 12-22 所示。

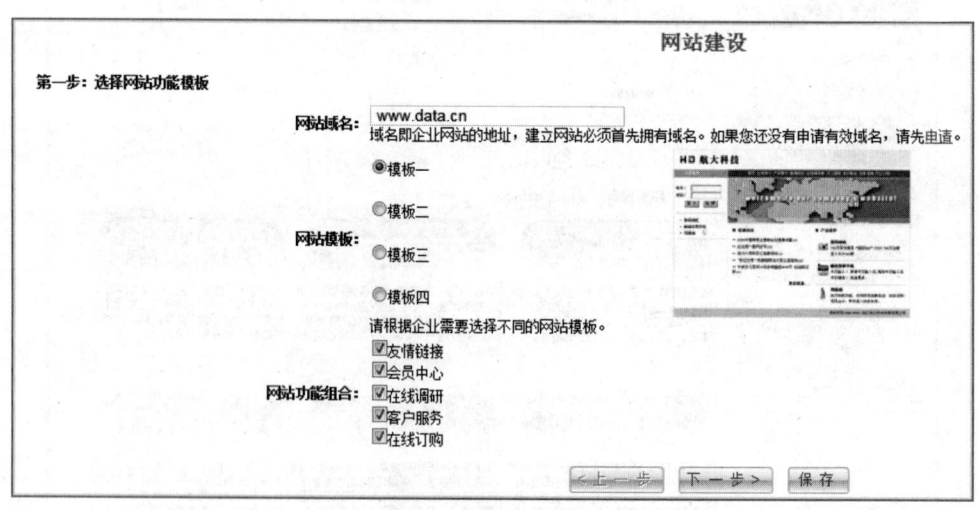

图 12-22　网站模板选择页面

3. 图片上传

企业网站需要上传标志图片和宣传图片。标志图片即可代表该企业的图片，学习者可根据自己的企业特色设计图片，或选择其他有代表性的图片。

4. 公司介绍

在公司介绍步骤中，编辑公司介绍内容，并选择公司介绍图片或视频上传。

（二）网站后台管理

若企业建站完毕，网站模板已经保存好后，企业则可进入网站后台管理，开展营销管理活动。例如，在电子商务软件中，学生端可选择"营销管理"菜单，单击其"企业网站建设"子菜单，进入网站后台管理栏目选择页面，如图 12-23 所示。

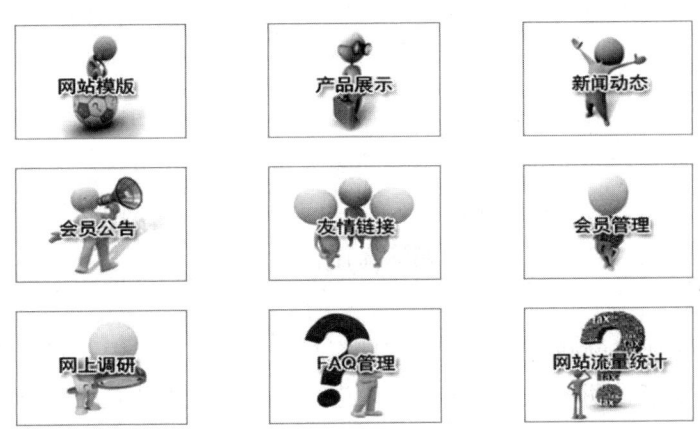

图 12-23　网站后台管理页面

例如，软件为企业网站建设设计了 8 个栏目：产品展示、新闻动态、会员公告、友情链接、会员管理、网上调研管理、FAQ 管理、网站流量统计。学习者可以分别对这些栏目进行编辑，其中，产品展示、会员管理、网上调研和 FAQ 管理 4 部分的内容要求学习者重点掌握，这些内容也是企业在日常工作中经常会用到的。

1. 产品展示

企业自建网站中的产品展示板块相比第三方平台来说更加完善，也便于企业根据用户的反馈进行迭代升级。例如，图 12-24 为电子商务软件中网站后台页面内的"产品展示"，企业可单击"产品展示"选项，进入展示产品列表页面。

产品展示管理				
序号	产品名称	型号	分类	撤销
1	面霜	50ML	化妆品	撤销
2	手提包	686	服装服饰	撤销

图 12-24　网站产品展示页面

页面显示展示的产品列表：产品名称、型号、分类，商家可以选择撤销或发布产品，如图 12-25 所示。

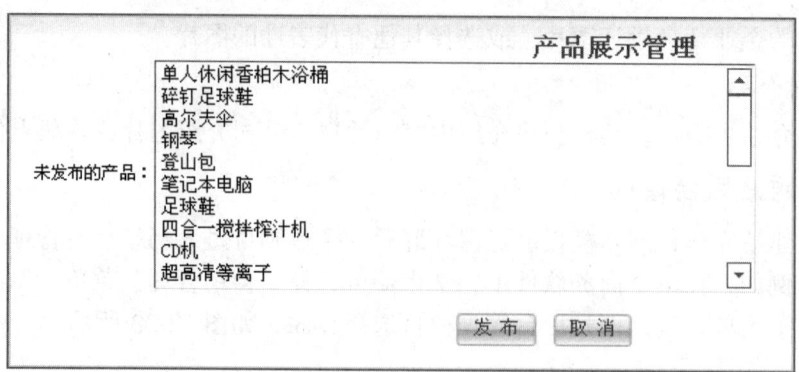

图 12-25 网站产品展示管理页面

2．新闻动态

新闻动态类似于第三方网站中公司新闻或行业资讯。在电子商务软件中，企业进入网站后台后可单击"新闻动态"选项进入该页面，该页面显示网站的新闻列表：标题、发布日期，企业可进行添加、修改和删除操作。

3．会员公告

会员公告为企业对网站会员发布的信息。在电子商务软件中，网站的会员公告列表页面包括标题、发布日期等信息，企业可以进行添加、修改和删除操作。

4．友情链接

友情链接为方便用户查阅信息，也为推广别的网站而做。企业为推广自建网站也可以与关联网站互挂友情链接。在电子商务软件中，友情链接列表包括链接地址、链接图片，企业可以进行添加、修改、删除等操作。

5．会员管理

会员是其他用户在企业网站上注册而成为网站会员。自建网站中的会员管理可以使企业管理自己的客户或消费者，而无须依赖于第三方网站。在电子商务软件中，会员管理列表的内容包括会员姓名、性别、E-mail、教育程度、注册日期，企业可以进行删除、协议编辑等操作。另外，会员在注册网站会员时，需要同意网站的协议。软件自带有协议范本。

6．网上调研

企业可以实时在自己的网站上组织一些调研活动，可以激发人气，也可以了解市场情况。例如，图 12-26 为电子商务软件中网站后台模块中的"网上调研"页面。

7．FAQ 管理

企业网站的 FAQ，指企业将客户等对象对该公司的产品、服务或其他方面产生的常见问题，以问与答的形式发布。

8．网站流量分析

对一个企业网站来说，流量至关重要，流量是电子商务与网络营销运营的基础。流

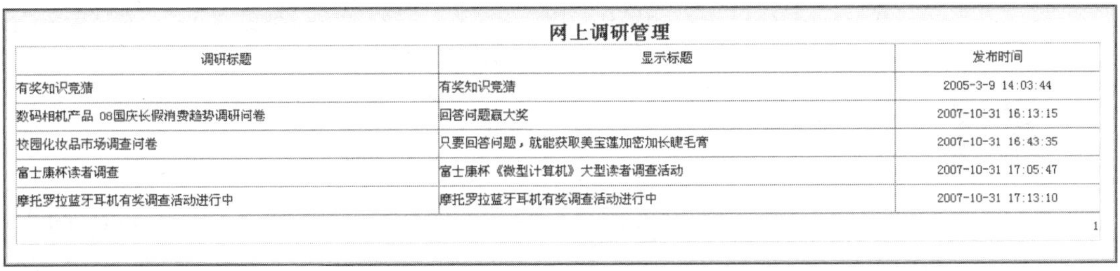

网上调研管理		
调研标题	显示标题	发布时间
有奖知识竞猜	有奖知识竞猜	2005-3-9 14:03:44
数码相机产品 08国庆长假消费趋势调研问卷	回答问题赢大奖	2007-10-31 16:13:15
校园化妆品市场调查问卷	只要回答问题，就能获取美宝莲加密加长睫毛膏	2007-10-31 16:43:35
富士康杯读者调查	富士康杯《微型计算机》大型读者活动	2007-10-31 17:05:47
摩托罗拉蓝牙耳机有奖调查活动进行中	摩托罗拉蓝牙耳机有奖调查活动进行中	2007-10-31 17:13:10

图 12-26　网站网上调研页面

量的多少在很大程度上决定了企业后续产品的销售量。而企业自建网站可以让企业清楚地看到自己网站流量的情况，企业可以通过统计网站流量的变化，来了解用户对自己网站、产品、网上活动、发布资讯等内容感兴趣的程度。

（三）营销管理

网站除了可以宣传企业、进行会员管理外，更重要的是可以帮企业进行营销管理，营销管理包括市场调研、产品定价、互联网广告和客户管理等。市场调研即网上调研，前面已经介绍，不再赘述，这里只介绍营销管理的后面 3 个内容。

1. 产品定价

产品定价策略也是网络营销中常用的营销手段之一，企业经常在网站上通过降价或打折来吸引消费者或客户，从而达到营销效果。例如，在电子商务软件中，进入网站"产品定价"子菜单可以选择修改产品的销售价格及产品的介绍信息，如图 12-27 所示。

产品名称	产品数量	安全库存	生产成本	产品单价	产品定价
针织衫	102	20	¥100.00	¥230.00	查看
翻盖彩屏手机	15	10	¥1 400.00	¥2 000.00	查看
蛋糕	99	10	¥120.00	¥180.00	查看
手提包	10	20	¥20.00	¥0.00	查看
杯子	100	0	¥7.00	¥25.00	查看
笔记本电脑	100	0	¥9 000.00	¥2 600.00	查看

图 12-27　网站产品定价页面

企业单击"营销管理"下的"产品定价"子菜单，进入产品价格列表页面，显示：产品名称、产品数量、安全库存、生产成本、产品单价，并可单击"修改"按钮，对某产品的价格进行修改。

如图 12-28 所示，单击某产品所在行的"修改"按钮，进入该产品资料页面，在该页面内可修改产品的定价和描述。

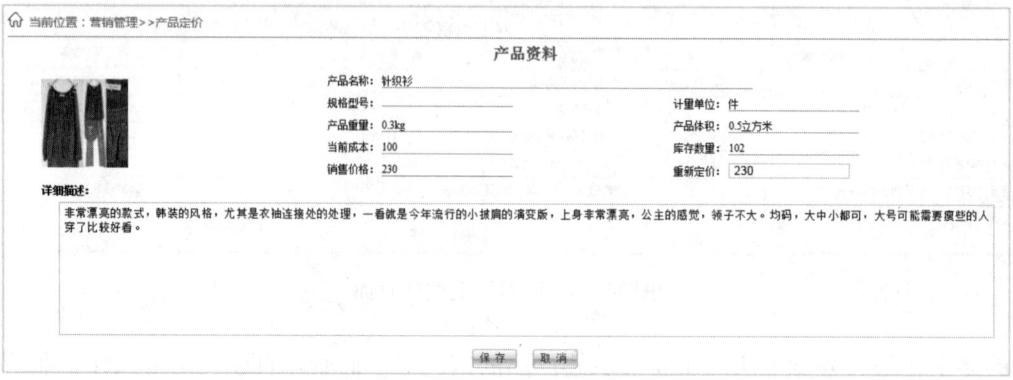

图 12-28　网站产品价格列表页面

2. 互联网广告

互联网广告指企业通过网站、网页、互联网应用程序等互联网媒介,以文字、图像以及视频形式直接或间接地推销商品或服务的商业广告。适当的网络广告可以增加客户对网站商品的兴趣。由于是企业自建网站,因此企业可以根据后台访问数据了解用户对行业哪些信息、自身哪些产品感兴趣,从而整合相关文本、图像、视频,针对特定客户做出有针对性的广告。针对特定客户做有针对性的广告是企业建站的优势。电子商务软件"网络广告"页面应显示广告的标题、图片、视频、发布人、时间等信息,企业可进行新建、修改和删除等操作。

3. 客户管理

客户管理源于以客户为中心的新型企业经营管理模式,是从改善企业与客户之间关系的基础上发展起来的。它通过搜集、整理、存储和分析客户资料,建立起企业与客户之间的一对一关系,使企业在提供快捷服务、提高客户满意度的同时,吸引和保持更多高质量的客户,从而提高企业绩效。

对于企业来说,客户是利润之源。如何发展更多的新客户,挽留住已有的老客户、识别重要的客户是企业增加利润的最终途径之一。例如,在电子商务软件中,"我的客户"模块收录了与生产厂家有业务关系的企业和组织,如采购商(客户)、供应商、物流企业等。在开展业务的过程中,系统会自动记录那些与企业发生业务关系的客户资料以及客户留言及投诉等内容。这样更加方便日后的客户管理。

(1)我的客户。单击"客户管理"下的"我的客户"子菜单,进入如图 12-29 所示的页面。

页面内显示客户资料列表:客户名称、关系、级别、联系人,并可进行修改、留言。系统中所谓的客户,指与生产厂家有业务关系的企业和组织,如采购商(客户)、供应商、物流企业等。一旦有一方联系了对方,双方都将成为彼此的客户。系统自动记录下有过联系的客户,并将其收录在"我的客户"列表中。企业可对客户资料进行修改和查找。

(2)我的对手。竞争对手是与公司一起竞争销售机会的对手。对于企业营销的运筹来说,必须在充分了解对手的情况下,才能制定出自己的营销策略,正所谓"知己知彼,

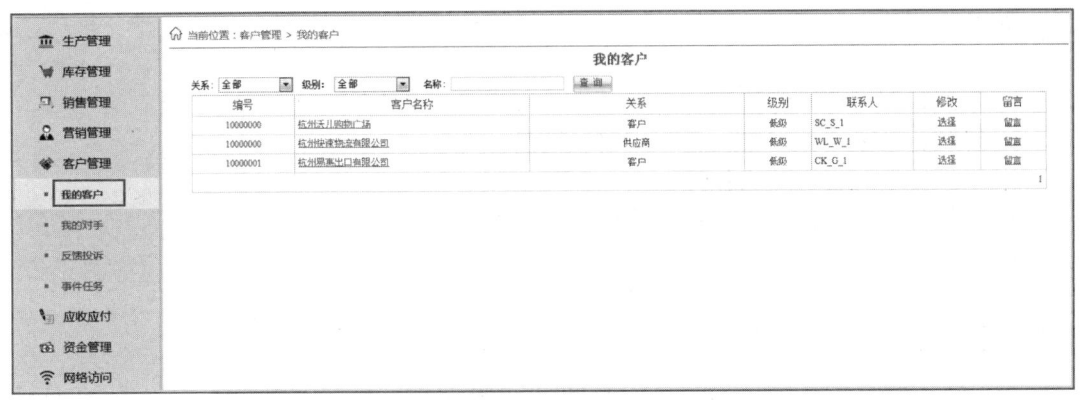

图 12-29　网站"我的客户"页面

百战百胜"。例如，电子商务软件在"我的对手"模块提供了一个管理竞争对手的工具，用户可以将那些同行业的竞争对手收录在此，以供在销售和营销过程中分析查看。

（3）反馈投诉。来自客户的反馈投诉在一定程度上反映了客户需求和企业经营的问题，记录并及时地回复处理这些反馈投诉是客户服务工作的重要一步。

（4）事件任务。与客户交流或拜访客户是营销人员的基本工作，营销人员往往会将这些事件任务记入日历中。日历中的事件任务记录了营销人员每天活动情况，企业还可以利用事件任务来规划未来的工作。

例如，在电子商务软件的"客户关系管理"的"事件任务"页面内有日历框（图 12-30），在日历框内，当天日期底色显示为黄色，单击其他日期，可查看其他日期的事件任务。所显示的日期的底色为深蓝色。营销人员可以在日历框内查看或修改事件、查看或修改任务、添加事件、添加任务等。

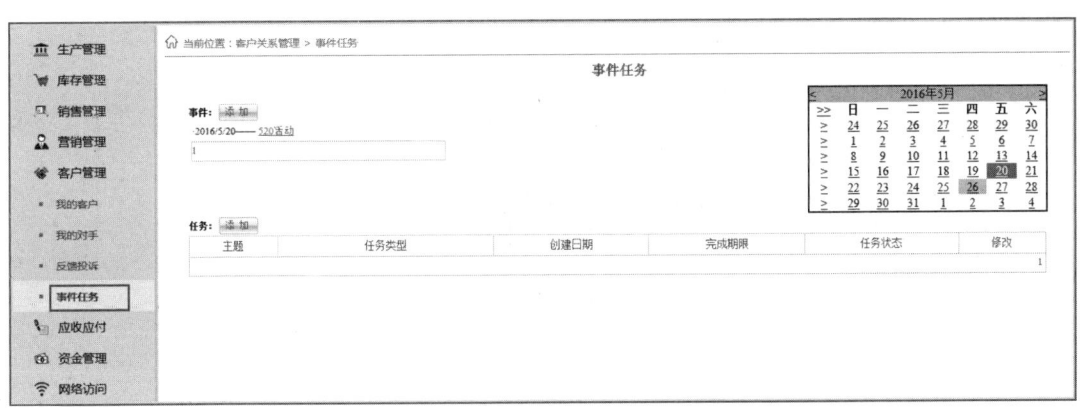

图 12-30　网站事件任务页面

本章知识点

B2B、B2C、第三方网站、企业自建网站、网站推广、网络营销策略、网络营销促销策略、网上调研、互联网广告、市场调查、客户管理。

思考题

1. 企业自建网站和利用第三方网站进行营销有什么不同？
2. 传统营销策略和网络营销策略的区别是什么？
3. 网站流量分析有什么作用？
4. 企业自建网站进行营销管理，可以实现哪些功能？
5. 客户管理的主要内容有哪些？

小训练

太空笔由保罗·费舍尔（Paul C. Fisher）先生发明，美国太空笔公司制造，它是唯一可以在太空中可靠使用的书写工具，为各国宇航员必备而得名。在美国航空航天局（National Aeronautice and Space Administration，NASA）第一次派太空人上太空时，他们很快发现圆珠笔无法在零重力的情况下工作。而铅笔在使用过程中产生的微量铅笔屑会在无重力环境中四处飘散，可能引起短路或飘进宇航员鼻子和眼睛中。为了解决这个问题，美国太空总署花了 10 年时间和 120 万美元研发太空笔。

太空笔应用了 TRIZ 创新方法的压力法及性能转换法：因为太空的零重力环境，圆珠笔和钢笔等依靠重力书写的笔都不适用，因此利用气体压力代替重力，使得太空笔能在零重力环境中使用；笔尖使用高精密超硬碳化钨笔珠，加强普通笔尖的精密度和硬度；油墨使用超粘触变性档案油墨，改变了普通油墨的粘稠度。

TRIZ 创新方法是可以帮助人们挖掘和开发自己的创造潜能，最全面系统地讨论发明和实现技术创新的新理论，它可以指导人们发现新原理和总结新知识。

TRIZ 创新方法训练：根据案例信息，分析其利用 TRIZ 创新方法的路径。

本章参考文献

[1] 浙科电子商务用户手册，2021 版.
[2] 孔锐，高孝伟，韩丽红，等. 市场营销：大数据背景下的营销决策与管理[M]. 2 版. 北京：清华大学出版社，2022.
[3] 陈晴光. 电子商务基础与应用[M]. 北京：清华大学出版社，2017.
[4] 白东蕊. 电子商务概论[M]. 北京：人民邮电出版社，2022.

第十三章

销售管理模拟

本章概要：

本章目的在于通过"情景嵌入"式模拟实验，引导学习者进行企业销售管理模拟活动，让学习者体验销售管理和销售策略制定的全过程，加深学习者对于销售管理基本理论的理解，提升学习者理论联系实际地展开销售计划制定、销售队伍组建、销售过程与人员管理、销售效果评价的基本技能，逐步加强和锻炼营销专业学习者的自主实践能力及创新能力。

第一节 销售管理概述

一、销售管理的内涵、内容及意义

（一）销售管理的内涵

销售管理是指制定和执行企业的销售策略，对销售活动进行管理。销售管理是市场营销战略计划中的一个重要组成部分，其目的就是要使得企业能及时地将客户的需求信息、订单要求传递到整个生产系统中，以针对客户的需求完成整个生产任务，并将客户需求的产品在正确的时间、正确的地点送到客户手中。销售管理者要从动态的角度关注销售过程的变化，千方百计保持销售的良好势头，从而确保销售目标的实现。

（二）销售管理的内容

销售管理的主要内容包括：销售计划管理，销售区域和销售渠道的设计与管理，信用管理和销售人员管理等。在整体规划中，需要整合与销售有关的各类资源，促进销售与各环节的协调，保证整个体系的良性循环。销售管理主要有5个核心问题，其关系见图13-1。

（1）市场目标：你能做到多少？为什么？

（2）人员配置：你需要多少人？为什么？

（3）费用预算：你需要多少费用？为什么？

（4）销售策略：你打算怎么干？策略是什么？

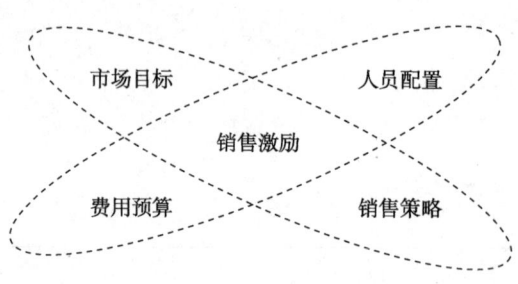

图 13-1 销售管理的核心问题

（5）销售激励：如果达到了预期市场目标，团队期望获得怎样的回报水平？这里强调的是薪酬，即销售激励和奖金设计，把绩效也放在这边，是提醒销售管理者，奖金和绩效密切相关，一定要把奖金回报给取得好的绩效、对销售贡献多的人员。

（三）销售管理的意义

1. 销售管理是企业经营管理的重要组成部分

从企业的角度来看，企业所做的一切工作都只有一个目的，即将生产出来的产品成功地销售出去以获得盈利。如果产品销售不出去，那么企业所做的工作都将变成无用功。从这一点不难看出，销售工作是整个企业最重要也是最核心的工作环节，而销售管理则可以说是整个销售工作过程中最重要的部分[1]。

2. 销售管理的水平决定企业的命运

企业的命运关键在于企业的盈利能力，而盈利的关键就在于能否将产品交换出去。对于销售管理水平高的企业来说，产品更加容易被客户和消费者看中，在市场竞争中占得先机从而使得企业的效益不断提高，加快资金的流动，使企业下一阶段的生产和经营得到充分的保障，不断促进企业发展和提高，使企业做大做强。

3. 销售管理决定企业品牌形象

一般来说，为了树立品牌，企业会投入不小的一笔资金来对产品进行包装和广告宣传，但是销售管理则是保持品牌形象的关键。良好的销售管理不仅能帮助企业更快地盈利，还关系到并能够帮助企业树立良好的形象，对企业的发展产生深远的影响。

二、销售计划管理概述

销售管理过程就是销售计划的制订、实施和评价过程。因此，企业进行销售计划管理，是企业能够顺利展开销售工作、占领市场、获取利润的重要环节。销售计划的制订不仅包含可量化的销售目标，还需要通过相应的考核机制来促进计划的实施。

销售计划由销售预测、销售目标、销售预算组成。销售计划是在进行销售预测的基础上，设定销售目标，进而为能具体地实现该目标而实施销售任务的分配作业，随后编写销售预算，来支持未来一定期间内销售配额的达成。它规定企业在计划期内产品销售的品种、数量、销售价格、销售对象、销售渠道、销售期限、销售收入、销售费用和销售利润等。

销售计划管理主要包括确定目标市场、制定销售预测、制定销售配额、制定销售预算以及制订实施计划5个方面的内容[2]，如图13-2所示。

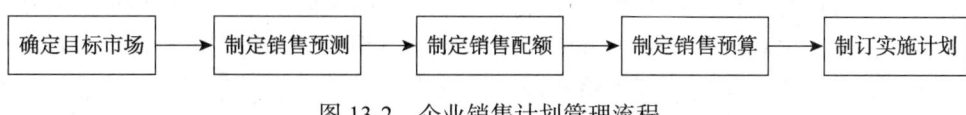

图13-2 企业销售计划管理流程

三、销售组织组建概述

企业在有了详细的销售计划之后就应该建立起一个高效的、专业的、有足够能力的销售组织。销售组织的主要工作包括对市场进行调查、研究消费者心理、分析竞争对手策略、向顾客推销产品以及售后服务等。

销售组织应包括市场部、销售部和客服部等部门，各部门同时运作，各司其职。市场部树立企业品牌，把握好市场的发展方向，拉近企业与顾客之间的距离；销售部卖出商品，收回资金，将产品送到客户手里；客服部则处理售后问题或回答客户的疑问。

四、销售人员管理概述

销售人员管理指通过为销售人员设定行为和结果目标，对实现目标的方法进行指导，并对其实现目标的程度进行评估和反馈的管理过程。在销售人员管理中，管理控制的方法和内容与对销售人员的指导、支持、激励、报酬等密切相关，对销售人员的绩效和工作满意度具有重要影响[3]。

市场营销工作的顺利开展，关键要有一个好的营销队伍。一方面，要造就一支知识、年龄结构合理，能征善战的营销队伍；另一方面，要通过各种措施提高销售人员的综合素质，包括个人品行、敬业精神、团队意识、营销知识、业务能力、公关技巧、语言表达、经验积累等。

五、销售过程管理概述

销售过程管理是分解销售链的一连串的业务活动，并针对这些活动的作业流程进行管理。企业销售业务过程中的主体由客户部、质量部、技术部、销售部、计划部、生产部、采购部、仓库部、财务部所组成[4]。这些主体与主体之间的协同工作是根据流程而完成的各种活动，如生产管理活动、财务管理活动、质量管理活动、客户管理活动等。销售管理的核心就是客户关系管理，其目的在于管理企业与老客户的关系，从而满足客户个性化需要的产品服务，提高客户的忠诚度、留住率与利润贡献度，并同时有效选择、吸引好的新客户[5]。

如图13-3所示，销售业务的起始点在客户，其终点也在客户。客户将其需求传递到企业的销售部门，销售部门针对客户的需求形成相应的客户订单，并将客户订单移送到计划部门。计划部门根据客户订单中对产品种类、数量、质量、规格等方面的要求将产品分解为原材料和加工件，并根据订单中对时间的要求确定整个采购活动或生产活动的时间安排，由此编制出采购计划和生产计划。当计划形成后，生产部门就按照生产计划进行生产，并将按订单生产出来的产品入库，存入成品库内。销售部门按客户订单生成发货单，到仓库提出相应的产品，并将产品发到客户手中。客户在质量部门和技术部门的支持下，完成验货工作后，即可将相应的货款支付给企业的财务部门。当企业的财务部门接到货款后，整个销售活动才算顺利完成[6]。

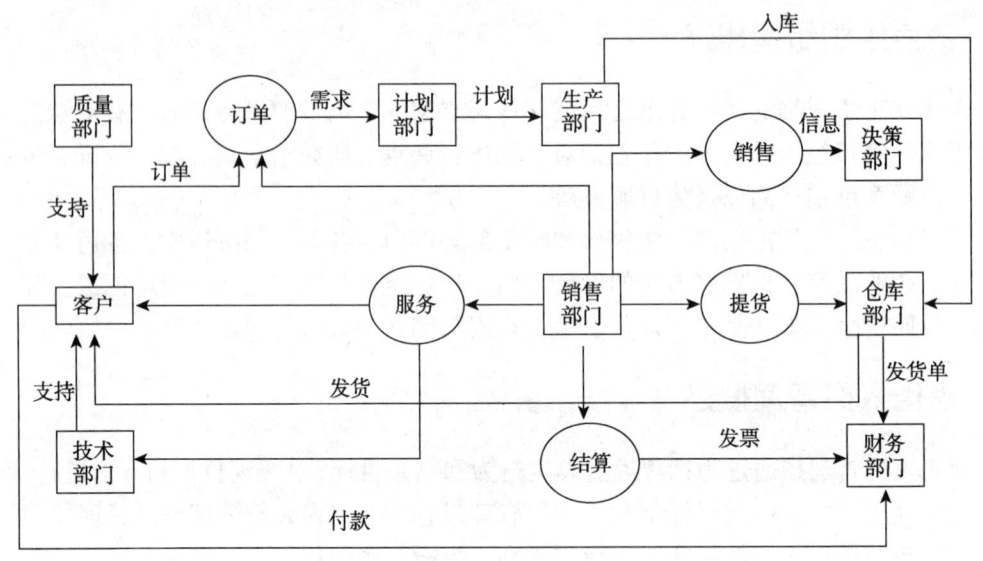

图 13-3　销售业务流程

第二节　销售管理模拟实训组织

"销售管理"课程是市场营销专业的一门专业主干课程，是对销售全过程进行有效控制和跟踪的课程，涉及销售规划、团队建设、销售过程以及客户关系等内容。销售管理模拟实训则是将专业知识有效地运用到销售管理实践中的特色鲜明的综合性实践类课程。学习者通过参加模拟实训可以直观地体验销售业务员如何在市场上持续销售企业产品，以及销售经理应该如何指导和管理销售业务员。因此该实训具有较强的实践性、应用性。

一、销售管理模拟实训的目的和原则

销售管理模拟实训的目的是在学习了"销售管理"理论以后，在设计的相应销售管理模拟情景和实训软件之中，将所学的销售管理理论和方法进行系统运用和实践的竞争决策过程。其主要目标是培养学习者在市场经济条件下掌握企业销售管理的基本思路、方法和操作步骤，加深学习者对整个销售流程的理解，并提高学习者在销售管理实践中发现、分析和解决实际问题的能力，以培养市场经济的企业应用能力为主线的销售管理

知识、能力、素质结构。

通过角色体验式学习，实训可以分为两个阶段：第一阶段，学习者主要以"一线销售员"的角色进行学习。学习者在学习中，以真实的或虚拟的销售任务为载体，组织学习者进行销售实践。第二阶段，学习者主要以中高层"销售主管"的角色进行学习。通过第一阶段的学习与观察，找出销售员队伍管理中存在的问题，带着问题走进"销售主管"这个角色，进而实现销售计划制定、销售队伍组建、销售过程指导和客户关系维系的学习[7]。

二、销售管理模拟实训的组织管理

（一）教师角色的职责

教师在教学中承担着组织准备、课堂引导、总结提炼、评估反思的责任，扮演着指导者、导演、催化剂、备用信息库的角色。教师将通过不同的教学理念和方法，展示教学内容的多样性。因此，教师不仅要熟悉销售管理软件功能的基本操作，还要有内容调整和实验实训管理的自主权，保持销售管理实践资源的不断积累，确保资源共享。还需要根据学习者的真实情况适当调整实训量，并自由选择实训的方式。

（二）实训方式的选择

销售管理模拟实训有3种方式选择。一是通过设置销售情景模拟演练，提高学习者的表达能力、应变能力、处理突发状况的能力。二是可以选择一款销售管理教学模拟软件。通过分析客户的消费行为，确定基本的销售政策，为目标客户生产提供满足其需要的产品，并在此过程中进行收付款、出入库等操作；通过模拟操作企业从营销、销售到服务的全流程业务场景，通过销售方案的设计和实施，培养学习者运用理论知识解决实际问题的实践能力。三是采用真实工作状态实训法。这种方法指利用课下时间或节假日开展从事销售方面工作的一种实践教学方法，是一种完全"沉浸"式的学习。可以将整个班级设为公司的销售部门，销售部门下设若干地区子公司，每个地区子公司均负责某一种产品的销售工作，每个地区子公司由5~6名学习者自由组合，地区子公司之间每个月、每个季度进行一次销售业绩评比、总结。教师可以指导学习者根据个人所销售的产品及公司具体情况，进行营销区域划分。这种方法可以使学习者在真实的场景中实践，发现自己的不足，并通过实践不断完善自己处理问题的能力，构建一个良好的理论转变为实践能力的平台，使学习者将在课程中学习到的知识引入社会生活实践中进行应用，同时可将工作中碰到的疑问带到课堂上来进行讨论，真正做到课内外融为一体[8]。

销售管理是企业管理类的岗位，它不像一般业务层的岗位一样有明晰的工作流程。实际上这种涉及对人的管理工作，实训软件很难模拟，所以在课程实际操作过程中，需要设计如销售人员的模拟招聘、销售模拟谈判、模拟顾客投诉处理流程等实训项目来补充实训软件的不足。因此，销售管理教学确实需要实训软件来辅助完成实践模块，但课程实施也不能完全依赖于实训软件。软件操作有一定的局限性和滞后性，无法实现某些特定的或最新的企业业务流程，所以课程团队仍需自主开发一些实训项目作为补充，并根据行业企业的业务流程更新进行实时调整，这样才能使课程实践模块更贴近企业真实运作过程，让学习者得到更有意义的实操训练。

（三）学习者角色的选择

学习者自组建公司时就开始模拟实训。在不同的实训模块中，学习者可以选择单独决策模拟（销售人员）或组队分角色（销售人员、采购人员、库管人员、财务人员）完成，也可以分别扮演生产商或中间商角色。

由于不同的行业、业务、公司的销售组织形式千差万别，销售组织中的角色种类也非常复杂繁多。但如果从过程管理的核心即业务执行来看，最主要的有三类：一线销售人员、一线销售主管、销售组织管理者（这里包含二线经理及以上管理者角色）。因此，公司销售人员可划分为三类角色，示意图见图13-4。

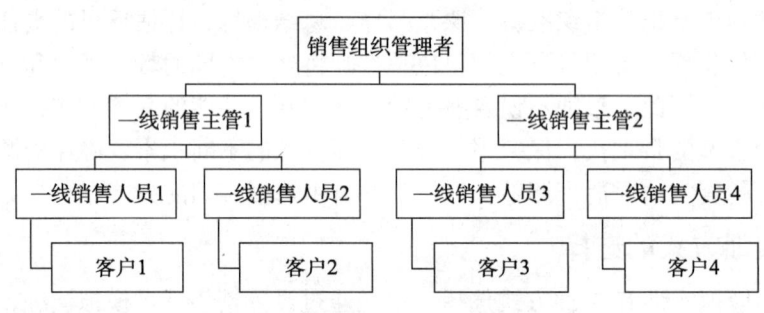

图13-4　销售部门角色划分示意图

（1）一线销售人员：进行具体的销售活动，完成销售目标。

（2）一线销售主管：对一线销售人员及业绩进行管理。

（3）销售组织管理者：需要对确保销售执行的过程符合既定公司销售策略，并协调、提供执行所必要的相关销售资源。

销售组织只有通过向目标顾客销售相应的产品或服务，才能完成每一层级的销售目标。当然这种划分方式只是为了便于理解，所以设定为最理想的情况，现实场景可能要复杂更多。

三、销售管理模拟实训的基本过程

针对销售管理课程中实践性内容，可结合合作企业的真实工作任务，以任务驱动的方式组织教学，即"导入任务—任务分析—知识储备—教师演示—任务实施—总结评价"。

将销售管理岗位工作内容划分为5个部分：货品管理、渠道开发和管理、销售团队管理、客户关系管理、销售绩效管理。目前市面上鲜有完全依据这些模块进行开发的销售管理实训软件。

模拟实训部分内容可以自行开发或购买销售管理实训平台综合实训软件，运用全流程的方式串联整个销售环节，让学习者通过角色扮演进行交易，通过销售业绩分析、渠道开发和订货、发货等操作，实现对货品管理、渠道开发和管理、销售团队管理、客户关系管理销售绩效管理等模块的实践。

四、销售管理决策模拟实训考核

模拟实训实行多评价主体参与、学习者自评与老师评价结合的全过程综合考核制度。减少期末考试在课程考核中的比重，增加过程性考核，将学习者在课程进行中完成的工作任务、小组作业以及课堂表现和出勤情况作为过程性考核的内容。同时，在过程性考核中引入企业专家的评价机制，将学习者的课堂作业和小组成果交由合作企业来评价，体现课程考核的多维性，提高学习者对于课程内容的兴趣。

从学习者出勤、发言情况、基础认知实验成绩、各单项实验成绩等方面综合评定实验成绩，以注重过程和结果的双重评价。按照成绩评定的基本标准，给出计算公式为

$$TS = W_1 \times \left(\sum_{i=1}^{6} Y_i \times P_i \right) + W_2 \times \left(\sum_{i=1}^{6} V_i \times R_i \right) + W_3 \times \left(\sum_{i=1}^{6} U_i \times P_i \right)$$

式中，Y_i 代表销售管理模块各个环节考勤情况和课堂发言的分数；V_i 代表销售管理模块实验报告分数；U_i 代表销售管理模块各个环节销售管理模块分数；P_i 代表销售管理模块各个环节考勤、发言情况和销售管理模块分数的权重；R_i 代表销售管理模块各个环节实验报告分数的权重；W_i（i=1，2，3）代表考勤、实验报告、模拟成绩 3 个考核项目的权重。

权重 W_1、W_2、W_3、P_{i1}、P_{i2}、P_{i3}、P_{i4}、P_{i5}、P_{i6}、R_{i1}、R_{i2}、R_{i3}、R_{i4}、R_{i5}、R_{i6} 可根据实训中各评价要素相对重要性的认定而确定，但需满足：$W_1 + W_2 + W_3 = 1$；$\Sigma P_i = 1$，$\Sigma R_i = 1$（I = 1，2，3，…，6）。

销售管理理论基础认知实验包括销售管理流程讲解介绍、销售谈判模拟实验、销售管理流程模拟 3 个环节进行。每个环节的实验成绩综合评定后的结果，即为本阶段实验得分：

基础认知实验得分 = 销售管理流程讲解 × 35% + 销售谈判模拟实验 × 30% + 销售管理流程模拟 × 35%[9]。

第三节 销售管理模拟环境分析

一、宏观环境分析

随着销售渠道的多元化和顾客需求的日益增加，如何在日益分化的销售市场中占据一席之地，满足客户需求，增加客户的"黏度"，成为当前研究的重点。销售管理系统将客户、商家、商品的需求、运作进行系统分析、设计及管理，从而使信息更加立体、全面，管理更加方便、高效，企业运行更加安全、稳定。利用互联网技术的优势，进行线上线下资源双向整合，从而做到了人、机、物的便捷管理，解决了客户与商家之间的"买"与"卖"的矛盾。

教学软件内置多个行业的实验数据，同时教师也可对实验课程所需的行业类别进行添加和删除操作。资源库是教师开始实验课程之前需要做的最基础的工作。教师只有在资源库中添加了丰富的行业类别以及所对应的产品名称等相关数据之后，才可以进行下一步的实验准备。课程资源库中包含了实验所需的行业类别的管理，对应行业的产品管理、客户关系管理实验及情景资源管理。通过首先需要添加行业类别，然后进行行业对

应产品的添加以及情景等资源的添加,为顺利上课做好充分准备。

例如,南京奥派销售管理综合实训软件,将全国市场划分为华南、华北、华中、华东、东北、西北、西南七大区域,预设手机、饮料等5个行业,每个班作为一个整体,每组4个人,分成5个生产商、5个中间商,构建全国区域的销售模拟环境。使用者在七大区域里进行销售策略的竞争和对抗。扮演生产商的学习者需要创建自己的品牌,在变化的环境中实施自己的产品、价格和宣传策略,并承担着产品的设计、生产、营销以及通路建设的任务;扮演中间商的学习者分别掌握着各地区的销售终端,选择合作的生产商,形成各自的供应链体系。分销业务需要通过双方制定合同的方式来实现。中间商根据自身的实力挑选生产企业,通过商务谈判来确定产品价格、促销支持及产品销售范围。而生产商也可以挑选对自己有利的中间商来建设自己的营销通路[10]。

二、市场环境分析

客户是与公司业务有关的企业或组织,如购买方、合作者或者代理商等。对于企业来说,客户是利润之源。如何发展更多的新客户、挽留住已有的老客户、识别重要的客户是企业增加利润的最终途径之一,因而客户管理在整个营销管理里面相对更加重要。

例如,南京奥派销售管理综合实训软件中,可以记录详细的客户信息以及与该客户相关的业务、联系人、竞争对手等。并且还提供了大量的客户分析报表,帮助分析和管理客户信息。

例如,南京奥派销售管理综合实训软件提供多种不同类型和行业的大量客户信息,包括:快速消费品、商品零售业、金融保险业、信息服务业、汽车制造业、电子通信业、房地产业等行业的大、中、小规模的企业客户信息,公司选择自己想合作的客户对象,为获取订单准备充足的客户资源。进入客户信息,可以查看客户的详细信息。并可根据客户的情况,自动为客户分类,分成潜在客户、预期目标客户等类别。通过模拟机制在不同时间有不同公司的采购信息,各公司选择自己想合作的客户对象;系统把客户的多种不同类型和行业客户需求量化,提供不定期不定量的招标信息;学习者可以在采购信息中找到自己跟踪过的客户的信息进行投标,为实现获得订单准备充足的客户资源。

联系人是所有与客户有关联的个体。与联系人保持良好的合作关系是改善客户关系、与客户之间加强联系合作的关键。联系人管理同样提供了"浏览联系人""新建联系人""联系人报告"等功能来管理联系人信息。还可以通过客户分析报表即客户的来源行业分析,对客户的来源、行业、公司性质、级别等进行直观的统计分析。

竞争对手模块可以查看竞争对手信息,新增并填写竞争对手信息。

三、企业内部环境分析

模拟实训需要建立销售管理企业初始信息库。如果一个自然班为50人,以机房一般容纳100人来计算,应存储约100个企业的基本信息,这样就能满足一个学习者独立参与某一个销售管理企业的管理,也可以划分小组以检测学习者综合应用与合作的能力。信息库包括基本情况、产品代码与名称及图片、销售情况、人力资源情况等。企业信库可以供学习者选择，或由教师指派。一旦确定，该学习者即拥有的企业的初始状态，并由此开展与其他企业的市场竞争。

企业信息库首次录入时，只能有一个总公司信息，必须要具备初始的产品、企业等信息。可以为总公司新增分支机构，并可为分公司新增同级部门和分支机构。经营数据可显示公司的人员数量、工时、运作资本、已有客户情况、采购产品情况等；通过了解企业的经营情况，可以把握客户状况以及各种产品采购情况，并以此为指导做后期决策。系统提供大量各种不同产品的数据，包括产品总量、品牌型号、价格、产品特性等，可根据中标订单配送发货。折扣管理方面，包括客户折扣规则、促销折扣规则、销售金额折扣规则。

例如，因纳特客户管理教学软件，企业经营概况如图 13-5 所示，包含公司名称、销售人员数量、运营资金、产品信息、客户发展阶段与行业分布等信息。

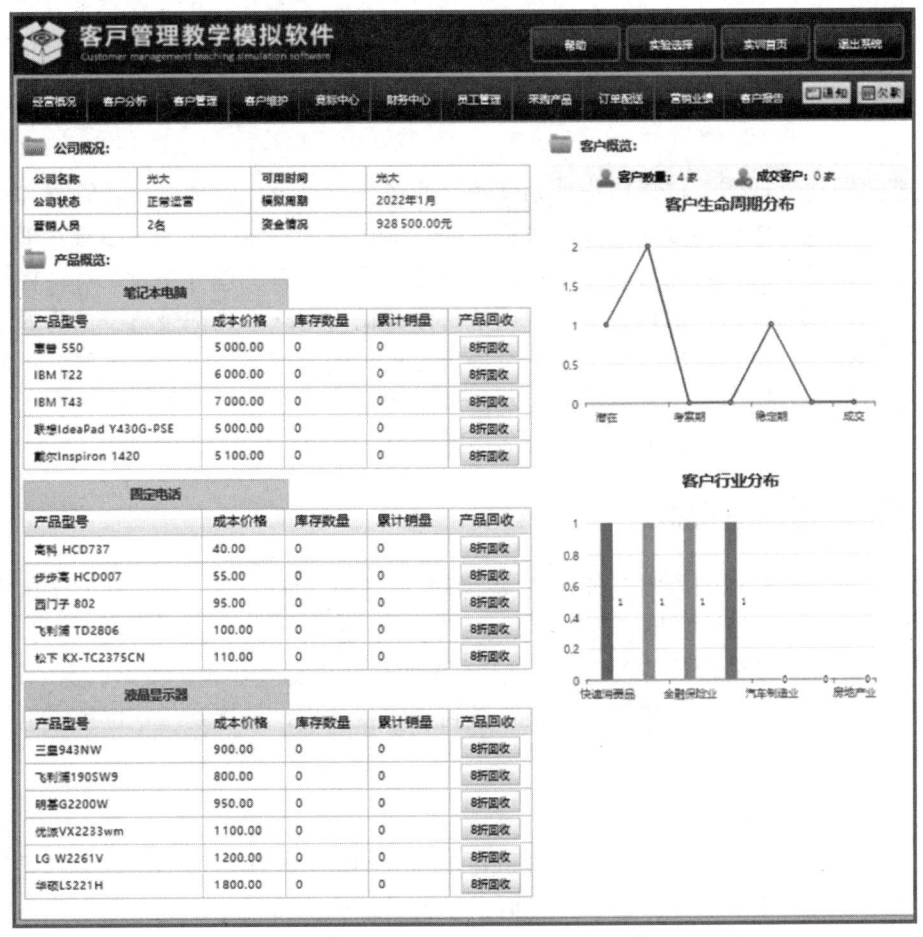

图 13-5　企业经营概况

四、企业外部环境信息的获得

销售管理教学软件要想达到应有的实验教学目的，就必须进行完整的销售管理活动，建立初始市场信息库，包括建立客户信息库和建立例外事件库。

（一）建立客户信息库

应存储若干不同个性特征的客户，按购买习惯划分成不同的客户群。客户信息库供教师选择，教师可以随机选取客户，也可以对学习者经营商品情况进行针对性的选择。

（二）建立例外事件库

建立例外事件库，可设定某企业的某时间段某种商品特别受欢迎，使该产品销量大大增加。或者设定企业管理者有一个拥有工厂的朋友，可以获得第一手货源，这样企业就可以获得商品溢价并赚取比其他企业更高的利润。例外事件还可能包括某种原因的市场需求骤降、各种培训、错误交付、用户投诉及差评等。这些例外事件可能会影响企业的供给；或占用企业的时间，影响后续商品的销售；或要求企业支付额外的培训和补偿费用等[11]。

第四节 销售管理模拟过程

完整的销售管理体系包括销售计划管理、业务员行动过程管理、顾客管理和结果管理，销售管理就是要做到目标明确、过程透明、动作标准、结果准确。销售管理模拟是指通过销售跟进、销售合同洽谈、销售合同履约、顾客关系管理等功能，对销售全过程进行有效的控制和跟踪。销售管理模拟系统可以帮销售团队准确记录整个销售的过程。通过跟进记录、商机管理等模块记录整个销售过程，实时把握销售工作进展。销售管理实验教学软件的应用为学习者提供职业岗位零距离接触机会，学习者能够在真实的工作环境中积累经验，提高学习者对就业的适应能力。

一、销售计划管理模拟

销售计划管理模拟的主要任务是完成"销售策略和计划管理"。企业在制定销售策略时，必须考虑市场的经济环境、行业的竞争状况、企业本身的实力和可分配的资源状况、产品所处的生命周期阶段等各项因素。然后，销售团队根据企业销售策略制定销售计划，做好资源、人员的安排，销售计划必须要做到具体和量化，具体到每一位销售员、每一个销售区域的销售指标。

（一）销售地区划分

以某年1月1日为基础日，各业务员在新划分的区域和顾客群的基础上开展业务，可以在所辖区域内发展新业务及新顾客群，但为了维护公司利益，避免发生业务冲突，必须取得部门领导和公司领导的同意，再开展业务，并及时汇报新顾客群的进展情况，如在较长时期内工作没有进展，公司可安排其他人员负责继续开拓。

（二）区域市场管理

区域市场管理是让过程有一个落脚点。当前多数企业，特别是快速消费品行业都有自己的重点区域市场,区域市场通常由办事处、销售人员、批发商、零售商和消费者构成。进行区域市场管理的主要目的是提高销售的效率,对市场进行全方位开发和管理,实施精细化营销。针对本地区的实际情况进行全方位市场调查,掌握第一手资料,综合市场调查的第一手资料和现成的第二手资料,整理成为对产品推广有用的情报。

(三)时间管理

时间管理是销售过程管理的重要内容,从年度追踪细化到每月、每周甚至每日追踪。时间管理主要用来把握销售工作的节奏进度。如何实现高效率的时间管理?第一,必须把年度、月度计划细分到周计划,每天的工作要有明确的目标和实施计划;第二,对顾客进行分类,按计划进行拜访。对于区域经理而言,要做到月度计划和周计划的细分,并明确自己的一周行程、要解决的重要问题以及相应的策略和措施。人的精力是有限的,所以要将主要精力用在产生最大效益的地方。

在模拟中,一般设置有日程管理模块。日程管理是为了满足个人或组织按照日期来管理活动(事件和任务)的需要。日程管理按照传统的日历方式,可以按日、按周、按月浏览活动信息,同时也可以灵活地利用日历来安排每日的工作计划。

例如,浙科客户关系管理实践教学软件,选择页面上的"日历"选项就可以进入日程管理页(见图13-6)。根据客户权限,可以按日、按周、按月浏览个人以及小组的活动情况。在每个工作日里,如果有新的事件发生,可以在首页选择"添加事件"选项。客户也可以利用"新建任务"来安排工作计划。

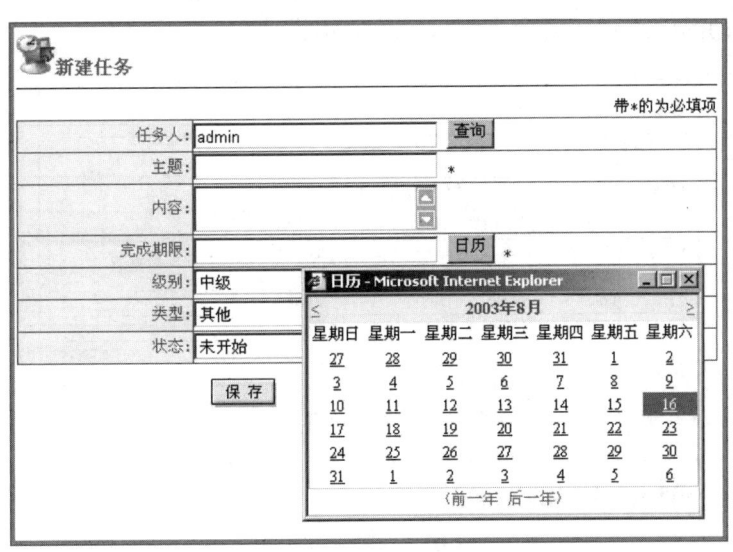

图 13-6 日程管理模块

(四)销售预期管理

通过建立科学的"销售预期",更好地管理个人以及组织的销售情况。销售预期是对销售人员在特定财季里能够创造的收入的最好估计。这个估计分为预期总收入(即可以没有任何问题地达到的收入数量)和最佳总收入(即乐观的情况下可以达到的收入数量）。在季度销售预期里包括了定额、定额百分比、已完成额、预期总收入、最佳总收入等信息，所有这些信息都可以帮助了解销售人员所在团队的销售进展情况，并据此做出正确的预计。为每个财政季度做好销售预期，是公司扎扎实实开展业务的先决条件，也是企业内部资金周转必须参考的因素。

销售主管给销售部召开部门会议，让员工学习部门工作制度，明确工作任务，并进行岗前培训。为了全面贯彻落实销售目标责任，积极开拓市场，建立和扩大公司的销售网络，进一步在销售部内部引进风险机制和竞争机制，充分发挥销售人员积极性、提高销售人员的责任感、树立让顾客满意的销售理念，建立和规范逾期货款管理、货款回笼风险抵押金、有偿开发新顾客等制度，需要制订销售管理方法，并将销售目标分解落实，责任到人，费用包干，充分体现多劳多得的分配原则，鼓励销售人员把握机会，巧妙躲避风险，积极完成公司销售目标。

市场专员通过打电话寻找意向顾客，并进行电话访谈记录，填写电话访谈记录表；实地寻找意向顾客，填写顾客档案表，记录其基本信息。市场专员进行产品的市场调研后，进行市场预测，然后编制销售计划表。

例如，浙科客户关系管理实践教学软件，设置了销售预期模块。图 13-7 显示了在销售预期主页，用户可以方便地创建新的销售预期，浏览其他季度的预期情况。学习者端也可以进入销售预期一览（见图 13-8），查看到权限范围内所有成员的预期。选择团队成员某个季度的销售预期进入详细信息页（见图 13-9），就可以浏览到相关的 "定额" "定额%" "已完成额" "本月未完成额" 等。管理人员从销售额上可以全面了解每个季度的销售情况，帮助部门经理或者个人制订今后的销售计划。

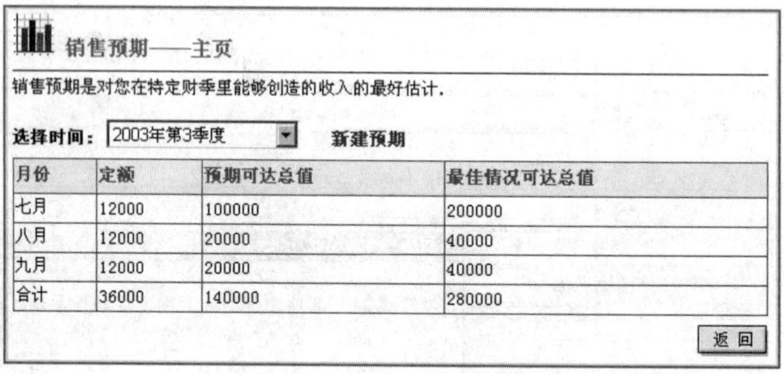

销售预期——主页

销售预期是对您在特定财季里能够创造的收入的最好估计。

选择时间：2003年第3季度　新建预期

月份	定额	预期可达总值	最佳情况可达总值
七月	12000	100000	200000
八月	12000	20000	40000
九月	12000	20000	40000
合计	36000	140000	280000

图 13-7　销售预期主页

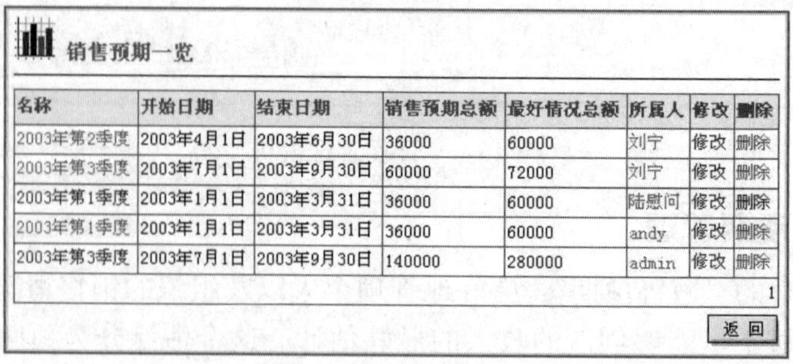

销售预期一览

名称	开始日期	结束日期	销售预期总额	最好情况总额	所属人	修改	删除
2003年第2季度	2003年4月1日	2003年6月30日	36000	60000	刘宁	修改	删除
2003年第3季度	2003年7月1日	2003年9月30日	60000	72000	刘宁	修改	删除
2003年第1季度	2003年1月1日	2003年3月31日	36000	60000	陆慰问	修改	删除
2003年第1季度	2003年1月1日	2003年3月31日	36000	60000	andy	修改	删除
2003年第3季度	2003年7月1日	2003年9月30日	140000	280000	admin	修改	删除

图 13-8　销售预期一览

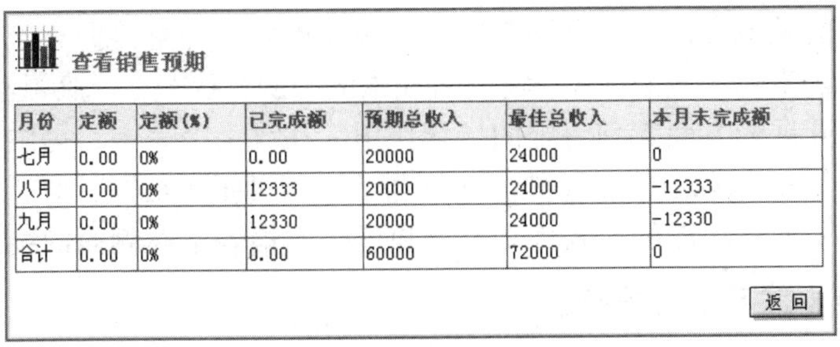

月份	定额	定额(%)	已完成额	预期总收入	最佳总收入	本月未完成额
七月	0.00	0%	0.00	20000	24000	0
八月	0.00	0%	12333	20000	24000	-12333
九月	0.00	0%	12330	20000	24000	-12330
合计	0.00	0%	0.00	60000	72000	0

图 13-9　查看销售预期

二、销售过程管理模拟

在销售过程中，针对每一个线索、客户、商机、合同、订单等业务对象进行有效的管理，提高销售过程的自动化，全面提高企业销售部门的工作效率，缩短销售周期，提高销售业绩。它可以有效地支持总经理、销售总监、销售主管、销售人员等不同角色对客户的管理、对商业机会的跟踪、对订单合同的执行等，能有效导入销售规范，实现团队协同工作。

传统的"精英式销售"不再适合现在企业的发展需求。企业需要快速复制优秀销售员的工作方式和能力，最终打造一支销售铁军，而复制的关键在于销售过程管理的标准化。企业可以通过销售管理系统获得市场实时信息和准确数据，并标准化团队每个业务员的拜访执行。同时要考虑行业特征，以确保准确且可量化的拜访执行工作，保证执行步骤的准确性，实现团队高度的执行一致性。

移动互联时代企业级专业销售管理的利器，主要有线索管理、客户（联系人）管理、商机跟进、团队沟通等核心功能。通过移动互联、社交网络、云技术与大数据技术的有效结合，将科学的销售管理体系融入移动销售管理的各个环节，帮助企业提高销售团队执行力与专业性，持续提升商机转化效率与销售业绩。

（一）线索管理

线索是有希望的或潜在的商业机会，包含对公司或公司的产品有兴趣的客户或是潜在客户的信息。线索可以是客户在会议中结识的某个人，对可能发生的交易表明了兴趣；也可以是在公司网站上提交了查询更多信息表单的人。一旦发现线索，就可以在线索报表中建立相关信息。管理好线索，与线索做好进一步的联系，将有助于将更多的线索升级为客户，是企业市场开拓所不可忽视的方面。

进入线索主页面，学习者端可以添加新的线索，查看已有的线索列表，进入线索报告页面等。在线索列表上单击相关线索链接，就可以进入线索详细信息页。详细信息页显示了该条线索的来源、名称、关系、状态等资料，并可以浏览到与该线索相关的任务与事件。

当线索条件成熟之后，即一旦线索成为预期中的商业机会，就可以选择将线索中的参与方升级为客户。升级线索将创造新的客户、联系人和销售机会。当然，扮演销售人员的学习者端还可以将自己的线索移交给其他客户，注意：这里的移交是指把线索的所属人更改为组织的其他客户，一旦移交成功，该销售人员将不再拥有该线索。

组织的线索积累到一定的程度，需要对线索的来源、状态、行业等进行一定的分析，对确定今后业务开展的方向起到一定的指导作用。在线索报表中，提供了"线索状态"（线索状态报表）和"线索来源"（线索来源报表）两种报表形式，通过不同的查询条件和分组方式，以平面柱状图的形式生动地反映了线索报表不同侧面的统计结果。

（二）客户（联系人）管理

销售是将潜在客户或者说线索转化为企业真正客户的漏斗。客户关系管理系统可以完美实现企业销售运作上的自动化，为其增加收入和减少运作成本，是企业提升利润和优势的一大加速利器。跟踪每个"线索"和"客户（联系人）"，从线索中挖掘新的客户，从已有的客户中发现新的"机会"并把这些机会转化为成功的销售；关注销售渠道中的每笔交易，从中找出销售瓶颈所在和原因；在销售过程中建立完整的竞争"对手"资料，为以后的机会把握提供参考。因此，企业的销售人员始终处于销售运作决胜的前端，需要获取关于销售渠道、销售预期、竞争对手业绩等更多信息，通过寻找客户、查看市场机会、添加销售事件、增加销售机会、完成销售任务等操作，获取招标机会。

客户（联系人）管理：搭建客户资料库，其中，客户管理是企业销售管理的重中之重，想要做好客户管理就需要企业从以产品为中心向以客户为中心转变，改变以往客户资料掌握在业务员手中的现状，搭建企业自己的客户资料档案。客户的详细信息页中记录了客户资料以及与客户相关的活动、联系人、销售机会、便条与附件，这样可以方便地查看客户信息，也可以了解到与之合作的状态或者安排新的服务等。在详细信息页中，可以选择对客户资料进行修改、克隆、移交以及删除等维护。

客户管理：利用客户管理计划表，从潜在期客户—目标期客户—考察期客户—形成期客户—稳定期客户—退化期客户的整个客户生命周期来对客户进行管理。根据市场调查情况，凡有意向考虑者，均可作为公司的潜在客户群体。每一时期客户的转变，销售人员都要付出相应的时间、金钱。当有其他竞争对手服务同一家客户时，该客户会进入退化期。每一个阶段客户的转变，销售人员都要做相应的工作，但有的付出不一定会有回报，也有可能面临失败。

可以对客户的转变进行潜在期、目标期、考察期、形成期、稳定期和退化期的区分。在不同的客户生命周期阶段，与客户的沟通和互动应有所不同。销售人员通过搜查客户资料、电话拜访客户、上门拜访、演示产品等来提升客户认可度，从而对后面的招投标产生影响，最终有机会参与客户的需求竞标，实现无客户到有客户，销售人员通过各种销售工作的投入使潜在客户变成稳定客户，争取参与竞标的机会；通过双倍工作时的投入，可以实现竞争其他学习者稳定客户的效果。

例如，图 13-10 呈现出因纳特客户管理教学模拟软件的客户管理流程，客户状态每进一步，相应学习者可以看到一些关于客户需求和销售能力各方面的系统提示信息，学习者根据提示信息判断是否继续开发客户，以及是否花更多精力抢客户。竞标中心显示当月的标书以及上月中标情况，采购标的分为价格型与非价格型，两者的评标标准侧重不同。客户维护要求定期对已成交客户进行电话联系、上门拜访等工作，维护客户的忠诚度，客户才不易被其他竞争对手抢走。

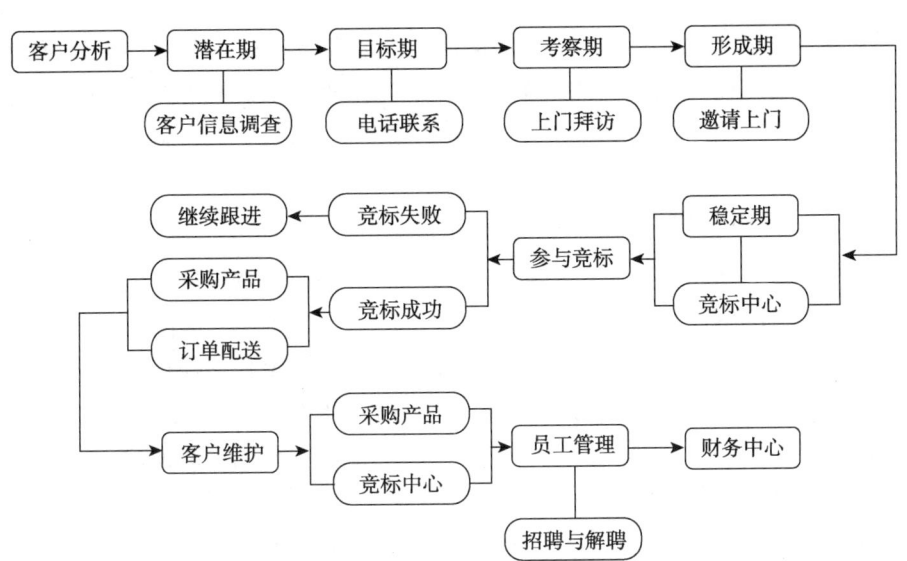

图 13-10　客户管理流程

（三）销售机会管理

机会是公司正在进行或已经结束的对外交易、销售及合作。企业与客户的交往过程主要是为了建立更多的销售机会。只有从客户那里赢得更多的机会，挖掘更多的潜在机会，并把它们转化为成功的销售，才能使客户资源真正转化为企业的利润，这也是销售管理的最终目的之一。把企业营销过程中的所有机会记录在案，不论是成功的还是失败的，对今后企业市场的扩展、客户关系的把握都将带来不可忽视的决定作用。

进入机会的主页面，同样可以方便地浏览机会列表、添加新的机会、进入机会报告页。例如，用户可以在机会列表中选择想要查看的销售机会进入销售机会详细信息页。详细信息页首先记录了该机会的详细内容以及机会阶段、类型、相关收入等资料。在机会资料下方，列出了与该机会相关的产品、活动、联系人、合作伙伴、竞争对手等各方面信息，用户在浏览机会的同时，可以方便地了解到机会的相关状态和进展情况。

销售机会一旦成功（机会的阶段修改为"成功"），意即本次销售完成，个人的已完成销售额将增加此机会的总金额，所以，成功的销售机会是个人销售业绩的直接体现。在销售机会报告页，如果是扮演某销售部门经理的学习者端，则可以查看所管理部门所有人员的销售情况，对整个部门或者个人的销售业绩进行统计分析；如果是扮演普通员工的学习者端，也可以对自己的销售业绩进行一定条件的评估。

（四）采购产品

系统提供大量各种不同产品的数据，包括产品总量、品牌型号、价格、产品特性等，采购产品为中标订单的配送发货。

（五）订单配送

进行订单发货操作，及时发货，有利于保持公司信誉。销售人员应认真和销售内勤做好发货交接工作，必须仔细核对发货事项，确保货物及时、准确、无误地发送到客户手中。销售内勤应确保以最低的成本和最快的速度把货发送到客户手中，认真做好日常发货统计工作，负责对外票据（发票、信件）的统一发送，同时做好相应的交接登记工作。

（六）竞争对手管理

竞争对手是与公司一起竞争销售机会的对方。对于企业营销的运筹来说，必须在充分了解了对手的情况下，才能制定出自己的营销策略，正所谓"知己知彼，百战百胜"。因此"情景嵌入"式模拟应该提供一个管理和分析竞争对手的功能模块。不论是同行业的老对手，还是销售过程中遇到的新力量，都可以方便地创建、浏览和分析。并且，竞争对手资料对于整个组织内部应该是公开的，以便公司所有成员的使用。

竞争对手模块应该有"对手一览""添加对手"和"对手报告"功能。在竞争对手主页的列表选择想要查看的对手，就可以进入竞争对手详细信息页。例如，在详细信息页，用户可以浏览到该对手的特长与弱点、相关信息以及曾经参与竞争的机会等。同样，竞争对手分析也提供了关于竞争对手的危险程度、公司性质等情况的分析报表。

（七）市场拓广管理

进入市场拓广页，用户可以方便地新建市场拓广、浏览任务信息、查看事件任务报告等。例如，客户可以选择查看"我的任务""未完成任务""历史任务"和"所有任务"。对于未完成的市场拓广任务，应该在任务结束前及时进行关注；对于历史任务，也需要做一定的跟踪调查，研究拓广的效果，从中寻找新的线索。

（八）客户服务管理

企业应建立起完备的售后服务体系和客户反馈机制，服务的好坏对公司在今后开展业务的成功与否起到决定性作用。优质的服务将给公司带来更多的客户群体，反之公司将丧失利润的源泉。

客户服务管理是针对客户对公司产品和服务的反馈留言、投诉等第一时间做出反应而设计的功能模块。主要分为：反馈留言、客户投诉、客户服务3个子项。客户关系管理系统也需要提供客户服务报表页，通过图形报表直观地展示了每个月份/财年的客户服务进展情况，包括反馈留言统计、客户投诉统计、已处理的客户反馈留言、已处理的客户投诉等。

例如，浙科客户关系管理实践教学软件中，图13-11所示为反馈留言捕捉和处理客户针对公司产品、经营和服务等提出的所有反馈留言事件；图13-12所示为客户投诉捕捉和处理客户针对公司产品、服务等的投诉事件；图13-13所示为客户服务分配和记录所有的客户服务任务。

（九）客户报告

学习者需填写当月客户报告，教师可在后台查看，让学习者对客户进行分析总结，增强自己的客户管理能力。

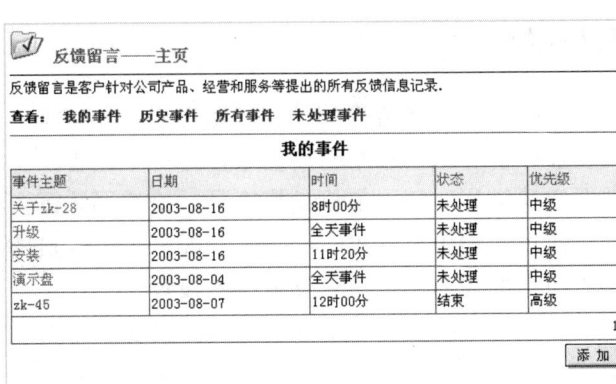

图 13-11　反馈留言

图 13-12　客户投诉

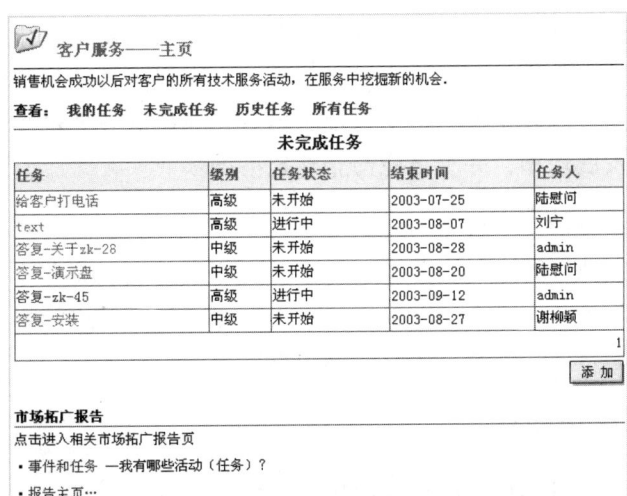

图 13-13　客户服务

三、销售人员管理模拟

在销售执行上，更加强调对销售流程的管理和销售团队的管理。销售团队是完成销售策略的基本单元，企业在拆分销售策略时要衡量好每一个销售团队、每一个销售区域的能力，根据实际情况组建销售队伍、安排销售人员。销售团队需要根据目标销售量、销售区域的大小、销售代理及销售分支机构的设置情况、销售人员的素质水平等因素进行评估，以便确定销售组织的规模和销售分支机构的设置。

通过员工管理模块实现员工的招聘与解聘，当月招聘员工下月生效，通过招聘员工实现增加工作工时。

（一）销售管理过程分工细化，职责明确

企业销售策略的完成需要团队协作完成，所以需要各个环节的相关人员协调配合。在技术交流阶段，需要售前技术支持人员来配合；在需求调研与方案确认阶段，需要技术咨询专家或顾问来确认技术需求的可行性；在项目评估阶段，可以申请公司高层资源参与到大项目中；在商务谈判阶段，需要商务、财务、法律等相关人员来参与；在签约成交阶段，需要高层来互动为项目后续提供支持。这样可以淡化销售过程管理人员对项目的重要性，靠一个项目团队来完成；同时，人员配置并不一定要全部到位，可以选重要流程来进行。

（二）建立实时沟通机制

定期沟通机制是指销售员与销售经理定期沟通工作进展情况，包括在自己的销售漏斗中的客户跟进状态是什么样的，这期间都做了哪些工作、有什么进展，是否存在问题等。这样，销售经理能对下属每一个人的工作情况有基本的了解，也能掌控销售目标的整体完成情况，不至于在整个销售过程中处于局外人的状态。

（三）做好销售人员的外出管理

其管理原则是：出差前有计划，出差中有沟通，出差后有成果。销售人员出差拜访单一客户的可能性很小，往往会拜访多个客户，那么，销售人员应该当天将每次的拜访成果回传公司，若中途计划有调整，也应该及时与公司销售服务人员沟通。企业应帮销售人员制订职业生涯发展规划，并尽可能与企业发展同步。

（四）销售过程透明化

面向行业客户的销售周期一般为 3~12 个月，有时会更长一些。若客户非常慎重，考虑时间自然就更长了。销售人员需要以客户为中心，站在客户的角度，帮助客户定义需求，形成项目采购目标，并帮助客户启动项目。

四、销售效果评价模拟

从销售过程管理来说，什么样的过程管理才算是有效的？是否存在一个好的评价标准呢？

这就需要搭建一个针对销售管理的评估指标体系，对于销售体验衡量来说，一般分为两部分，第一部分是商业目标的衡量，第二部分则是产品体验的衡量。在销售场景中，商业目标是指体系指标为销售组织所带来的商业利益指标；产品体验则是指产品与各个用户接触的整个生命周期中的顾客体验和客户体验。

（一）销售业绩管理

销售的最终目的是将销售行为转化为销售业绩，为企业带来利润。管理人员可以通过统计每月每种产品的销售情况以及各月、全年的营销业绩排名来直观地了解到最近一段时间的销售额增长情况。可以通过进行销售额分析，查看财务中心显示支出明细、支出项目、收入明细、收入项目、营销费用图表，随时掌握公司的财务状况，了解公司的收入与支出的明细。

管理人员还可以通过客户关系管理系统来了解员工的工作情况和业绩情况，提高管理效率；可以在执行销售计划时，实时了解每一位销售员、每一个销售区域的销售行为，要做好执行过程监督，发现问题及时处理、指导并协助其解决，只有让每一位销售员和每一个销售区域完成自己的销售任务，才能保证企业整体销售目标的完成。销售团队需要为销售人员的工作提供各种资源，支持和激励每一个销售人员去完成他们的销售指标。

例如，选择团队成员某个季度的销售预期进入详细信息页，就可以浏览到相关的"定额""定额%""已完成额""本月未完成额"等。管理人员从销售额上可以全面了解每个季度的销售情况，帮助部门经理或者个人制订今后的销售计划。

（二）工作表现及评估

销售系统可以帮助销售员总结销售经验，并及时做出调整，提升销售能力。要保证销售计划的完成，需要有完善的监督制度，做好销售人员的工作评估，包括产品的销售数量、完成销售指标的情况和进度、对客户的拜访次数等各项工作。工作评估不仅在于检查销售人员工作指标的完成情况和销售业绩，更重要的是要评估销售策略和计划的成效，从中总结出成功或失败的经验，不断标准化销售行为，同时完善销售管理制度。

（三）报表管理

企业拥有了详细全面的客户信息，如果不经分析提取就加以利用，其作用也只是等于一堆白纸。报表管理功能提供了大量的分析报表，可以从不同的角度、不同的出发点去查看关于客户、线索、机会等的信息情况，以及通过信息统计列表与图形化的展示分析其中潜在的市场规律。一旦企业把握住这些市场规律，也就把握住了市场的脉搏，利用这些市场规律指导企业的生产和销售，将会取得事半功倍的效果。

报表管理提供了客户（联系人）报表、销售机会报表、销售报表、线索报表、竞争对手报表、客户服务报表六大类报表，灵活地运用这些报表是组织和个人总结销售经验、发现市场规律、分析客户关系以及建立工作指导的重要依据。

本章知识点

1. 销售管理环境分析。
2. 销售管理计划制订。
3. 销售人员管理与资源配置。
4. 商机与顾客管理策略：客户生命周期阶段。
5. 销售效果评价：销售业绩排名、销售额分析和销售指标完成情况。

思考题

1. 销售管理的核心问题是什么？
2. 企业销售业务活动过程中各参与主体是如何协同完成工作的？
3. 销售管理模拟实训的方式有哪些？实训软件的局限性是什么？
4. 销售过程管理模拟中是如何发展新客户并留住老客户的？
5. 对比你所使用的销售管理实训软件与本章实训设计的异同及其优劣势。

小训练

卖辣椒的人总会遇到这样的问题："这辣椒辣吗？"怎么回答呢？说辣吧，怕辣的人，立马走了；答不辣吧，也许人家喜欢吃辣的，生意还是不成。解决这个二律背反难题是关键。

一位推着三轮车的卖辣椒妇女接待了一个买主，买主问："辣椒辣吗？"

卖辣椒的妇女很肯定地告诉他："颜色深的辣，浅的不辣！"买主信以为真，挑好付过钱，满意地走了。不一会儿，颜色浅的辣椒就所剩无几了。

又有一个买主来了，还是那句问话："辣椒辣吗？"卖辣椒的妇女看了一眼自己的辣椒，信口答道："长的辣，短的不辣！"果然，买主就按照她的分类标准开始挑选。一会儿长辣椒很快告罄。

当又有买主来问："辣椒辣吗？"卖辣椒的妇女信心十足地回答："硬皮的辣，软皮的不辣！" 买主又按照她的分类标准开始挑选。不一会儿辣椒全部卖完。

销售技巧训练：利用头脑风暴法讨论什么是销售。

本章参考文献

本章参考了《因纳特客户管理教学模拟软件实验指导书》《浙科客户关系管理实践教学软件用户指南》《南京奥派销售管理综合实训软件实验指导书》等相关内容，从"因纳特客户管理教学模拟软件""浙科客户关系管理实践教学软件"获取相关截图。

[1] 胡建伟. 对现代生产企业销售管理特点的几点认识[J]. 中小企业管理与科技，2016(2): 26.
[2] 柴宝亭. CEO 万能管理手册[M]. 武汉：武汉大学出版社，2008.
[3] 吕涛，聂锐. 企业销售人员管理控制研究述评[J]. 预测，2005, 24(3): 13-18.
[4] 焦其国. 面向客户销售过程管理系统的分析设计与实现[D]. 山东：山东大学，2013.

[5] 吴姗霞. BC 公司销售管理平台的开发管理研究[D]. 杭州：浙江工业大学，2019.

[6] 张涛，邵志芳，吴继兰. 资源管理计划（ERP）原理与实践[M]. 北京：机械工业出版社，2017.

[7] 单双双. 体验式教学模式的构建与实践探索以销售管理课程为例[J]. 科技视界，2021, 22(8): 63-64.

[8] 余军. 实践教学法在销售管理课程中的应用研究[J]. 吉林省教育学院学报，2014, 30(7): 105-106.

[9] 朱宗乾，尚晏莹，贾义伍. 基于情景模拟的销售管理教学创新设计[J]. 未来与发展，2017(5): 89-93.

[10] 吴成程. "销售管理"课程校企合作开发的探索与实践[J]. 厦门城市职业学院学报，2021, 23(1): 63-69.

[11] 罗明，李平华. 应用型本科销售管理模拟实验软件设计探究[J]. 管理信息化，2019, 22(23): 211-212.

第十四章

国际市场营销决策模拟

本章概要：

本章核心内容为国际市场营销活动的管理流程模拟，包括制订国际营销计划、国际市场环境分析、国际市场调查报告、国际市场研究分析和国际营销公司运作报告。本章目的在于通过情景模拟、角色扮演及分工协作，引导学习者进行国际市场营销决策模拟活动，让学习者体验国际市场营销战略规划和策略制定的全过程，加深学习者对于国际营销相关理论的理解，提升学生理论联系实际展开国际市场环境分析、需求分析、国际营销战略规划、国际营销策略制定的基本技能，培养学习者解决营销实务问题的能力。

第一节 国际市场营销决策概述

一、国际市场营销的基本概念

（一）国际市场营销的定义

对国际市场营销的界定，目前被引用最多的是美国著名的国际市场营销学家菲利普·R. 凯特奥拉（Philip R. Cateora）和约翰·L. 格雷厄姆（John L. Graham）关于国际市场营销的定义。国际市场营销是指对商品和劳务流入一个以上国家的消费者或用户手中的过程进行计划、定价、促销和引导，以便获取利润的活动[1]。跨国的性质和特点决定了国际市场营销活动的主体——组织和个人从事营销的活动空间和范围跨越了国境，国际营销活动的客体——商品和劳务等所满足的是处于产销状态多元化的不同国家的消费者的需求，国际营销活动的舞台是全球市场，应对的是国际竞争关系。

（二）国际市场营销的特征

国际市场营销以跨越国界为主要特征，与仅在国内市场开展的营销活动相比，差异主要是"实施营销计划的环境不同"，由环境不同导致营销战略和策略的内容、制定和实施，营销管理的制度和程序等方面都有着显著不同。

（三）国际市场营销的任务

国际市场营销的基本任务是让企业的决策者在综合考虑分析国内外市场营销环境的基础上，捕捉营销机会，避免营销风险，制定进入国际市场的营销战略和策略，以实现企业的基本目标。具体而言，就是要正确地确定国际目标市场的需要和欲望，理解和满足客户流露出的需求，向目标市场创造、传递、沟通顾客价值。

二、国际市场营销的发展导向

国际市场营销的发展导向是以国际市场需求为依据，以获取利润为目的不断改进产品，生产适销对路的产品。一个企业在其进行国际市场营销的过程中，可以通过以下 5 点的不同或相互交叉的阶段找到自身的国际市场定位。

（一）无所谓的国外市场营销（no foreign marketing）

处于国际市场营销这一阶段的公司并没有积极地培养国内市场以外的消费者。不过，公司的产品可以通过销售给贸易公司或者直接来公司订货的其他外国客户进入国外市场，也可以通过毋须鼓励甚至不了解制造商情况的国内各种中间商打入国外市场。

（二）偶尔的国外市场营销（infrequent foreign marketing）

在这一阶段，由于生产水平或需求状况的变化，公司拥有了一部分过量或剩余产品，为了扩大这些产品的销路，公司可能尝试着到海外去销售。不过，这些公司只把这看成是暂时的举措，因为一旦国内的需求回升并容纳了剩余产品，外销就终止了。

（三）经常性的国外市场营销（regular foreign marketing）

处于这一阶段的企业开始认识到国际贸易的重要性，企业开始依赖外销获利。公司具有稳定的生产能力，以供应海外市场之需，但是公司的注意力仍然主要集中在满足国内市场的需求上。公司开始努力在市场营销和管理方面进行投资，并在海外制造或装配产品，以满足个别国外市场的需求，有些产品也可能经特殊处理以专门满足这些市场。

（四）国际市场营销（international marketing）

在这一阶段，公司全身心地投入国际市场营销，在全世界寻求市场，在各个国家进行推广或扎根。由于文化、语言及政治体制等的差异，在一个国家行得通的战略不见得在另一个国家也能成功，因此把整个世界看作一系列不同国家的市场，它们各具特色，将针对计划开拓每一个市场，分别采用有针对性的市场营销战略和策略。这就意味着，不仅在海外销售产品而且也在世界各地生产产品。这些公司通常被称为依靠外销获利的跨国公司（multinational corporations，MNCs）。

（五）全球市场营销（global marketing）

采用全球市场营销方式的公司把整个世界包括其国内市场看成一个统一的市场，这与跨国公司的观点相反。一家全球公司（global company），当费用适宜并存在文化上的可能时，就使用反映目前市场需求共性的营销战略，通过经营活动的标准化而使其收益最大化。

三、国际市场营销战略决策概述

（一）评估国际市场机会

评估国际市场机会是指对环境、时间或者地点的有利组合的评估，判断这些组合是否为出口投资采购或在国外寻求良好的合作伙伴提供了良好的发展前景，是否充分利用国际机会，帮助企业提高业绩。

国际市场机会即不同国家市场需求的差异和变化中产生的机会。一般来看，主要有以下四类：①市场上出现了与经济发展阶段有关的新需求[2]；②当地市场供给缺陷产生的新的商业机会；③先进国家（或地区）产业转移带来的市场机会[3]；④从中外比较中寻找差距，差距中往往隐含着某种商机。

（二）国际市场细分战略概述

市场细分是1956年美国营销学家温德尔·史密斯（Wendell Smith）提出的一个重要概念。市场细分是进行目标市场选择与目标营销及市场定位的必要前提和基础。国际市场细分是指企业在市场调研的基础上，根据某种标准将大而分散的国际市场划分为若干独立的并且具有明显差异特征的子市场，即细分市场（sub-market）的行为过程。其实质是顾客需求细分，其客观基础是需求的类似性和差别性。每个细分市场内的顾客需求与行为特征是相同或相似的，但不同细分市场之间又有着一定程度的差别。随着科技和社会的进步、生产的发展以及生活水平的提高，市场需求的异质性逐渐增大，每一种产品或服务都存在市场细分问题[4]。

（三）国际目标市场选择战略概述

就是企业决定要进入的市场。任何企业都只能满足部分顾客的某些需求。选择目标市场是企业制定营销战略和策略的出发点。国际目标市场的选择实质是确定企业应该进入一个还是多个国家，进入何种国家类型以及该国哪个区域或哪些细分市场。一般而言，最容易进入的是与本国市场环境条件类似且市场在扩大，与本国关系较好国家的市场；最方便进入的是周边、邻近国家的市场。企业在选择新的国际目标市场时，可单独采用或结合使用的战略模式有：波及式——由近及远，逐步扩大市场范围；攀高式——选择经济、技术水平高的国家，取长补短，提高自身竞争力；落差式——选择经济、技术水平较低的国家，发挥自身的比较优势或绝对优势；渗透式——见缝插针，尽可能多占一席之地。前两种模式多为发展中国家的企业所采用，后两种模式多为发达国家的企业所采用。当然，目标市场不是永恒不变的，可以有短期和长期目标市场、主要和次要目标市场之分等[5]。

（四）国际市场定位战略概述

国际市场定位就是根据竞争者现有产品在市场上所处的位置，针对消费者或用户对该种产品某种特征或属性的重视程度，强有力地塑造本企业产品的与众不同，给人印象鲜明的个性或形象,并把这种形象生动地传递给客户,从而使该产品在市场上确定适当的位置。其目的是使自身与竞争者及其产品、服务、品牌区别开来,在客户心目中占据一个独特的有价值的位置。其实质就是客户心理定位,锁定目标顾客群体并吸引更多的客户,提高企业的市场占有率和经济效益。

这里需要指出的是,市场定位的前提是假定消费者对产品的重要特征进行相互比较。市场定位的成功,并不取决于企业的主观想法,关键在于客户对企业及其产品、服务、品牌形成和强化并保持正确的态度和认识。当环境发生重大变化时,企业必须权衡利弊得失,及时、适当调整原定位,不断满足客户的需求,以争取在市场竞争中立于不败之地。

(五)国际市场进入战略概述

企业一旦选定了进入的目标市场,就必须要确定最佳的进入模式。进入模式的选择对于开展国际营销的企业来说至关重要。因为做出选择意味着企业需要投入很多前期成本和渠道建设与维护成本。如选择不适,则面临高昂的转换成本。

所谓国际市场进入模式,是指使企业有可能将其产品、技术、工艺、管理及其他资源进入国外市场的一种规范化的部署。可供选择的进入模式分为四大类:出口进入模式、合同进入模式、投资进入模式和国际战略联盟方式。企业应当根据自身营销能力、目标市场的营销环境、进入成本、风险、控制、盈利等因素对上述模式进行评估和选择。

四、国际市场营销策略概述

国际市场营销策略,就是企业对自己可控制的各种市场资源进行优化组合和综合运用,以便更好地实现营销目标。1960 年,美国营销学者 E. J. 麦卡锡教授在其《基础营销》把营销手段分为四大类,即产品、价格、分销、促销,简称 4P 营销组合。由于国际营销环境与国内营销环境不同,在进行国际营销组合决策时,除要以一般的市场营销组合为基础外,还要根据具体情况,在产品、价格、分销和促销等方面进行一些与国内营销不同的决策。

第二节 国际市场营销决策模拟实训组织

一、国际市场营销决策模拟实训目的和原则

(一)国际市场营销决策模拟的目的

国际市场营销模拟实训是"在实践中学习"的好方法,其采用软件方式全面模拟国际市场营销决策的整个环境分析和战略决策过程,并且将这样的模拟软件同传统的教学方法(如讲座和案例学习)结合在一起,使市场营销专业的学习者有机会在复杂的模拟现实环境中演练学到的各种理论知识,充分体验企业从国际市场调查、竞争企业分析、国际营销战略制定到具体的国际营销战术决策组织的全部过程,熟悉和了解各种市场调

研预测和营销业务分析工具的应用,理解各项营销决策过程及其整体性[6]。

(二)国际市场营销决策模拟的原则

1. 能力培养原则

明确培养学习者分析解决问题的能力是软件模拟教学的主旨。即软件模拟教学的全然目的并非通过竞赛分出高低输赢,而是给学习者一个真实市场竞争环境的体验,因此,无论是教学环节的安排还是成绩评定的方式等都应以此为第一要义。教师在教学中不能直截了当地告知学习者应该如何去做决策,而是要对学习者进行方式、途径的引导和提示,使学习者自己在决策进程中体会、总结和感悟。

2. 鼓舞"个性化"而不是"标准化"

在模拟软件教学中应鼓舞学习者创新的思维和决策方式,而不是直接给学习者一个标准的答案。例如,关于如何提高市场占有率的问题,学习者可能会通过降低价钱、大做广告、增加渠道支持等不一样的方式来实现,教师应该鼓舞学习者去通过不同途径来尝试,而不是给出一个标准方式让学习者去做千篇一律的决策。

3. 鼓舞"协作学习"而不是"独立学习"

软件模拟决策的进程是以小组形式进行的,小组成员通过分工以后开始各司其职,分析由其所负责的相关环境因素。进程中小组成员应该随时进行讨论、磋商和沟通,最大限度地发挥集体的聪慧。这就要求教师在组织教学的进程中随时提出问题,引发学习者的尝试和讨论,诱发学习者通过协作去找到和发掘规律以及解决问题的方式。与此同时,每次决策终止后,也应该鼓舞小组成员踊跃讨论和反思,为下一次决策做好铺垫[7]。

二、国际市场营销决策模拟实训的组织管理

(一)教学组织与实施

情景模拟教学法是一种典型的体验式教学方法,能够很好地激发学习者的学习兴趣,让其积极投入展示设计活动。教师是主导,在设定情景模拟教学的过程中应扮演编排者、引导者、推动者等角色,要通过合理应用情景模拟法展示知识教学,并做好教学准备、任务布置与角色分配、情景模拟以及教学评价总结等工作,营造更为轻松活跃的课堂氛围,调动学习者参与国际市场营销知识学习和应用的主观欲望。学习者是主体,是知识的主动建构者和学习活动的积极参与者。

1. 情景导入

根据教学计划,选定训练任务,根据教学内容设计训练场景,引导学习者按照既定的小组在不同的场景中进行角色扮演或情景模拟,并设置对不同角色的评分标准。

2. 小组分工

学习者将被分成若干个国际营销小组,了解职能分工,明确运营规则,做好模拟准备。应在学习者自主结合的基础上加以适当调整,建议由4~6名不同性别、知识与思维互补的学习者组成一个团队;根据团队成员的能力和兴趣进行角色分配,扮演企业的总裁、市场营销部门的负责人等,为企业营销部门制定相应的营销计划,以保证企业的正

常运作及利润最大化[8]。每组为创建的国际营销公司进行命名，设计公司 logo，制定公司使命、价值观、战略和目标；制定各自的营销方案，包括市场的选择、产品的设计、销售渠道的建设、广告预算、研发管理等。然后分角色进行过程模拟。

3. 实施环节

整个过程按照企业国际营销的实际流程展开，各国际营销公司按照制定的国际营销方案进行模拟演练。最后通过实训软件模拟市场运作得到的结果，各国际营销公司将看见其营销计划给企业及整个市场带来的结果，可在以后的博弈过程中不断地进行国际营销策略调整，以便在竞争中取得优势，最终达到为企业创造价值的目标。

4. 评价环节

根据评分标准，教师对每位学习者的表现进行评价，包括自我评价、学习者互评和教师点评。此外，在实际模拟演练中，如果遇到学习者不能解决的问题，教师可以当场协调解决，并结合书本知识进行讲评，以使书本知识得到巩固和运用。

（二）教师的课前准备

教师在课前必须完成以下几项准备工作。

1. 学生管理准备

提前将参加课程的学习者名单、所属院系统计完全；学习者分成 4~6 人的实践小组参加，每个小组代表一家公司；将分组的名单告知学习者，以便于学习者在课前进行相关知识的准备工作。同时，教师登录教学软件平台，创建新的班级，新建小组数。

2. 教学授课准备

在课程实施前对相关的知识点内容以及每一轮的教学任务进行熟悉，完成备课工作；并将课程的教学目标告知学习者，以便于学习者在课前就相关的知识进行预习、复习；将教学软件平台中有关于模拟商业环境的介绍、模拟软件中与经营有关的数据规则下发给学习者，以便于学习者在课前对模拟商业环境有所熟悉。

在每一轮模拟经营结束之后，下一轮模拟经营开始之前，教师应将各小组的经营结果和分析图表下发给学习者，以供学习者在课后总结，并为下一轮模拟经营课程做学习准备。

（三）学生的课前准备

与自己所在的小组组员建立联系，并打造良好的合作情感基础；小组成员一起就模拟商业环境的数据规则和背景介绍进行讨论，熟悉将要参与竞争的环境；在课前完成财务管理三大报表的自学（资产负债表、损益表和现金流量表），以及根据教师下发的教学目标，完成相关知识内容的预习、复习；在每一轮模拟经营结束之后，下一轮模拟经营开始之前，学习者应按教师要求对上一轮的经营结果和分析图表进行分析，在课后与组内成员一起对竞争形势进行探讨，并完成一些必要的知识储备。

三、国际市场营销决策模拟实训行业设计

学习者将被分成若干个国际营销公司，分角色扮演企业的总裁、市场营销部门的负责

人等，为企业营销部门制订相应的国际营销计划，以保证企业的正常运作及利润最大化。

模拟在一个相同宏观环境中的某个产业的国际市场，如消费电子领域的智能手机或智能手环产业，多家公司生产不同的产品、不同价位的产品而展开相互竞争。在国际市场营销决策模拟过程中的任何一个阶段，教师通过扮演行业管理者角色，通过设定不断推出背景情景内容，如疫情发生或可能发生通货膨胀等。在软件的操作过程中，学习者可根据现存的宏观环境、企业的自身资源条件和细分市场情况，去选择目标市场，再根据目标市场的不同特征，制定和优化相应的营销组合模式。

四、国际市场营销决策模拟实训实施过程与内容

以营销理论模型为基础、以情景模拟为手段的教学工具，可以让学习者在复杂的模拟现实环境中演练学到的各种理论知识，充分体验企业从市场调查、竞争企业分析、营销战略制定到具体营销战术的决策组织的全部过程，熟悉和了解各种市场调研预测工具的应用。

（一）实施过程

学习者课前互相了解、仔细阅读决策指南和案例背景、熟悉模拟规则和模拟任务要求，将整个实训环节分为练习部分和正式决策部分。练习决案部分是正式课程开始之前的演练。即在正式决策开始之前拿出一定学时让学习者进行练习决策，练习实验不计入最终成绩，学习者可以尝试多种可能，在熟悉模拟环境和规则的同时完成各项国际营销模拟决策任务。然后进入正式决策的小组 PK 环节，可安排 5～6 年度国际营销模拟，各小组必须制定公司各部分的决策，争取战胜其他小组，并给股东创造更多价值。每年度回合结束后给出效果评价，各小组分析每回合的结果，测定公司价值和营运表现。

（二）实施内容

1. 每一回合决策前及各回合决策所需做的工作

明确实验对象，进行宏观分析，其中包括经济分析、行业发展分析、行业政策分析；进行市场分析，其中包括销售市场分析、产品市场分析、市场竞争分析；营销策略研究，包括自我分析（SWOT 分析）、营销定位分析、市场定位分析、产品定位分析、价格定位分析、广告定位分析、宣传渠道定位分析；销售措施制定，包括销售政策、销售实施、销售团队、培训计划、销售服务等。

2. 每一回合的决策及决策依据

每一回合往往首先是 SWOT 分析，根据消费者采购习惯、市场规模预测等进行市场定位，初步定位市场类型并确定市场中不同市场类型的主次之分。以后每个回合开始前，都要首先查看上一回合的市场调研结果，包括市场占有率、竞争对手各项情况、股价等。然后分析并发现上一回合主要问题并总结原因，比如价格太高、销售力度跟不上、产品不能完全卖出去等。那么，针对这些问题，可以调整生产规模，改变市场占有率等；进行价格调整；针对不同市场推出新产品迎合市场需求，注重改变性能，创新科技采用措施等。同时，还需要分析本回合新发布的市场背景信息可能带来的影响。根据

以上分析和总结，调整下一年度运营目标，来做出本回合决策，包括产品定位、目标销售量预测、价格水平决策、销售力量分配、渠道折扣、新产品开发决策和财务预算等（图 14-1）。

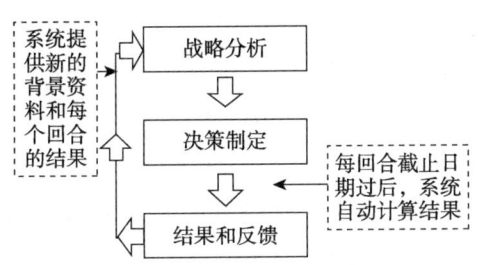

图 14-1　国际营销决策模拟依据与流程

3. 复盘反思与汇报及点评

在年度或整个实验终止后，应安排 1~2 个学时对学生年度或整个实验进行复盘反思和汇报，教师针对学习者在决策中的进程表现和发觉的共性问题等进行总结。教师点评应重在提出问题、引发试探、总结实验中的决策失误和提升方向。

五、国际市场营销决策模拟实训考核

国际市场营销决策模拟是一个完整的教学活动，其考核也是一个完整的体系。一方面，考核内容是市场营销学专业知识与相关专业知识的应用，学习者通过运用有效的市场战略，适时地制定决策以及准确地实施决策而为虚拟企业获利，经营结果将以股票价格为准，根据各团队模拟经营结果进行赋分；另一方面，考核内容还应该包括团结协作能力、数据分析能力、综合研究能力和团结协作能力等其他综合素质考核指标。可以辅助采用每阶段模拟决策分析与报告、六年团队模拟总结汇报以及个人课程复盘报告来考察学习者的写作能力数据分析能力和综合研究能力。

第三节　国际市场营销决策模拟情境分析

国际市场营销环境分析包括企业置身的市场环境（也称微观环境）、企业内部环境（也称企业可控变数），以及这两个环境所处的宏观环境（也称企业不可控变数）。所有环境的变化都有可能给企业的国际营销带来新的挑战和发展机会。所以，企业在进入国际市场之前，必须透彻地评估和理解国际市场。分析国际市场营销环境的意义在于：①从事营销，必须善于分析环境，环境的变化会给企业带来威胁，也会给企业带来机会；②发挥企业营销主动性，积极影响营销环境；③从环境中获取企业营销的资源。

国际市场营销决策模拟实训软件主要是从不同角度构造了相对完整的企业国际营销环境，模拟在一个相同的宏观环境中的某个产业市场。例如，智能手机产业，多个智能手机公司通过生产不同的产品、不同价位的产品而相互竞争。在国际营销决策模拟过程

中，要根据客观存在的宏观环境分析、消费者分析、竞争分析，选择目标市场，形成相对应的营销战略，再根据战略目标制订具体的营销计划。

一、宏观环境分析

根据国际市场营销学所给出的内容，宏观环境分析应该包括六大部分内容，即人口环境、经济环境、自然环境、科学技术环境、社会文化环境、政治和法律环境。

（一）国际人口环境

人口环境是指目标市场的人口的数量、分布、年龄和性别结构等情况。人口是构成市场的第一位因素。人口的多少直接决定着市场的潜在容量，人口越多，市场规模就越大。而人口的年龄结构、地理分布、婚姻状况、出生率、死亡率、人口密度、人口流动性及其文化教育等人口特性会对市场格局产生深刻影响，并直接影响着企业的市场营销活动。在国际市场营销决策模拟前我们可以从以上方面对人口环境进行全面分析以全面了解目标市场的人口环境。

（二）国际经济环境

国际市场营销决策模拟在进行经济环境分析时，企业可以从社会购买力、消费者可支配收入、消费者可任意支配收入、消费支出模式、恩格尔定律等方面对当前经济环境进行全面分析。常见的经济特征有城市化建设是否完善，商业基础设施建设是否完善，自然条件是否有利，外国投资条件是否便利等。

（三）国际自然环境

从经济地理的角度评价自然条件和自然资源，主要是考虑其对生产力布局的影响。从企业市场营销角度出发，则应首先考虑其对市场需求的制约。自然条件不仅直接影响人类开发资源、利用自然、改造自然的生产资料需求状况，而且从外部环境方面广泛制约着人类日常生活最基本的需求，可以说，人类在吃、穿、住、行、用等方面的需求特征都受到自然条件的直接或间接的制约。例如，气候条件因素就广泛影响到人的穿戴、家用电器、食品饮料、化妆用品以及药品等生活资料的需求特征。自然条件及其时空变化给企业提供了极为广阔的市场机会。自然资源的种类、数量、质量、分布情况、地域组合以及相关自然条件，不仅直接制约到资源产品的开发方向、品种、质量、生产规模、保证程度，以及劳动生产率、生产成本与经济效益，而且从原料、燃料供应的角度间接制约着后续行业的产品开发。企业在市场营销过程中，除了要抓市场机会，还得抓资源机会。

自然环境不仅与市场及其营销活动有着诸多直接关系，而且其作为宏观市场营销环境的物质基础，还能通过作用于其他环境因素，间接地影响企业的市场营销活动。其中，自然环境对人口、经济、文化三方面环境的影响最为突出。从企业营销的角度分析，市场正是由与上述三方面环境密切相关的人口、购买力、购买意向三要素构成的。因此考察自然环境对这三方面环境的影响尤有意义。

（四）国际科学技术环境

当代世界新科技革命正在兴起，生产的增长越来越多地依靠科技进步。科技革命带来了技术创新，不仅改变了企业生产、经营和管理组织模式，同时也改变了市场运行的模式和机制。科学技术的研究开发与创新能力，使它在服务贸易、知识产权以及技术转让等具有广阔发展前景的领域中也拥有强势地位。这些也是国家维持国际竞争力的基本因素。

科学技术革命既给企业市场营销创造了机会，也带来了威胁。企业可以应用新技术，不断更新原有产品，满足消费者需求，而新技术的出现，也使得企业现有产品面临被淘汰的威胁。另外，新技术的发展也会引起人们消费观、价值观以及企业营销策略的变化。

（五）国际社会文化环境

社会文化环境是指一个国家、地区或民族的传统文化（如风俗习惯、伦理道德观念、价值取向等）。它包括核心文化和亚文化。

核心文化是人们持久不变的核心信仰和价值观，它具有世代相传，并由社会机构（如学校、教会、社团等组织）予以强化和不易改变等特点。

亚文化是指按民族、收入、年龄、职业、性别、地理、受教育程度等因素划分的特定群体所具有的文化现象。它根植于核心文化，但容易改变。

每个人都生活在一定的社会文化环境中。同样，各个企业也都在一定的社会文化环境中经营。一个社会在其长期的发展过程中逐渐形成了不同的风俗习惯、伦理道德、行为准则和价值观念，这都对企业的生产经营活动产生很大的影响。

因各地区人口的比例、收入、发展等各方面的不同，企业产品和服务中加上一些地区风俗特色的元素，才能以较好的性价比为广大消费者服务。

（六）国际政治和法律环境

政治对营销环境的影响，是通过政府政策、法令规定以及其他限制性措施而起作用的。政治环境就是指企业市场营销活动的外部政治形势和状况，以及国家方针政策的变化对市场营销活动带来影响的因素组合。而法律环境是指与企业从事的国际营销有关的法令规章。企业营销人员必须熟悉法律环境，密切关注与本企业有关的法律法规等，使企业的经营在合法的轨道上运行。同时，还要善于运用法律武器来维护企业的正当合法权益。

例如，中国将依照社会主义制度、政府相关的劳动政策、法律的制定与执行以及战争与和平等方面的因素进行企业的生产和运营。若企业与国外有经济贸易往来或合作，以及从事跨国经营，都会遵循有关国家的政治、法律状况而进行运作。

国际企业发展中的各项营销管理工作以及其他企业运营管理工作等各个方面的经营决策，均由团队成员根据国际市场发展与竞争形势的变化独立完成。

例如，在"贝腾营销之道"模拟软件中，整个市场根据地区划分为多个市场区域，每个市场区域下有一个或多个销售渠道可供每个公司开拓，开发销售渠道除需要花费一定的开发周期外，每期还需要一笔开发费用。每个公司可以通过不同的市场区域下已经开发完成的销售渠道，把各自的产品销售到消费者手中。市场主要分为国内市场、国际市场、互联网市场。但是国内又分为：华东、华北、华中、华南、东北、西北、西南各地区市场。各个市场的开发周期和每期的开发费用都是不同的。但是，互联网市场是个特殊的市场，它没有开发周期，开发互联网市场以后，每期都要交付互联网维护费用。

通过对国内市场、互联网市场、国际市场下的4种消费群体的购买偏好、购买量以及最高预算支出进行市场分析。初步调查得知：第二季度在国内市场大约有90 000人通过各种专卖店、经销商、大卖场购买商品，大约有8 000人通过互联网购买这种商品。另外在国际市场上，也大约有8 000人对该商品有购买欲望。由此可见，市场潜在的需求量还是很大的，同时不同消费群体的最高预算支出不一样，当商品价格高于他们的最高预算支出时，他们将不会购买该商品。不同的时间、不同的渠道，市场需求以及最高预算支出实际是不一样的。但是我们又可以根据当前季度实际市场需求量、实际消费者最高预算支出预测出下一季度的需求量大致增长率及下一季度的消费者最高预算支出大致增长率。

二、市场环境分析

市场环境是一个由"供应商—生产企业/竞争对手—营销中介机构—顾客"所构成的价值链系统，见图14-2。

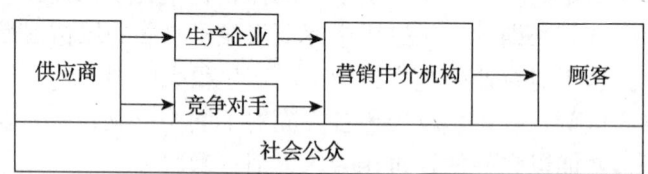

图14-2 企业市场环境要素

（1）供应商。包括劳动力、原材料、资金和各种原材料和零配件提供部门。

（2）竞争对手。包括提供相似产品的品牌竞争者、生产同类产品的产品形式竞争者、可以满足不同顾客同一需要的一般竞争者和满足同一顾客不同需要的愿望竞争者。

（3）营销中介机构。可以分为主导性机构和辅助性机构两种类型。主导性营销中介机构包括经销中间商或代理中间商；辅助性营销中介机构包括实体分配公司、市场营销服务机构（广告公司、咨询公司等）和金融机构。

（4）顾客。可以分为消费者和机构，前者构成消费者市场，后者构成生产者市场和政府市场。

（5）社会公众。是企业营销活动中与企业营销活动发生关系的各种群体的总称。

例如，"cesim marketing"国际营销模拟实训软件中，学习者模拟前需要分析各类客户细分市场，案例情景中分为亚洲市场和欧洲市场，都可细分为企业用户市场和家庭用户市场，企业用户市场和家庭用户市场又可各自细分为高端用户市场和低端用户市场。虽然各个细分市场在欧洲和亚洲的名称相同，但各区域细分市场用户的喜好有明显的差别，包括技术、附加功能、产品外形、价格等方面的需求差异。另外，随着国际局势日趋紧张、金融市场环境震荡加剧，有的回合短期贷款利率会超过 10%，需要谨慎决策，避免银行贷款负债。每回合模拟结束后，会以饼图的方式形象地显示当前阶段各竞争公司所有产品总销量的市场占有率，并对比呈现各小组的各项成本与费用的支出情况，还可以根据品牌定位地图直观地呈现各公司的品牌特性。

三、公司内部环境分析

企业内部环境是指市场营销部门在企业内部组织机构中的地位和作用、市场营销组织自身的结构模式以及市场营销组织与其他部门的关系。

企业是组织生产和经营活动的经济单位。企业内部各职能部门的机构组成，包括计划、生产、财会、供应、销售、质量检查、技术开发、后勤保障等部门。市场营销部门的组织模式分类及其特点如表 14-1 所示。建立和健全符合企业特点的以市场为导向的高效率的市场营销组织，首先要确定市场营销组织在企业中的地位，其次选择适当的组织模式，最后尽可能提高市场营销部门的运行效率。

表 14-1 市场营销部门的组织模式分类及其特点

序号	组织结构模式	特点
1	职能式	协调各专业职能部门的活动，并根据实际需要削减职能部门的数量
2	区域性	适用于营销范围超越本地区的企业组织其市场销售活动
3	产品管理式	经营多种产品或牌号，各种产品之间差别很大，突出产品部门的地位
4	市场管理式	适合于把顾客按照购买习惯和产品偏好进行不同分类的企业
5	矩阵式	将产品管理模式和市场管理模式综合，适合于生产多种产品并把产品出售给不同类型顾客的企业，比较适合于多角化经营
6	事业部式	把所有的各种产品分为若干系列的多角化经营的企业，按照这个系列建立独立的营销专业部门，各事业部又根据上述各种组织模式建立各自的营销机构。这种模式多为大型企业所采用

例如，"cesim marketing" 国际营销实训软件给出公司情景的描述信息。模拟所经营的公司是经营家用电子产品的几家大公司之一，公司定位于消费电子领域。公司从成立之初，以"为客户创造最大价值"为宗旨，现已发展成为集科研设计、开发、销售经营于一体的消费电子设备有限公司，业务遍布全球。公司拥有一支年轻化的集销售与维修为一体的专业队伍。过去几年，公司的销售额和竞争对手大体持平，随着行业产品市场的增长，行业竞争越来越激烈。公司在本地市场设有营销中心，新的管理层接手后，今后可按照公司发展规划，在新的市场区域开设营销中心。每个中心都可以营销公司的全部 6 种产品，公司开始聘用自己的销售人员来替代代理商，产品全部由自己的销售人员来推销。销售力量包括专卖店、百货商场、超级市场三类渠道。

四、公司外部环境信息的获得

每一模拟回合结束后，系统自动计算结果，提供公司和竞争对手的财务信息，分别有上一回合的总公司和分公司的损益表、目前总的资产负债表和近年的销售和盈利等指标数据。这些财务数据包括现有产品（将在后面介绍）和许多过去生产销售但现在已停产的产品数据。例如，公司可以通过系统提供的新的背景资料和上一回合的运营结果，在每个运营周期决策前分析市场变化，也可通过购买行业调研报告获取同行业其他公司的经营状况信息，帮助了解竞争对手动向。

第四节　国际市场营销决策模拟管理过程

在清楚企业的内外部情况以后，就可以开始进行国际市场营销模拟的战略决策和策略制定工作。从这里开始，应该按照既分工又合作的方式，通过几轮的分工合作不断推进国际市场营销决策方案的制定和修改，不断完善，最终形成一个较为合理、可行的企业营销决策方案终稿，以便实施。战略性的部署、细致的分析、持续的研发、产品适时地进入市场以及系统的营销组合是国际市场营销模拟的获胜关键。

例如，图14-3给出了"cesim marketing"国际市场营销实训软件的主要决策模块。对于一个新的班级，在授课前首先要由教师确定学生的分组情况。每一个分组就是后面进行国际营销模拟的一家企业，一般由3~6名学生组成，教师端单击左边的"系统参数设置—学员分组管理"菜单，在屏幕右上部分会显示出小组进行国际营销管理决策的内容。模拟过程通过不同小组对手机行业进行了模拟的演练，从营销战略的高度考虑问题，并且在模拟的过程中不断地分析市场环境、竞争对手的策略，然后组织实施和修正自己的营销策略。

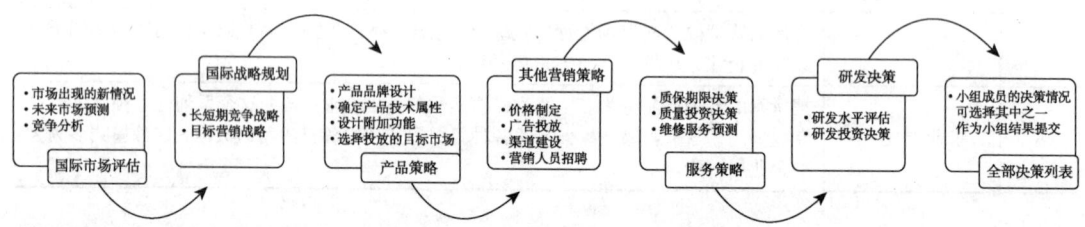

图14-3　国际市场营销实训软件的主要决策模块

一、国际市场评估与预测

（一）销售预测的重要性

在电子对抗模拟竞赛过程中，公司在做出营销决策前，必须仔细地评价每一个机会。因此，公司特别需要衡量与预测每个机会潜在的规模、成长和利润。而在企业国际市场营销管理的诸多决定因素中，销售预测是最重要的因素之一，它在很大程度上决定着企业的长期规划和短期规划。公司的高层管理人员根据销售预测向不同的职能部门分配资源并监控企业的整体运作；财务部门根据销售预测来测算现金流量、制定成本预算、编制各种形式报表；生产制造部门根据销售预测确定产品生产的品种、数量，合适的产成品库存量，原材料的采购数量及到货时间。由此可见，可靠的预测是基于一定的营销组合而言的，是不同的营销组合成功的关键。预测失误可能导致存货过多、竞争对手的减价或由于缺货而丧失销售机会。

在模拟竞争过程中，销售预测由于其重要性，往往是团队共同决策的，但销售预测的基础工作和基本工作则通常是由营销部门来完成的。必须注意，销售预测是相对的，这必然导致不同的销售预测判断。从长期看，企业是以销定产，但从一轮的短期规划来看，由于生产规模在短期内几乎无法变更，企业可以通过适当地调整营销组合，在一定程度上以产定销，其评价标准是总边际贡献最大化。

（二）销售预测的内容

销售预测的基础是需求预测，主要包括市场需求预测和公司需求预测。

模拟中市场需求预测是指一个产品在一定的营销区域和一定的时期内，顾客可能愿意购买的总数量。主要会涉及每个市场的总需求量、每种产品的总需求量、每种产品在每个市场上的需求量。

公司的需求预测是公司在营销努力基础上估计的市场需求份额或销售订单数。这往往取决于公司的生产能力，产品价格和产品质量（产品设计是否最佳），投入的广告费用、研发费用、网点建设维护费用等营销因素的组合和决策情况。这个需求不是一个固定的数字，而是一个在一组条件下的函数。管理者们往往应该根据商业背景以及前几轮的报告中的销售情况分析出这个需求与公司营销费用（如广告费、网点维护费用等）的近似相关关系。最简单的方法是找出其敏感性系数，即当一个营销因素的投资费用变化1%时，销售数量相应变化的百分比。当然，运用这种方法是有假设前提的，即在其他因素保持不变的情况下，考察单个因素变动对销售量的影响。所以，公司管理者应该在分析其他营销因素影响的基础上对每一轮的敏感性系数进行适当的调整，以得到较为接近而不是绝对接近的系数，并由此做出市场需求函数曲线，为接下来的决策提供较直观的依据。

（三）销售预测的常用方法

在模拟竞赛中，常用的销售预测方法大致可分为两类：一是主观的经验判断方法，二是客观的数量分析方法。

由于模拟与现实的企业经营活动不同，除了参与者以外并不存在真实的公司员工，所以大部分经验判断方法无法实施，能够加以运用的主要是专家意见法和德尔菲法。

专家意见法是征求公司各管理者对销售量的预测，不同的管理人员对销售量的估计被综合起来形成公司的销售预测。这个综合过程可以是通过集体讨论解决分歧，最后形成一个统一的结论。因为某些管理人员仅仅是根据直觉对销售量做出估计，而另一些管理人员则根据已有的事实依据，甚至是利用其他方法在进行销售预测的基础上对销售量做出估计。专家意见法的优点是能够迅速、低成本地做出结论，虽然使用其他方法可能使销售预测更为精确，但从成本-效益的角度来考虑，专家意见法有着明显的优势。另外，专家意见法还能把不同的公司管理人员的销量估计综合起来，这种集体智慧通常是解决问题的有效方法。它的缺点是没有明确的公司管理者负责销售预测。如果销售预测最终被证明相当不精确，那么管理者们很难确定问题究竟出在什么地方。

二、国际市场营销模拟战略决策

（一）决定是否进入国际市场

并不是每个企业都有必要进入国际市场，也不是每个企业都有条件进入国际市场。企业应根据环境分析和自身的资源条件以及生产能力、营销能力和产品特点做出正确的选择。因此，企业必须进行充分的调研和分析，制定自己的国际营销目标和策略。

（二）决定所进入的国际目标市场

在决定进入国际市场后，进一步的决策是进入哪一个或哪些目标市场。在选择目标市场时，要利用一些科学的分析方法，对目标市场进行评估和财务分析，估计目前的市场潜力和风险，预测成本、利润以及未来的投资回报率等。

在模拟竞赛中，公司经常会面临是否开拓新市场的问题。开拓市场的前期投入会比较多，一般会导致财务状况的恶化，但是新的市场一旦开拓好，其增长潜力非常巨大，尤其是在后来的几轮中，会使公司得到非常可观的利润，使现金流状况迅速好转。此外，也要考虑到竞争对手如果开拓市场会对公司有什么不利影响。一般来讲，在宏观经济形势和市场总体需求不悲观的情况下，都会尝试开拓新的市场，但是在开拓新市场时，要充分考虑开拓的困难和开拓失败可能带来的影响。

（三）决定如何进入国际市场

企业选择好了目标市场，对于如何进入，又有许多可选择的方式，如间接出口、直接出口、许可贸易、合资经营、直接投资等。企业必须综合考虑环境因素和自身的实际情况，做出适当的选择。

（四）制定国际市场营销战略

战略是描述一个组织打算如何实现其目标和使命的方案和计谋，是企业在分析自己所处的外部环境与内部条件的基础上，做出的具有全局性、长期性的企业经营与发展的构思和规划，是充分利用环境中的机会群，确定企业同环境的关系，规定企业从事的经营范围、成长方向、竞争与合作对策，合理地调整企业结构和分配企业资源，从而使企业获得优势。

常见的国际市场营销战略，从国际化程度角度，可分为国际化营销战略、多国化营销战略及全球化营销战略；从市场扩展与定位角度，可分为集中化战略、区域集中化战略、市场集中化战略及多元化战略；从竞争的角度，可分为产品竞争战略、市场竞争战略及企业形象战略。

在模拟过程中，可以采用应用较为广泛的战略。

1. 总体战略

总体战略又称公司战略。主要回答企业在哪些领域进行活动，主要内容是经营范围选择和资源合理配置。

2. 经营战略

经营战略又称竞争战略。是各个战略经营单位或有关事业部、子公司的战略。

在现实社会中，根据不同的企业情况，有多种战略方案可供企业选择。但在电子对抗竞赛中，虽然其是以真实的经营环境为基础，但和所有的管理模型一样，存在着简单化和理想化这两个制约因素，不可能百分之百模拟真实的经营环境。比如，在竞赛过程中，任何一家公司无论在任何情况下都不会退出市场，也不会宣布破产或兼并。因此，在现实中许多可以使用的经营战略，在模拟竞争过程中就不能使用了。一般而言，企业的竞争战略可分为两类：一是总成本领先；二是追求与众不同的产品特色，即追求产品差异化。

（1）总成本领先战略。总成本领先战略主要通过取得规模经济效益和市场占有率，使企业全部成本低于竞争对手的总成本。例如，在模拟竞赛中，由于研究开发费用、总体管理费用和其他固定成本基本上固定不变，较大的生产规模可以在产品质量保持不变甚至有所提高的情况下，使得单位产品的成本则下降（随着销售额的提高，单位产品分摊诸如广告费和研究开发费等无形成本及固定成本的能力增强，单位产品成本则下降），从而使得公司能以较低的价格迅速占领市场，获得较大的市场占有率，而由此产生的财富的迅速积累又能产生使生产规模进一步扩张的动力和能力。但是，在采用这一战略时应注意以下三点。

第一是在实行此战略前必须对市场容量（包括单个市场的容量和市场总容量）有充分的了解和较为准确的预测，以确保企业所生产的产品能卖出去。如果企业所在的市场容量较小或开发的潜力不大，那么企业的大规模生产必然导致产品的大量积压，储存成本增加，现金流状况恶化，公司利润下降。这时，公司为了把产品卖出去，要么不惜血本地大规模降价，要么出售生产线，改变战略，这两种做法对公司的长远发展都是很不利的，会使公司处于极其被动的状态。

第二是单位产品价格的制定。总成本领先战略虽然是采取大规模低价产品占领市场的方法，但管理者们也不能毫无底线降价，必须是在较为准确地计算或估算出单位产品的成本价格的基础上，以此依据来制定一个合理的竞争价格。否则，价格定得过高，无法抢占市场，造成产品积压；价格定得过低，公司不赚反赔，严重的甚至会产生大量未交订货，承担违约责任，导致公司形象下降，利润下降。

第三是总成本领先战略的落实。虽然是以降低成本为目标，但并不意味着大规模地削减广告、研发、产品设计等费用，而应是在保证产品质量和一定研发能力的基础上，尽量地控制成本。

例如，采取总成本领先战略在模拟竞赛中的实际操作主要是生产线的购置、生产线性能的提高。一般而言，采取此战略的公司要尽自己最大的能力购买生产线，甚至要通过贷款的方式（但要注意计算准确，不要产生大量紧急贷款）。只要公司能比采取相同战略的其他公司生产线多、产能大，就能处于较为有优势的地位。

（2）产品差异化战略。产品差异化战略主要是企业所提供的产品或服务差别化，形成独家经营的市场。产品差异化战略通常成本高，因为差异化要求比其竞争对手更好地组织价值活动，因而该公司必定要为其独特性支付费用。当然，实行产品差异化战略并不意味着企业可以忽视成本，只不过成本在这时不是首要的战略目标，但企业必须在差异化和成本之间进行权衡，以免得不偿失。需要强调的是，采取产品差异化战略也应该保持适度的生产规模。由于企业内部资源有限，总成本领先与产品差异化往往难以兼顾。与其四面出击，不如集中力量打歼灭战。不过，一个为主，一个为辅，适当予以兼顾也并不是不可能的。

3. 职能战略

职能战略又称职能层战略，是各个职能部门的短期性战略，一般包括市场营销战略、生产战略、财务战略、人力资源战略和研究开发战略等，见图14-4。

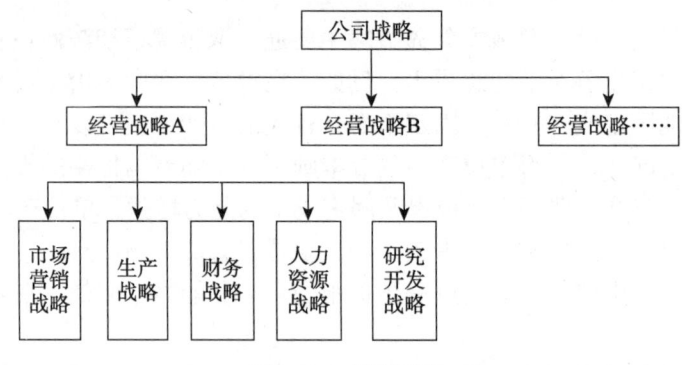

图14-4　战略层次

市场营销战略是公司战略的一个职能战略。它根据公司战略的要求与规范，制定市场营销的目标、途径与手段，并通过市场营销目标的实现，支持和服务于公司战略。

企业应做好资本结构和现金流量的规划。除适当生产规模以外，企业长期规划还应该考虑到资本结构和现金流量。如果企业的总资产收益率高于债务成本，则应该采取激进的财务政策，通过较高的财务杠杆来放大收益，否则就应该反其道而行之。必须注意，总资产收益率必须从动态的角度来考虑，就是未来几轮的加权平均的总资产收益率而不仅仅是目前的总资产收益率——这是长期规划。现金流量影响到企业的长期规划能否得到贯彻实施。现金流量比利润更重要。再好的长期规划，如果没有足够的现金流量来支持，就会中途夭折。另外，对于现金流量的正确预测有利于提高负债的质量。例如，在模拟竞赛中，对于现金流量的正确预测有利于企业在最后一轮将负债降到可能的最低水平，同时又不至于拥有过量现金。这样既有利于降低财务成本，又有利于提高企业的流动性、修正企业的各项财务指标、提升企业价值。

在获得每轮模拟经营的结果报告后，在战略问题上，首先要分析公司战略的实施情况。如果公司采取的是总成本领先战略，则应该注意所要购买的生产线是否买到，是否还要继续采购生产线。如果不是，就要分析原因，是否因为对自己的购买能力计算错误，以便迅速做出调整（必要时甚至改变战略），采取措施，使公司按预期方向发展。如果公司采取的是产品差异化战略，则要看是否出现了新的产品设计，所要开发的市场是否按预先设想的提高了市场份额等，以此作为公司下一步决策的依据。

（五）国际市场营销组织、计划、实施及控制

营销战略的实现需要组织保证，因此，企业要设置合理的组织机构，并进行合理的计划、协调和控制，以实现企业的国际市场营销目标。

营销部门在制订营销计划时，应兼顾企业相关部门要求或业务的开展，如最高管理层、财务会计、研究与开发、采购、生产、质检和库存等部门。因为营销部门需要依据高层管理部门的规划来做决策，所以必须清楚营销计划所需的资金保障，明确质量水平和技术水平才能够签订合同等。同时，还需要清楚生产规模、生产地/生产线分布、运输保证和售后服务等信息。

三、国际市场营销模拟策略规划与实施

公司处在创业的成长期，必须清除很多障碍，虽然近几年经营状况较好，但随着市场的不断变化和竞争的不断加剧，公司的长期状况不明确。为了应对竞争，击败对手，根据环境变化调整市场营销战略，公司需要采取积极的市场营销计划。

（一）产品管理决策

跨国公司进行国际市场营销的目的是获取国际市场潜在的利润，而获利的最基本要求是将公司产品在国际市场上销售出去。销售过程的核心是产品和服务，所以产品决策就成为整个国际市场营销活动的基础。

例如，企业产品管理在模拟竞赛中主要体现在企业在新产品市场进入的问题上。

1. 进入时机选择

新市场进入往往面临产能不足的问题，一般一开始就大举进入新市场就会造成较大的生产成本上升，这往往是很多企业进入新市场较为顾忌的一点。但是，如果等到产能已经协调好以后再进入新市场，竞争的壁垒就会很高，因为一旦竞争对手已经进入市场，要再想抢占同样的市场份额就会付出更多的成本。比较先进入带来的生产成本的增加与后进入付出更多的营销成本两者之间的大小就能决定进入的时机。前者更大就后进入，反之就先进入。一般而言，先进入时生产成本的增加是可以计算出来的，而后进入时由壁垒增加带来的营销成本的上升是难以估计的，会因为竞争对手的情况不同而变化，预期决策的风险很大。因此在模拟竞争中应尽量更早地进入新市场，以免失去战略机会，并造成很大的风险。

2. 产品生命周期阶段的影响

不同情况下企业面临的新市场中类似产品所处的生命周期的阶段是不一样的。在首次进入市场的时候就要注意这种差别，因为这会影响到新市场预测的准确性。在分析了新市场中类似产品所处的生命周期阶段以后，要做的是新市场在接下来几轮模拟经营中发展的问题。一般而言，根据产品的生命周期理论，新产品总会有一个成长期到成熟期的过程，这个过程中开始的增长快于后期的增长。根据分析出的产品生命周期基点，进而分析以后几轮的发展走势，推断以后各轮经营过程中新市场增长带来的企业销售量的增长。至于不同的产品生命周期阶段会实现怎样的销售量，则要通过前几轮的经营数据来进行分析和总结。

3. 市场规模与结构的判断

知道产品生命周期特点只是知道了市场所处的发展阶段，是一个相对数概念，然而

相对量最后要换算为绝对值就需要找一个基数。可以根据已知的市场结合经营之初的预测报告来推断新市场可能的市场容量。

4. 产品差异化的实现路径

国际市场营销产品既可以选择标准化战略也可以采取差异化战略，品牌建设上可以选择单一品牌战略或多品牌战略。例如，要达到产品差异化目标，往往可以通过两种方式来实现：第一种方式是专注于某种产品的研究开发上，尽可能地比竞争对手早做出改进，或多做出改进，同时通过设计更贴合客户消费偏好的产品来提高产品质量，这样此产品的市场优势就会较为明显，即使以较高的价格出售，也能获得较高的市场份额。但采取这一方式要求高于平均水平的研发投入。管理者们应仔细研究资料中研发费用的积累值（研发费用积累到多少才会研发成功）及相对值（相对于对手的研发投入额）。第二种方式是通过打开某一市场的销路，在这一市场上投入更多的广告费，招收相对较多的网点，以扩大这一市场的占有率。在采取产品差异化战略时一般要考虑到该种产品或市场的目前竞争态势。

（二）价格管理决策

营销组合中一个重要的部分是价格策略，因为它决定了公司的毛利润（销售收入−产品销售成本），即决定了公司获取利润的能力。高额毛利润意味着高的产品价格，需求曲线的平衡点将向下移动，即销售量下降了。价格决策的目的是使获利和销售量的业绩最大化。

跨国公司的价格策略主要涉及价格的统一性、价格决策权和国际转移定价等。

在价格统一性问题上，是统一价格还是差异价格，研究表明许多公司采用了差别价格策略。有学者研究发现，美国 2/3 的耐用消费品和 1/2 的工业品生产企业在国际定价中采用差别价格策略。实际上，这一问题也没有绝对的原则，它取决于竞争条件和能力、产品在各子市场所处的生命周期位置是否相同、各国法律和税收政策限制及分销渠道的效率，以及公司在各子市场的目标是否一致等。

价格决策权是由总公司掌握，还是由子公司掌握，也是跨国公司在国际市场营销中经常遇到的问题。由于各国生产、市场和竞争条件都有所不同，所以完全由总公司定价的情况比较少，不少企业将定价权下放到子公司手中；更多的做法是由母公司和子公司联合定价，即由总公司给出一个确定的框架，子公司根据所在国具体情况在总公司给定的框架内浮动，这样既能保持总公司的控制权，又能使子公司有一定的自主权，并适应当地市场情况。

跨国公司价格策略中最重要的，也是最复杂的问题是国际间转移定价策略，这也是国际市场营销与国内营销的重要区别。国际转移定价是指跨国公司在母公司和子公司之间以及子公司之间转移产品和劳动时所采用的定价方法。虽然跨国公司的各子公司往往也都是不同的经营和利润评价中心，但实际上许多公司都使转移价格偏离正常定价时的市场价格，而把国际转移定价当作形成跨国公司利润最大化的一种重要手段。转移定价的核心是利用各国不同的关税、所得税和投资政策的规定，合理地减少税收，从总体上获取最高利润。跨国公司人为地操纵转移价格无疑会有利于整个公司的整体利益，但却损害了某些国家的利益。所以许多国家对此做出规定，要求跨国公司在转移定价方面遵守公平交易原则，使转移定价符合市场原则。跨国公司也应了解这些原则，避免陷入被动局面。

例如，产品价格可以上下波动，各个地区的价格也可以相互不同。市场人员有责任为每种产品在每个地区确定适当的价格。所制定的价格有效期为一个轮次（年或季度），如果每个轮次调整幅度都比较大，批发商和消费者就会感到无所适从。

（三）分销管理决策

在国际市场营销中，生产者和消费者不在同一个国家，这就使分销问题具有了一些不同的特点，给企业带来一系列新的挑战。企业可以通过国际贸易公司、跨国公司、出口管理公司、出口贸易公司、国际代理商、中外合资企业等渠道进行产品分销。

例如，需要发展新的销售渠道和进行销售队伍建设。产品可以通过零售商和直营专卖店进行销售，零售商包括：大型商场、电器卖场、电子商务等渠道进行销售。大型商场：面向高端人群，产品售价较高，销量适中。电器卖场：面向普通人群，产品售价适中，销量较大。电子商务：面向年轻人，产品售价较低，销量最大。

例如，"贝腾营销之道"实训软件中，销售人员代表公司直接和零售商联系，随着公司规模逐渐扩大，制造商代理的工作逐步由公司的专职销售人员担任，需要决策每个区域的销售、每个渠道的人员分配。主要为三类销售渠道，即线下渠道、电子商务、国际市场，线下实体店又由专卖店、经销商构成。根据需求进行渠道人员的增减和促销计划的制订，每个渠道都有一定特点，人员增加、促销费用增加并不一定能够提高销量，需要学习者综合进行考虑。

（四）促销管理决策

促销是跨国公司目标市场营销决策中的重要决策之一，促销的目的是促进产品销售，刺激消费者购买产品。其方式有以下4种。

1. 国际广告

广告是指跨国公司通过大众媒介，以付费形式将有关信息传递给消费者的一种促销活动。广告由于具有广泛的公众性、强有力的表现性和能反复引起消费者注意的渗透性，从而成为促销的重要手段。国际广告作用的发挥取决于一系列综合因素。例如，各国不同语言对广告用词带来的障碍；各国广告媒介的完备程度对广告媒体选择造成的影响；各国政府对广告媒介、可进行广告宣传的产品、广告信息内容、广告开支的各种限制；各国广告代理机构的完备程度和广告代理制度的不同规定对广告业务发展带来的限制；各国不同消费者对广告的态度，以及不同的反应给制定广告策略带来的影响等。这些因素都显示了发展国际市场广告促销活动的重要性[9]。

国际市场广告促销活动中也存在着标准化与本地化的争论。标准化指同样的宣传主题和基本相同的广告信息传播给各国市场，它强调的是各国消费者基本需求的一致性。本地化指跨国公司在不同国家传递不同的宣传主题和广告信息，它强调的是各国市场的差异性。广告决策不应该有绝对的标准，要根据环境、目标市场、产品特性、是否在不同市场处于相同的生命周期阶段、媒介的情况和法律限制等各种因素综合分析,进而确定出具体的广告策略。对于各国广告媒介的选择,应特别注意各种媒介作用在各国的不同情况下能否得到充分的发挥。这需要分析产品本身的性质、各国各种媒介的可利用情况和各国各种媒介成本的变化情况,最终根据单位成本的广告效应来确定。

2. 人员推销

人员推销是指公司派出人员或雇用当地人员、其他国人员向顾客和潜在顾客面对面地介绍产品,以促进产品销售。这种方法多用于工业用品的销售,因为工业用品的购买者少而集中,产品的技术性强,需要专门技术人员进行推销。此外,也可用于消费品推销,但主要是寻找中间商建立分销渠道。人员推销的管理主要包括对推销人员的招聘、培训、激励和评价。需注意,对不同国家的销售人员的激励机制应与不同的文化背景和价值观念相适应。

3. 营业推广

营业推广是指能够刺激需求、鼓励顾客的购买各种促销形式。营业推广也是除广告、人员推销和公共关系以外的任何一种鼓励消费者购买产品、提高零售商和其他中间商推销能力并改善其合作态度的市场营销活动。营业推广主要分为两类:一是针对最终消费者的,如发优惠券、免费赠送样品、发行彩票等;二是针对中间商的,如购买产品时给予价格折扣、合作广告和销售竞争等。采用营业推广方式应注意了解在各国行之有效的各种不同的促销方式,并注意各国法律可能进行的限制。

4. 公共关系

公共关系是指企业为搞好与各种社会组织和公众的关系而采取的一种策略。其最终目的是扩大企业的销售额,是一种更为间接的促销手段,它是通过树立企业形象来促进产品销售的。

四、国际市场营销模拟决策效果评价

经营团队应合理设计组织架构并分配各自的管理职责,模拟系统中涉及的企业经营决策任务涉及财务、市场、制造、人力资源等各个方面。首先,需要根据市场环境的设定,制定重要的战略规划和经营目标;其次,结合所学知识,并根据竞争对手的情况制定最佳的经营策略;最后,必须在运营过程中,设法使企业具备最佳前景,实现战略计划,努力达成经营目标。

企业进入特定行业与其他一些竞争企业共同竞争发展,将经历若干经营周期的运营管理,每个经营周期中企业都需要完成财务预算、资金筹措、投资决策、报表分析、生产制造、市场营销等各项经营管理工作,每项工作都需要仔细分析讨论,并形成一致的决策意见实施。

财务部门的责任是按照公司的战略有效管理公司的资金。这意味着其要扮演各种角色,包括监控营利性、管理投资和借贷、管理公司的固定资产、税收。更重要的是,它必须与管理层密切配合,最大限度地提高公司价值,因为这是评判公司绩效的依据。最终通过公司股价或平衡积分卡的综合评价分数来全面衡量企业的经营绩效,尤其是国际市场营销管理绩效。

财务部门应运用财务比率来分析和了解公司经营状况以及财务地位的强弱。例如，可以用杜邦分析法来评价公司的盈利能力和股东权益回报水平。根据其基本原理可以发现，提高权益资本收益率的4种途径：一是使销售收入增长高于成本和费用的增加幅度。二是减少公司的销货成本或经营费用。三是提高总资产周转率，即在现有资产基础上，增加销售收入，或者减少公司资产（如过多的存货和固定资产），以提高资产收益率。四是在不危及公司财务安全前提下，增加债务规模，提高负债比率。

例如，可以从表14-2所示的财务指标引导企业对每个阶段的国际市场营销效果进行分析和评价，其中包括投资回报率、预期收益、营销后贡献、股票变化等。理想的财务比率对于提高公司价值是大有好处的。当然，也不能盲目刻意地追求理想的财务目标，因为公司的发展是需要各个方面相互协调的。公司各部门之间既相互促进，又相互制约，所以财务部门决不可以以公司的发展作为代价而一味片面地追求财务指标的理想化。

表14-2 财务指标列表

序号	财务指标名称	财务指标计算公式与内涵
1	资产负债率	=企业负债总额/企业资产总额
2	资产报酬率	=息税前利润/平均资产总额，资产报酬率数值越大越好
3	毛利润	=营业收入－营业成本
4	息税前利润	=销售收入－变动成本－固定成本
5	销售回报率	=当前回合的盈利/销售额，销售回报率有助于公司确定它们从销售额中获利的有效度，也是管理有效度的一个指标
6	权益比率	=权益总额/（负债总额＋权益总额），股东权益比率应适中
7	负债比率	=短期及长期负债减现金及现金等值物/股东权益
8	股本回报率	=当前回合的利润/当前回合的平均股东权益
9	每股收益	=税后利润/股本总数，每股收益通常被用来反映企业的经营成果，衡量普通股的获利水平及投资风险，是投资者等信息使用者据以评价企业盈利能力、预测企业成长潜力、进而做出相关经济决策的重要的财务指标之一
10	股息收益率	=每股股息/每股股价
11	市盈率	=股票价格/每股收益
12	已动用资本回报本	=息税前利润/平均股东权益＋短期及长期贷款利息

例如，Cesim Marketing本身包含了独立完整的评分体系（图14-5），可以对每个小组模拟的结果依照国际市场营销工作的主要考核指标进行评估，包括盈利指标、销售预测精准度、股价、科研水平，也可以查看市场报告中对于各小组品牌组合和售价及市场选择情况；也可以查看欧洲市场和亚洲市场上各小组畅销产品和市场份额以及平均价格状况；还可以查看财务报表中的损益表和资产负债表分析各小组投资成本和费用占比。老师可以在第一个阶段的决策开始之前按照自身教学需要来设定具体的评分指标及确定评分标准。系统会在每一个决策阶段结束以后对小组进行评分。

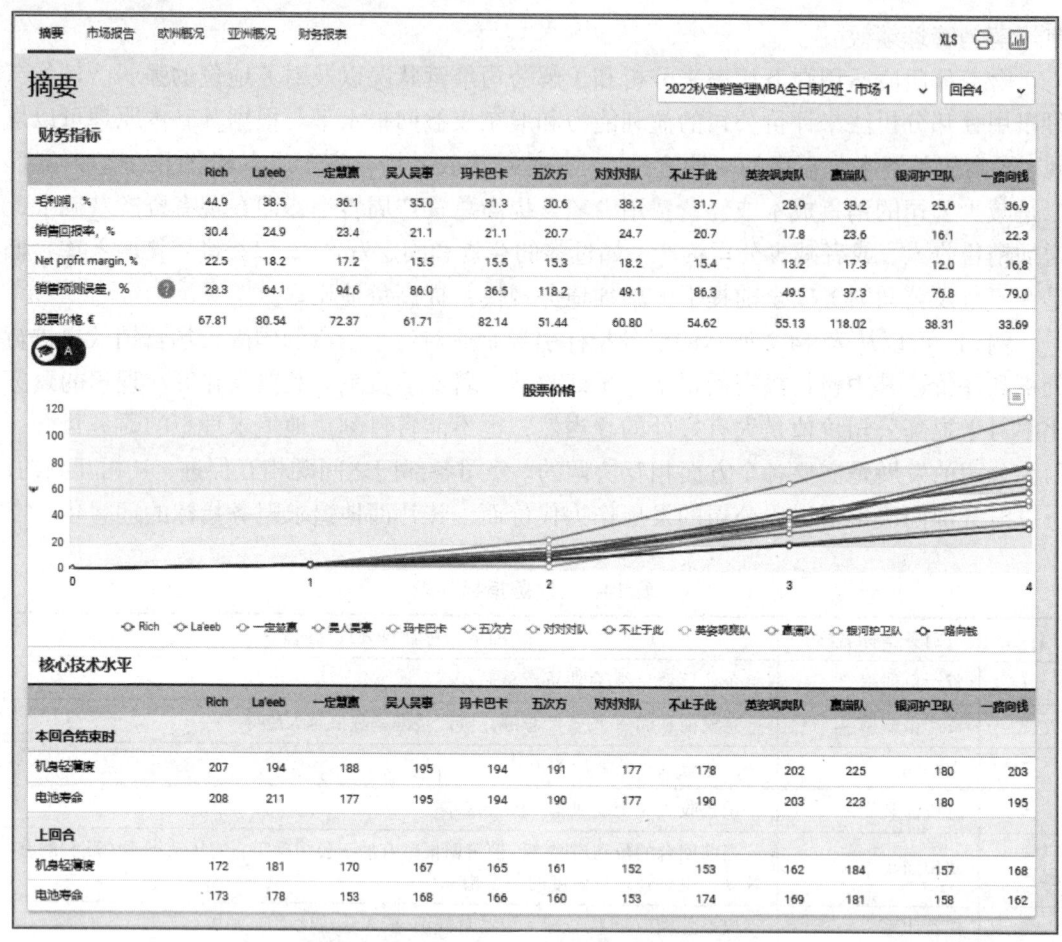

图 14-5　第四回合各国际营销小组模拟决策结果

本章知识点

1. 国际市场分析：宏观环境分析、市场环境分析、企业内部环境分析。
2. 国际市场企业销售预测的方法：专家意见法、德尔菲法、定量分析法。
3. 国际市场营销战略制定：市场战略、进入战略、业务战略、STP 战略。
4. 国际市场营销策略计划：产品策略、定价策略、渠道策略、促销策略。

思考题

1. 试述不同国际市场营销阶段的特点。
2. 国际市场营销决策模拟的目的和原则及实训内容是什么？
3. 国际市场营销决策模拟时，如何准确预测市场需求和公司需求？
4. 国际市场营销决策模拟时，如何做好竞品分析？
5. 国际市场营销决策模拟时，价格决策的影响因素有哪些？
6. 国际市场营销决策模拟每回合结束后，如何进行效果评价？

7. 比较你所使用的国际营销实训软件与本章实训设计的异同及其优劣势。

小训练

戴姆勒—克莱斯勒公司位于德国乌尔姆的研究中心，早已开始研究人们开车时脑部活动的情况。研究成果不仅用来设计更加安全的导航与警示装置，还用来分析人脑对于汽车外形的反应。例如，可能是车灯像眼睛的缘故，当人们从正面看到一辆跑车时，脑中与脸部相关的部分就会活跃起来。这意味着车厂设计新车时可以考虑：车有一张给人好看的"脸"吗？

新产品开发思路训练：启动你的大脑按钮，讨论利用哪些途径可以得到更多的新产品开发启示。

本章参考文献

本章参考了"世格 simmarkering 模拟软件实验指导书"、"cesim marketing"软件阅读材料、"贝腾营销之道实验指导书"、国际企业管理挑战赛（GMC）培训教材、"贝腾创业之星教师操作手册"等相关内容，从"cesim marketing"软件获取相关截图。

[1] 菲利普 R. 凯特奥拉（Philip R. Cateora），玛丽 C. 吉利（Mary C. Gilly），约翰 L. 格著. 赵银德，沈辉，钱晨，等译. 国际市场营销学（原书第 17 版）[M]. 北京：机械工业出版社，2017.

[2] 陈震红，董俊武. 创业机会的识别过程研究[J]. 科技管理研究，2005(2): 133-136.

[3] 贺尊. 论创业商机的来源[J]. 学习月刊，2012(8): 54.

[4] 潘迎春. 厦门建宇公司户外服饰俄罗斯市场的营销策略研究[D]. 厦门：厦门大学，2019.

[5] 沃伦·J. 基坎，马克·C. 格林. 全球营销原理[M]. 傅慧芳，郭晓凌，戚永翎，等. 译. 北京：中国人民大学出版社，2002.

[6] 雷晶，朱超强. 《市场营销》课程实验教学探索[J]. 学理论，2013(8): 237-238.

[7] 刘莉，张欣瑞. 依托于软件模拟环境的市场营销实验教学探索[J]. 商场现代化，2009(9): 389-390.

[8] 侯佳. SimMarketing 营销模拟实训存在问题的探讨与改进措施[J]. 商场现代化，2018, 870(9): 62-63.

[9] 杨培雷. 跨国公司经营与管理[M]. 上海：上海财经大学出版社，2020.

教师服务

感谢您选用清华大学出版社的教材！为了更好地服务教学，我们为授课教师提供本书的教学辅助资源，以及本学科重点教材信息。请您扫码获取。

▶ 教辅获取

本书教辅资源，授课教师扫码获取

▶ 样书赠送

市场营销类重点教材，教师扫码获取样书

 清华大学出版社

E-mail: tupfuwu@163.com
电话: 010-83470332 / 83470142
地址: 北京市海淀区双清路学研大厦 B 座 509

网址: https://www.tup.com.cn/
传真: 8610-83470107
邮编: 100084

中国高等院校市场学研究会官方推荐教材
新时代营销学系列新形态教材书目

书　名	主　编	书　名	主　编
市场营销学	符国群	促销基础	贺和平　朱翊敏
市场营销学（简明版）	符国群	营销实训：情景嵌入式学习	孔　锐
消费者行为学	彭泗清	营销策划	费鸿萍
市场研究	景奉杰　曾伏娥	营销工程	沈俏蔚
国际市场营销	孙国辉	大数据营销	李　季
服务营销	王永贵	商业数据分析	姚　凯
组织营销	侯丽敏	旅游市场营销	白长虹
网络营销	龚艳萍	金融市场营销	王　毅
战略品牌管理	何佳讯	农产品市场营销	袁胜军　肖艳
产品创新与管理	黄　静	医药市场营销学	官翠玲
定价策略	柯　丹	体育市场营销学	肖淑红
整合营销沟通	牛全保	电信市场营销学	吕　亮
营销渠道管理	张　闯	新媒体营销	戴　鑫
品牌管理	王海忠	绿色营销	王建明
零售管理	蒋青云	创业营销	金晓彤
销售管理	李先国	珠宝营销管理	郭　锐
客户关系管理	马宝龙		